MESMO QUE CUSTE A MINHA VIDA

Stephan Hausner

MESMO QUE CUSTE A MINHA VIDA

As Constelações Familiares e o Caminho da Cura

Tradução

Newton A. Queiroz

Editora Cultrix
SÃO PAULO

Título do original: *Auch Wenn es mich das Leben Kostet!*

2ª edição 2025.

Obs.: Publicado anteriormente com o título e subtítulo – *Constelações Familiares e o Caminho da Cura – A Abordagem da Doença sob a Perspectiva de uma Medicina Integra*l.

Editor: Adilson Silva Ramachandra
Gerente editorial: Roseli de S. Ferraz
Preparação de originais: Maria Suzete Casellato
Gerente de produção editorial: Indiara Faria Kayo
Editoração eletrônica: Join Bureau

Dados Internacionais de Catalogação na Publicação (CIP)
(Câmara Brasileira do Livro, SP, Brasil)

Hausner, Stephan
Mesmo que custe a minha vida: as constelações familiares e o caminho da cura / Stephan Hausner; tradução Newton A. Queiroz. – 2. ed. – São Paulo: Editora Cultrix, 2025.

Título original: Auch Wenn es mich das Leben Kostet!
ISBN 978-65-5736-358-4

1. Constelações familiares 2. Cura 3. Doença 4. Medicina alternativa 5. Psicoterapia familiar I. Título.

25-247376 CDD-616.89156

Índices para catálogo sistemático:

1. Constelações familiares: Psicoterapia: Ciências médicas 616.89156
Cibele Maria Dias – Bibliotecária – CRB-8/9427

Direitos de tradução para o Brasil adquiridos com exclusividade pela EDITORA PENSAMENTO-CULTRIX LTDA., que se reserva a propriedade literária desta tradução.
Rua Dr. Mário Vicente, 368 — 04270-000 — São Paulo, SP – Fone: (11) 2066-9000
http://www.editoracultrix.com.br
E-mail: atendimento@editoracultrix.com.br
Foi feito o depósito legal.

Dedicado, com amor e gratidão, à minha esposa Birgit
cuja dedicação redobrada ao nosso lar e aos nossos filhos
permitiu-me o retiro necessário para o nascimento deste livro.

A Simon, Janika, Sophia, Joanna, Leonie e Gabriel,
nossos maravilhosos filhos, ele também os fez perder
muito tempo de convivência com o pai.

Sei que me desculparão por isso.

Sumário

1

Prefácio

A constelação de sistemas sociais estabeleceu-se em numerosos países, no decurso dos anos 90, como um método de aconselhamento e terapia em muitas áreas, tais como escolas, presídios e na consultoria política e organizacional, e encontra-se em permanente expansão. Se abstrairmos de sua introdução em clínicas psicossomáticas, essa abordagem continua praticamente desconhecida, e menos ainda aplicada, nas áreas da medicina somática e da psiquiatria. Nesses domínios a prática da constelação familiar é vista, no máximo, como um método de medicina alternativa, ao lado da homeopatia, da tradicional medicina chinesa e da acupuntura. No campo das curas alternativas, os profissionais da medicina tendem a incluí-la entre as práticas periféricas de caráter exótico ou mesmo esotérico.

Enquanto o modelo médico-biológico das doenças continuar dominando a assistência médica financiada pelos seguros de saúde, e enquanto pesquisas cientificamente controladas sobre a eficácia dos métodos de cura forem exigidas como condição para a cobertura dos seus custos, pouco mudará nessa situação. Por esse motivo, prevê-se que a prática das constelações familiares com doentes continuará sendo, por mais algum tempo, o domínio de psicoterapeutas e de terapeutas estabelecidos, e que frequentemente só se recorrerá a ela quando os procedimentos da medicina usual, utilizados por longo tempo, não tiverem proporcionado o alívio dos sintomas. Coisa bem diferente ocorre nas clínicas psicossomáticas onde se aplica o método das constelações familiares e onde os pacientes o procuram e experimentam seus efeitos salutares. Atualmente já existe um certo número de pacientes que, antes de escolherem uma clínica psicossomática, se informam se ali se trabalha também com constelações familiares, dando preferência às clínicas que adotam essa prática.

Bert Hellinger que, nos anos 80, inspirando-se em métodos preexistentes de visualização espacial, tais como a *family sculpting* (escultura familiar), estabeleceu as bases dos padrões e estruturas de relacionamento consistentes e existencialmente relevantes, bem como um método de trabalhar com constelações visando modificar esses padrões, logo se interessou por esse setor de aplicação da constelação familiar. Em seu trabalho ele chegou a compreensões absolutamente novas no tocante aos fatores contextuais e condicionantes de doenças, às diversas dinâmicas familiares que atravessam gerações, e ao enredamento de pessoas em destinos alheios, limitando suas possibilidades de vida e contribuindo para manter os seus sintomas. Seus procedimentos novos e altamente eficazes foram descritos em documentos como *Wo Schicksal wirkt und Demut heilt* (Quando o destino atua e a humildade cura), *Was in Familien krank macht und heilt* (O que faz adoecer nas famílias e o que cura), *Schicksalsbindungen bei Krebs* (Laços do destino no câncer), *Die größere Kraft* (A força maior), *Liebe am Abgrund* (O amor à beira do abismo), *In der Seele an die Liebe rühren* (Tocar o amor na alma) etc.

Desde então, muitos outros autores deram importantes contribuições à prática de constelações em casos de doenças. Já em 2002 Ilse Kutschera e Christine Schäffler publicaram o estimulante livro *Was ist nur los mit mir? Krankheitssymptome und Familienstellen* (O que está acontecendo comigo? Sintomas de doenças e constelações familiares), e nas revistas *Praxis der Systemaufstellung* (Prática das Constelações Sistêmicas) e *The Knowing Field* (O Campo Ciente) apareceram inúmeros relatos de casos sobre formação de sintomas e constelações familiares.

Como se justifica, então, um novo livro sobre o tema das constelações? O que há de especial neste livro?

Stephan Hausner é um terapeuta que, depois de sua formação, inclusive em homeopatia, medicina chinesa tradicional, terapia craniossacral e radiestesia, acumulou uma vasta experiência e sólidos conhecimentos na aplicação dessas abordagens alternativas de tratamento. De modo especial refinou e aperfeiçoou durante esse tempo sua capacidade de percepção e seu poder de entrar em sintonia no encontro terapêutico e na percepção das condições físicas e anímicas de seus pacientes. Essas formas de medicina natural e de acesso aos enfermos e ao seu mundo, pelo fato de levarem amplamente em consideração os aspectos energéticos e contextuais, assemelham-se muito mais às constelações familiares do que os padrões de tratamento da medicina clínica.

Em inúmeros seminários Stephan Hausner conheceu e aprendeu a valorizar o trabalho de Bert Hellinger. Suas próprias orientações básicas e suas atividades profissionais continuaram a estimular nele um especial interesse pela forma como Hellinger abordava os sintomas e as doenças.

Os seminários de constelações, que logo começou a oferecer pessoalmente, orientaram-se desde cedo para esse domínio. Até o momento ele já realizou setecentos(!) seminários de constelações. Embora mantenha seu consultório particular em tempo parcial, ele pertence hoje ao pequeno grupo daqueles que podem denominar-se "consteladores" profissionais (ou, se quisermos evitar essa palavra pouco comum, "terapeutas sistêmicos com enfoque fenomenológico"). Atualmente ele já é considerado no país e no exterior como um especialista, senão como *o* especialista em constelações de sintomas e doenças.

A orientação e o direcionamento de Hausner no trabalho clássico das constelações inaugurado por Bert Hellinger permanecem inconfundíveis. Ao mesmo tempo ele desenvolveu ao longo dos anos, com um cunho nitidamente pessoal, novas ideias condutoras, ênfases, conexões e procedimentos para a prática de constelações familiares com enfermos. Seu trabalho com doentes inicia-se muitas vezes, depois do esclarecimento da questão, com uma constelação do sintoma. São posicionados representantes para o sintoma ou doença, e para o paciente. Por meio dos representantes, Hausner e os pacientes recebem indicações sobre possíveis conexões relevantes entre as enfermidades e o comportamento do paciente, por um lado, e acontecimentos, padrões básicos de relacionamento e, frequentemente, dinâmicas familiares ocultas, por outro. Tais padrões já foram denominados *invisible loyalties* (lealdades invisíveis) no início dos anos 80 pelo terapeuta familiar húngaro-americano Ivan Boszormenyi-Nagy. Em seguida, Hausner introduz nas constelações representantes dos pais do paciente e, mais raramente, de familiares de gerações anteriores. Seus procedimentos visam frequentemente ao abandono ou à devolução, pelo paciente, de sentimentos, missões ou participação em destinos alheios que ele adotou em lugar de seus pais ou outros antepassados, por força do amor de vinculação. Seus procedimentos visam também à liberação de anseios e necessidades infantis, bem como estimular os recursos próprios do paciente.

O livro dispensa em larga medida questionamentos teóricos e discussões sobre a origem das enfermidades ou sobre as características e os efeitos do procedimento terapêutico.

O lema de Hausner parece ser este: "Deixe que a constelação fale por si mesma. Atente para a minha prática e faça dela uma imagem pessoal". Em vez de explicar, ele deixa que o leitor interessado participe das constelações como se estivesse presente e mostra, com o auxílio de numerosos exemplos e transcrições de casos tocantes, que mudanças podem ser conseguidas e que procedimentos podem revelar-se eficazes para dissolver ou aliviar os sintomas ou para facilitar ao paciente o modo de lidar com eles. O leitor sente-se emocionalmente envolvido nos acontecimentos e pondera-os em comparação com as suas próprias experiências.

Como Hausner relata, numa linguagem compreensível e unívoca, o que acontece nas constelações, a leitura do livro é também apropriada para as pessoas envolvidas. Muitos que leram o manuscrito comentam que não conseguiram abandonar a leitura. Eles vivenciaram, repetidas vezes, semelhanças com sua própria maneira de lidar com os sintomas e com suas experiências de relacionamento, e perceberam em suas próprias reações anímicas o efeito das frases liberadoras, beneficiando-se das constelações, por assim dizer, "de carona".

As numerosas transcrições literais e descrições de constelações são acompanhadas por relatos posteriores dos pacientes, ricos em informações e geralmente confirmando os efeitos delas. Como esses relatos foram, em parte, solicitados por Stephan Hausner e obtidos em prazos diferentes após o seminário, poderiam ser interpretados como expressões desejadas e por essa razão não valem como atestado de uma eficácia geral das constelações para doentes. Eles mostram, contudo, em que medida e por quanto tempo o que acontece nas constelações emociona e envolve os pacientes, e atestam que eles frequentemente atribuem a esse trabalho um papel importante na melhoria de suas relações e também na remissão dos sintomas. Em alguns casos transparece certo orgulho pelo êxito – por exemplo, algumas pacientes afetadas pela doença intestinal de Crohn, que no campo médico não é incluída entre aquelas que possuem um condicionamento psicossomático, manifestaram, após as constelações, melhoras dificilmente críveis, mas confirmadas por médicos. Não obstante, as afirmações do autor nunca soam como apologéticas ou arrogantes.

Stephan Hausner organizou os exemplos de tal maneira que os efeitos variáveis e a configuração das doenças e dos sintomas dos pacientes são associados a determinados envolvimentos, configurações e dinâmicas familiares. Assim, por exemplo, certos sintomas e doenças são associados a diversos acontecimentos e condições que provocaram nos pacientes a perda da vinculação com a família ou a insegurança quanto a essa vinculação, ou a dinâmicas de culpa ou de destinos trágicos na família.

As constelações de Hausner são inteiras, bonitas e simples, e justamente por esses traços manifestam a profundidade e a força do seu trabalho, bem como a sua compaixão por pessoas doentes. Esse é, no melhor sentido, um trabalho da alma, e estou certo de que este livro será bem recebido por muitos colegas e pessoas envolvidas. Quando falo do "seu" trabalho, estou consciente, ao mesmo tempo, de que a constelação familiar consiste sempre num acontecimento coletivo e criador, e numa constante entrega a um processo que não pode ser determinado de antemão.

Wiesloch, maio de 2008
Gunthard Weber

2

Prefácio à edição brasileira

Alegra-me que este livro já esteja acessível a todos os médicos, terapeutas e também pacientes que estejam em busca de possibilidades de solução e de conexões sistêmicas em casos de doenças.

Aos numerosos colegas "consteladores" no Brasil, desejo êxito em assimilar as experiências acumuladas e em refiná-las e expandi-las por meio dos seus próprios conhecimentos, de modo que possamos aproximar-nos do objetivo comum de proporcionar um espaço adequado ao trabalho com a medicina holística, em benefício dos pacientes.

Um agradecimento especial é dirigido à Dra. Dagmar Ramos, de Goiânia; ela se empenhou muito pelo aparecimento deste livro em língua portuguesa e efetuou os contatos necessários nesse sentido.

Agradeço também a Newton A. Queiroz pela cuidadosa e sensível tradução, e a Ricardo Riedel pela inclusão deste livro no programa da Editora Cultrix.

A todos os leitores desejo que a leitura deste livro resulte em bênçãos para eles e para suas famílias.

Stephan Hausner, Siegsdorf, Alemanha, janeiro de 2010

3

Observações preliminares

"A causa última do remédio é o amor."
Paracelso

A constelação familiar, como um método de aconselhamento e terapia, desenvolveu-se e expandiu-se, no decurso dos últimos quinze anos, em muitas áreas profissionais. Ao lado da adoção desse método em organizações e escolas, as constelações sistêmicas com doentes ampliam as possibilidades de uma ação salutar no domínio da medicina. A consideração de envolvimentos sistêmicos transgeracionais e de conexões com dinâmicas familiares projeta uma nova luz sobre a saúde e a doença, e as luzes obtidas em constelações de doenças e sintomas possibilitam um enfoque mais integral da pessoa doente.

Um casal de médicos atuantes em certa clínica comentou, após participar de um trabalho de constelações em grupo para doentes: "É impressionante com que clareza as constelações sistêmicas com doentes podem revelar conexões transgeracionais entre as doenças e os acontecimentos traumáticos nas famílias de origem dos pacientes. Isso nos permite supor que aí reside um importante potencial de apoio médico, e é evidente que até o momento, no contexto da assistência médica, não se prestou uma atenção suficiente à busca dessas conexões".

O presente livro é dedicado a esse potencial de recursos de cura que reside na utilização do método das constelações familiares para doentes. Nesse intuito, ele é dirigido não somente a todos os grupos profissionais atuantes no campo da medicina, tais como médicos, psicoterapeutas, profissionais da cura, consteladores sistêmicos, mas também aos pacientes envolvidos e a todos os interessados, mesmo que destituídos de conhecimentos prévios. Para estes últimos apresento no início deste livro uma breve introdução aos fundamentos das constelações familiares. Os que quiserem estudar mais a fundo a constelação familiar e outras formas de constelação poderão consultar as obras básicas listadas nas indicações bibliográficas.

Este livro nasceu da perspectiva de minhas experiências profissionais e reflexões pessoais. Os exemplos escolhidos foram extraídos dos grupos de constelação para doentes, que dirijo há quinze anos. Note-se que os diagnósticos mencionados foram tomados das declarações dos pacientes, e que provavelmente nem todos resistiriam a um exame clínico mais acurado.

Espero que o leitor não se incomode com a convenção que adotei de narrar os exemplos na primeira pessoa. Ela foi escolhida para ressaltar que este é apenas um procedimento entre muitos possíveis no contexto da utilização de constelações familiares, e não pretende ter validade universal. Para preservar o caráter anônimo dos pacientes de grupos de terapia cujos casos são relatados, o tratamento "você" é geralmente adotado. Essa prática é mantida nos relatos de casos.

O objetivo deste livro é proporcionar ao leitor uma visão do potencial salutar das constelações sistêmicas com doentes. Com essa abordagem entramos num campo novo e amplo. Muitos domínios são mantidos deliberadamente fora de consideração, e muitos aspectos ainda precisam ser ponderados e elaborados.

Meu propósito é deixar que os exemplos de casos escolhidos para a parte principal do livro falem por si mesmos. Como observadores dos seminários, os leitores terão a possibilidade de participar das histórias e dos processos de constelação dos pacientes. Dessa maneira poderão conhecer as dinâmicas que atuam nas famílias e estão potencialmente associadas às doenças, e eventualmente entrar em contato com determinadas atitudes capazes de gerar efeitos salutares. Nesse particular o livro encerra também um potencial de autoajuda.

Outro propósito deste livro é conceder a palavra aos próprios pacientes. Quando eles, por iniciativa própria, me forneceram informações de retorno, incentivei-os a consignar por escrito suas experiências e impressões para saber se, quando e como, em seu modo de ver, a participação no grupo de constelações os ajudou. Esses comentários foram, quanto possível, reproduzidos textualmente. Discrepâncias eventuais entre o meu relato da constelação e as descrições dos pacientes explicam-se pelas diferenças entre as percepções, lembranças e interpretações dos acontecimentos ou de seus efeitos.

Para facilitar a leitura, nas designações gerais como "o paciente" ou "o cliente" adotou-se na escrita a forma masculina, salvo especificação em contrário. Em vários exemplos, em vez da forma "representante do pai" ou "representante da mãe", consta apenas "pai" ou "mãe". Quando um representante, no decurso da constelação, foi substituído por outro representante ou pelo próprio paciente, isso é expressamente indicado.

Para começar, algumas palavras pessoais sobre a minha evolução profissional: Minha primeira aspiração profissional foi a de tornar-me um biólogo, e eu pretendia atuar na área de pesquisa de comportamento ou na proteção ambiental. Meu interesse passou a concentrar-se, porém, no ser humano e em seu ambiente social, e pensei em seguir uma profissão médica. Durante a formação em enfermagem tomei a decisão de estudar medicina. Contudo, como já tinha me ocupado, no contexto da proteção ambiental, com a autorregulação de sistemas, a medicina convencional perdeu o atrativo para mim. Minha busca por procedimentos ecológicos levou-me à tradicional medicina chinesa, e por meio da medicina natural encontrei finalmente acesso à homeopatia.

Fascinava-me o princípio da semelhança, base da homeopatia, e sobretudo o "fenômeno instantâneo" que ela igualmente conhece. Ele revela que o corpo tem a capacidade de reestruturar-se instantaneamente mediante um impulso curativo correspondente, e que até mesmo fortes sintomas e quadros de doenças podem regredir em pouco tempo. A capacidade do corpo para uma remissão espontânea marcou minha busca por uma ação curativa e, apesar de minha convicção de que o fenômeno da cura vai além de nosso alcance, sempre me preocupei com a otimização de projetos integrais de tratamento.

Na homeopatia eu sentia dificuldade para encontrar a medicação adequada dentro do repertório, e também me incomodava a dependência com relação a remédios. Devo a meu sogro, K. J. Eick, o acesso à radiestesia médica. Em seu consultório aprendi não apenas a testar remédios homeopáticos para os pacientes, mas também a identificar no corpo deles zonas de perturbação. Esse método de sintonização é para mim até hoje uma base essencial no trabalho com as constelações. Com a aprendizagem desses métodos de teste comecei a entender os processos de cura como fenômenos de ressonância e de campo.

Meu ideal passou a ser, progressivamente, que o médico ou curador se torne ele próprio um remédio no sentido homeopático e que, por meio de sua presença no paciente, precipite as mudanças. O terapeuta é um catalisador da mudança curativa no paciente. Não é ele que cura, mas ele cria condições para que alguém se cure.

A busca constante de métodos eficazes de tratamento levou-me a Bert Hellinger num seminário de constelações.

No trabalho com doentes, vivenciei Bert Hellinger como alguém que, sem a ajuda de remédios, por meio de sua percepção, de seu ser e de sua ação, tinha o poder de desencadear processos curativos em pacientes. Meu sentimento foi o de ter encontrado o que buscava.

A partir do estudo da tradicional medicina chinesa e da patologia dos humores da Grécia antiga, em cujos modelos de pensamento a doença é vista como perturbação de uma ordem, não me era estranha a conexão entre saúde e ordem. Assim ficaram rapidamente claras para mim as compreensões de Bert Hellinger sobre as "ordens do amor" nos sistemas humanos e sua potencial importância no contexto da medicina. Pela aplicação do método das constelações aos doentes, evidenciou-se de imediato que não se pode exercer uma medicina integral sem a inclusão da família ou do ambiente social relevante do paciente.

Hoje o trabalho de constelações com doentes tornou-se a principal atividade de prática profissional diária. Note-se que esse procedimento não é um método autossuficiente. Ele constitui a pedra fundamental num modelo integral de tratamento ou de terapia. O "constelador" é um assistente do médico ou do terapeuta, e não tem a intenção de substituir os seus métodos de tratamento e de aconselhamento. Contudo, principalmente quando procedimentos usualmente eficazes não proporcionam o resultado desejado ou esperado, olhar para o quadro de fundo multigeracional da família abre novas possibilidades adicionais.

A pedra fundamental para o trabalho das constelações com doentes, e consequentemente também para este livro, foi colocada por Bert Hellinger. Sem o seu valioso apoio eu não teria ousado aplicar diretamente ao trabalho com pacientes as luzes obtidas a partir das constelações familiares. Com uma gratidão especial sinto-me ligado a ele como a um professor e amigo.

Participação essencial neste livro tiveram os numerosos pacientes que confiaram em mim e de cujas crises de vida e de enfermidade pude participar e aprender. Isso faz com que também me sinta muito ligado a eles.

Entre os numerosos amigos e colegas, meu especial agradecimento é dirigido ao Dr. Gunthard Weber. Sem o seu apoio este livro não teria chegado à sua forma atual. Nosso intercâmbio altamente estimulante proporcionou, na medida do possível, uma afinação entre os conceitos da medicina convencional e os da medicina natural, e contribuiu de modo especial para o advento deste livro.

Foi também enriquecedora a leitura das publicações já existentes sobre o trabalho das constelações com doenças e sintomas. Peço que o leitor releve o fato de eu não tê-las sempre mencionado no texto, e o remeto ao índice bibliográfico em anexo.

Este livro não teria surgido sem a confiança dos numerosos colegas internacionais e o empenho desinteressado de seus tradutores. Quase todos os exemplos escolhidos foram tirados dos seminários de terapia e de aperfeiçoamento que eles cuidadosamente prepararam e ajudaram a conduzir. A muitos deles sinto-me ligado por laços de amizade. Meu agradecimento especial a Carlos Bernues, Tiiu Bolzmann, Annelies Boutellier, Michail Burnjaschew, Luisfer Camarra, Carola Castillo, Vicente Cuevas, Mireia Darder, Joan Garriga, Silvia Kabelka, Sonja Kriener, Ed Lynch, Alfonso Malpica e Angelica Olvera, Tanja Meyburgh, Silvia Miclavez, Ingala Robl, Sheila Saunders, Dale Schusterman, Jan Jacob Stam e Bibi Schroeder, John e Susan Ulfelder.

Agradeço também a Margit e ao Dr. Michael Franz, que acompanharam o início do projeto. Wolfgang Tatzer proporcionou sempre um ouvido acolhedor às minhas perguntas e ajudou na tradução das citações em línguas estrangeiras.

4

Introdução

"Torna-te quem és."
F. W. J. von Schelling

Na psicoterapia sempre se soube que vivências pessoais traumáticas podem acarretar duradouras perturbações físicas e psíquicas quando, por motivo de sobrecarga atual, são reprimidas e excluídas. A superação desses sintomas torna-se possível quando são readmitidos e reintegrados os aspectos até então dissociados.

Além disso, as constelações familiares nos mostram como os traumas dos antepassados a que nos vinculamos pelo destino continuam a atuar através de gerações e influenciam a vida dos descendentes.

Precursoras para o desenvolvimento das constelações familiares foram as intuições de Bert Hellinger sobre as formas de atuação da consciência moral e sobre o que envolve alguém, dentro de uma família ou mesmo fora dela, no destino de outra pessoa, assim como sua permanente observação e o êxito que obteve na tentativa de desenvolver meios para dissolver esses envolvimentos.

4.1 Breve introdução aos fundamentos das constelações familiares

Cada ser humano nasce numa família. Isso gera um vínculo que o liga a todos os membros dessa família. Uma instância oculta, que Bert Hellinger chama de "consciência familiar" vela pelas condições que reinam na família enquanto compartilha de um destino comum. A essas condições estamos expostos e subordinados, independentemente de nossa vontade. Essa instância vela pelo vínculo no sistema, pelo equilíbrio entre o dar e o receber, assim como no destino, e pela preservação da ordem. A ordem prescreve que todos os membros da família, inclusive os falecidos, possuem igual direito de pertencer a ela. Quando um membro da família é excluído, desprezado ou esquecido – por exemplo, uma criança que nasceu morta –, essa consciência coletiva faz com que um outro membro, geralmente de uma geração posterior, inconscientemente se identifique com a pessoa excluída. Nesse enredamento o segundo torna-se semelhante ao primeiro e reproduz aspectos do destino dele, sem que saiba por que e sem poder evitá-lo.

Uma segunda ordem que vela a consciência coletiva é a hierarquia pelo tempo. Dessa maneira, os pais têm prioridade em relação aos filhos, o primeiro filho em relação ao segundo, etc. Entre famílias, a que foi fundada ou surgiu por último tem precedência sobre a anterior. Portanto, a família atual tem precedência sobre a família de origem e a segunda família sobre a primeira, mesmo que tenha se originado por meio de um filho extraconjugal. Em oposição à consciência moral pessoal, por onde percebemos imediatamente se nosso modo de agir coloca em risco nosso pertencimento, a consciência coletiva, atuando de modo oculto, vela pela preservação e pela coesão da família.

Como o demonstram muitos exemplos apresentados neste livro, apegamo-nos a muitas doenças e sintomas pelo anseio de proximidade com nossos pais ou pela necessidade de pertencer à nossa família. Muitas vezes atua aí uma necessidade inconsciente de compensação, quando nos sentimos culpados ou exibimos uma pretensa reivindicação. Ou então a doença nos obriga a uma parada quando infringimos uma ordem com nossa atitude ou nosso comportamento.

4.1.1 A família como participante de um destino comum

Por meio da investigação sobre possíveis envolvimentos familiares de membros individuais, o trabalho com as constelações sistêmicas levou a um conceito ampliado de família, onde se incluem todos os que são abarcados pela consciência do grupo familiar. Nesse sentido pertencem a ela todos os filhos, portanto nós e todos os nossos irmãos e meios-irmãos, inclusive os natimortos, bem como os filhos que foram dados, ocultados ou abortados. Além disso, pertencem à família os pais e todos os seus irmãos, os avós, algumas vezes também os seus irmãos, principalmente quando tiveram um destino especial, e por vezes ainda os bisavós.

Além dos parentes, pertencem ainda ao sistema familiar todos aqueles que de algum modo sofreram uma perda por intermédio da família, ou cujo destino proporcionou a ela um ganho. Tais são, por exemplo, os parceiros anteriores dos pais ou dos avós, que tiveram de ceder ou liberar o seu lugar. Nesse contexto também são considerados como pertencentes ao sistema familiar aqueles que foram vítimas de violência por parte de membros da família. Além disso, em razão do vínculo especial que nasce entre vítimas e perpetradores, nas famílias em que houve vítimas de crimes e violências também pertencem a ela os assassinos. Todas as pessoas mencionadas constituem a família como uma comunidade que participa de um destino comum.

4.1.2 Os procedimentos

O método ideal para mostrar os efeitos transgeracionais dessa consciência coletiva oculta é a constelação familiar. O modo mais efetivo de realizá-la é em seminários de vários dias, onde cada participante tem a possibilidade de escolher, entre as pessoas do grupo, representantes para si e para membros de sua família. O paciente "constela" esses representantes em suas relações recíprocas, de acordo com a imagem interior que ele faz dos membros de sua família. O fenômeno surpreendente, e até agora inexplicável, é que os representantes, uma vez posicionados pelo paciente devidamente centrado, são tomados por um movimento e imediatamente passam a sentir-se como as pessoas reais que representam, manifestando sentimentos delas e por vezes exibindo sintomas físicos semelhantes, quer estejam representando pessoas vivas ou já falecidas. A partir do modo como os representantes se inter-relacionam, dos seus sentimentos e expressões e dos impulsos que manifestam, o "constelador" e o paciente reconhecem os acontecimentos relevantes da história familiar e as dinâmicas que atuam nessa família e que podem estar em conexão com a doença e os sintomas do paciente.

O grupo não é um contexto adequado para todos os pacientes. Principalmente em casos de labilidade psíquica é preciso haver um esclarecimento com o médico ou terapeuta que trata do cliente. Também é possível elaborar soluções na consulta individual. Aí podem ser feitas constelações com a utilização de figuras ou de marcas no solo para representar as pessoas. Não me ocuparei extensamente dessas possibilidades, e remeto os interessados à bibliografia disponível, especialmente aos trabalhos de Ursula Franke e De Philipp.

4.2 A constelação de doenças e sintomas

No trabalho de constelação com doentes é muitas vezes útil introduzir um representante da doença ou do sintoma.[1] (Devido à minha orientação para a totalidade e para evitar deslocamentos de sintomas, em meu trabalho pessoal raramente coloco em cena representantes de sintomas individuais.)

A observação mostra que representantes de estruturas abstratas como doenças e sintomas geralmente entram em ressonância com pessoas excluídas ou com temas sistemicamente relevantes, muitas vezes associados a tabus da família.

Eventualmente temos a impressão de que o doente, por meio de seus sintomas, faz lembrar a pessoa excluída. Ele está vinculado pelo amor, enquanto outros membros da família recusam ou reprimem o amor e o reconhecimento. A constelação da doença ou do sintoma, em relação com o paciente ou com sua família, consegue trazer à luz essas conexões que geralmente são inconscientes.

Durante o esclarecimento da questão do paciente manifesta-se a sua atitude diante da doença ou do sintoma, bem como sua disposição em defrontar-se com ela e com aquilo que possivelmente está por trás dela. Quando percebo, nesse particular, uma forte resistência ou uma atitude de absoluta rejeição da doença, geralmente começo a constelação apenas com um representante da doença ou do sintoma e um representante do paciente, e deixo que eles sigam os seus próprios impulsos de movimento. Na maioria das vezes introduzo, num passo seguinte, representantes de pessoas da família.

Uma outra possibilidade é começar com representantes da família atual ou original do paciente e, num segundo passo, introduzir na constelação um representante para a doença.

Indicações para a solução da dinâmica são dadas geralmente pelos personagens que reagem mais claramente em presença do representante

---

1. No original alemão, o Autor usa o termo *Symptomatik* para significar o quadro clínico resultante do conjunto dos sintomas. Não havendo um substantivo equivalente em português, optamos, em razão da simplicidade, pelo termo "sintoma", que deve portanto ser entendido nessa acepção mais ampla. (N. T.)

da doença. Antes que o paciente escolha um representante para a doença, geralmente deixo-o decidir se prefere escolher um homem ou uma mulher para esse papel. Dessa maneira o paciente é estimulado a perceber interiormente o que lhe convém e é menos influenciado pela aparência de outros participantes do grupo. Muitas vezes a escolha do sexo do representante da doença corresponde ao sexo da pessoa excluída. Contudo, o terapeuta não deve fiar-se nisso.

Um exemplo:

O aborto espontâneo: "Querida mamãe, o mais importante eu já tenho". (Paciente com câncer de mama)

Num curso de constelações sistêmicas com doentes, uma mulher fala de seu câncer. Acrescenta que os médicos lhe prognosticaram boas chances de cura, e também ela está convencida: "Eu vou conseguir isso!".

Muitos doentes de câncer manifestam uma atitude arrogante diante dos pais, do destino de um familiar ou diante da vida em geral. Essa presunção manifesta-se, algumas vezes, sob a forma de raiva e ódio, mas também pela ideia de que, assumindo um sofrimento pessoal, eles podem salvar alguém de um destino pesado.

Na constelação de outra paciente que apresentava câncer de mama, o representante da doença disse à representante da paciente, quando ela se postou diante dele com uma atitude de desafio: "Você realmente sabe como eu sou perigoso?".

Essa frase me fez pensar naquela primeira paciente, totalmente convencida, que afirmou: "Eu vou conseguir isso!".

Sem fazer outras perguntas, peço à paciente que coloque em cena uma pessoa para representá-la e outra para representar sua doença. Para a doença ela também escolhe uma mulher e a coloca atrás e bem perto de sua própria representante, ambas voltadas para a mesma direção. Para pasmo da paciente, sua representante, por impulso próprio, imediatamente se apoia na representante da doença e fecha os olhos, com uma expressão feliz e contente. A representante da doença abraça-a e diz: "Para mim, está tudo bem! – Se ela precisar de mim, aqui estou!".

As aparências sugerem que a representante da doença está representando a mãe da paciente. Interrogada sobre a relação com sua mãe, a paciente responde que sempre foi difícil, e acrescenta: "De uns tempos para cá nós nos acomodamos. Eu sou a primogênita de meus pais e deveria ser um menino. Meu nascimento já foi muito difícil, com campânula de sucção e fórceps, e então eu nasci, uma menina. Minha mãe tinha preparado todo um enxoval azul-claro, como se usava então para os meninos. Minha tia contou que minha mãe chorou por três dias depois de meu nascimento!".

Essa resposta da paciente está em contradição com a atitude protetora da representante da doença, que se coloca à disposição da paciente, enquanto a mãe parece, por alguma razão, não ter tido liberdade para acolher a filha. Essa discrepância leva-me a supor que ainda falta algo essencial.

Antes de prosseguir com as perguntas, peço à paciente que introduza uma representante para sua mãe. Ela a posiciona a uma certa distância das outras duas representantes, com o olhar voltado para elas. Ambas dão pouca importância à representante da mãe, que entretanto manifesta fortes reações físicas, tem uma grande dificuldade de encarar a filha e a doença, e comenta: "Vejo minha filha, mas quando quero olhar também para a doença, meu olhar fica embaçado e não vejo mais nada com clareza". A fixação da mãe por um menino, relatada pela paciente, e essa reação da representante da mãe me induzem a perguntar à paciente se por acaso sua mãe tinha perdido um filho. Ela responde: "Sim, antes de mim ela teve um aborto espontâneo, e deve ter sido um menino. Acho que ela jamais superou essa perda". Quando a paciente menciona seu irmão, a representante dela, por impulso próprio, desprende-se da representante da doença, vira-se e a encara nos olhos. A impressão é que ela desperta de um transe e subitamente começa a participar do que acontece.

A representante da mãe, não suportando o olhar da filha para a doença, vira-se e fixa com uma expressão vazia o chão diante de seus pés.

Apontando para a representante da doença, volto-me para a paciente e pergunto: "Você sabe quem está ali?" – "Minha mãe?" – pergunta ela. – "Penso que é seu irmão!".

Para testar essa hipótese peço a um participante que se deite no chão diante da mãe, representando o falecido irmão. A representante da mãe olha para o filho e começa a chorar. Nesse momento a representante da paciente afasta-se da representante da doença e olha para sua mãe com amor e compreensão. A representante da doença, por própria iniciativa, retira-se da constelação, deixa o círculo de cadeiras dos participantes e volta a sentar-se em seu lugar.

Concluindo, volto-me diretamente para a paciente e proponho-lhe que diga algumas frases à sua mãe. De boa vontade e com o coração aberto, ela repete: "Querida mamãe, agora eu consinto. O mais importante eu já tenho, e agora eu assumo isso. Eu tomo esta vida e a preservo, e vou respeitá-la cuidando bem de mim".

A representante da mãe, que inicialmente ainda olhava para o filho morto, volta-se então diretamente para a paciente e a toma nos braços. Com energia ela diz, por sua vez, à filha: "Minha querida filha, viva! – Este outro assunto só diz respeito a mim!".

Na rodada final do grupo a paciente conta que a constelação lhe fez muito bem. Diz que para ela foi especialmente importante ouvir da mãe que ela deveria viver, e isso lhe proporcionou muito alívio. Reconhece que nunca soube com segurança se sua mãe realmente queria isso, e que agora pôde perceber o que perturbava sua relação com a mãe e ver que isso não se referia a ela.

Poucos são os pacientes que conseguem inicialmente perceber uma relação entre sua doença e sua família, ou reconhecer a influência que eles próprios exercem sobre sua doença. Nesse particular as constelações fornecem-lhes importantes pontos de apoio.

No exemplo mencionado não ficou claro, no final, quem estava sendo representado pela doença, mas isso não tem maior importância. Pelos seus aspectos anímicos a doença poderia estar associada ao irmão ou à mãe. O mais importante foi a sensação da representante da doença, de que se tornou dispensável. Isso se evidenciou quando entrou em cena o falecido irmão da paciente. Essa foi a figura-chave que levou a paciente a desprender-se da doença na constelação. A mãe da paciente manifestamente não conseguira superar a morte do filho. Com isso, permanecia presa a ele e não estava livre para deixar fluir o seu amor pela filha. Dessa maneira a relação entre a paciente e sua mãe foi dificultada desde o início.

Geralmente os filhos começam procurando em si mesmos a causa de sua dificuldade na relação com os pais. Após o fracasso de suas tentativas de superar os obstáculos, frequentemente só lhes resta a retirada, o desespero ou a raiva. Muitas vezes acabam perdendo o respeito pelos pais. Cada uma dessas atitudes perturba o equilíbrio da alma e, por acréscimo, o bem-estar do corpo. A visão da dor da mãe pelo filho perdido pode fazer com que o amor e o respeito voltem a fluir. Com isso, algo descansa na alma e a paz alcançada produz também um efeito físico salutar.

Para o transcurso e o resultado de uma constelação é fundamental a decisão sobre que pessoas ou que elementos estruturais devem ser representados. Acho questionável, no método das constelações sistêmicas, o princípio de que tudo pode ser representado, na suposição de que isso sempre desencadeará processos mobilizantes. A questão básica, sobretudo do ponto de vista da medicina, é se isso trará progresso à constelação, e em que ponto o paciente poderá mudar alguma coisa – um modo de ver, uma atitude, etc. – para que algo possa fluir, descansar ou ficar em ordem em sua alma e em seu corpo.

Uma preliminar essencial para trabalhar com uma constelação é a primeira tomada de contato com o paciente e o esclarecimento de sua questão. Durante essa conversa não reparo apenas no que ele diz. Desde o momento em que ouve a questão do paciente, o terapeuta deve entrar em sintonia com as pessoas e as estruturas mencionadas pelo paciente e procurar, por meio de uma percepção representativa, captar seus sentimentos e suas qualidades. Frequentemente aparecem então discrepâncias entre a percepção que o terapeuta tem de alguma pessoa e aquilo que o paciente descreve sobre sua relação com ela. Isso fornece ao terapeuta, muitas vezes, valiosas indicações sobre os conflitos que estão na origem do sintoma.

4.3 A constelação do órgão doente

Às vezes, a sintonização com o órgão doente do paciente transmite ao terapeuta a sensação de que esse órgão não está ligado ao sistema global do corpo. Nos conceitos de tratamento da medicina alternativa, essa ligação é, no entanto, uma condição para a preservação da saúde e a cura de um órgão. Quando é especialmente clara a impressão de que o órgão em questão está dissociado do conjunto do organismo, procuro, em primeiro lugar, acompanhar na constelação essa ligação interrompida. Para isso começo propondo ao paciente que coloque em cena representantes para si mesmo e para o órgão doente. Um exemplo:

O luto da mãe
(Paciente com frequentes doenças dos órgãos respiratórios)
Num seminário de constelações para doentes físicos, um homem me pede que trabalhe com ele. Desde a infância seus órgãos respiratórios constituem um ponto fraco em seu corpo. Repetidas pneumonias levaram a perturbações crônicas das vias respiratórias, que continuam resistindo à terapia. Essa informação basta-me para começar, e tomo alguns minutos para entrar em sintonia com o paciente. Nisso percebo nele, como sua emoção básica, uma profunda tristeza. Na medicina tradicional chinesa a emoção tristeza subordina-se ao ciclo funcional do pulmão. Isso significa que uma tristeza excessivamente forte ou estressante, mesmo que seja vivida por alguma pessoa próxima, causa um dano ao ciclo de funções do pulmão, o que pode provocar, entre outros sintomas, uma perturbação dos órgãos respiratórios. Nesse particular, suspeito de uma conexão entre o sentimento básico de tristeza do paciente e os seus sintomas. Em seguida, ao sintonizar-me com o pulmão do paciente e com sua relação com esse órgão, não percebo uma ligação, e sinto como se o pulmão estivesse dissociado do conjunto do organismo.

Peço ao paciente que escolha dois representantes, um para si mesmo e outro para o pulmão. Ele começa posicionando seu próprio representante no meio do círculo; depois escolhe uma mulher para representar o pulmão e a coloca voltada para o representante dele, atrás do seu ombro direito. Então, por um impulso próprio, a representante do pulmão pousa a cabeça no ombro do representante do paciente. Este, porém, sente-se visivelmente desconfortável e com cuidado dá um passo à frente. Porém a representante do pulmão, mantendo os olhos fechados, permanece apoiada nele; com isso, desloca para frente todo o peso do seu corpo, impedindo o representante do paciente de prosseguir.

Olhando para o paciente, reparo que está chorando e lhe digo: "Parece que essa imagem é familiar para você". Ele balança a cabeça, aponta para a representante do pulmão e diz: "Essa é a minha mãe, isso me faz reconhecê-la".

Para o representante do paciente o peso fica excessivo e ele se desprende, dando mais dois passos à frente. A representante do pulmão, ou da mãe do paciente, abre os olhos, permanecendo de pé com a postura encurvada, e fixa o olhar no chão à sua frente como se procurasse algo.

Pergunto então ao paciente se alguém morreu prematuramente na família de sua mãe. Ele conta que sua mãe sofreu cinco abortos espontâneos antes do nascimento dele. Ao ouvir isso, a representante da mãe põe-se a chorar e ajoelha-se no chão.

O paciente respira fundo e me olha, com a expressão de quem sabe e concorda. Sua respiração mudou, seu tórax parece mais livre e mais vivo. Resolvo concluir o trabalho nesse ponto, e pergunto ao paciente se assim está bem para ele. Ao ouvir sua confirmação, libero os representantes.

Essa constelação estabeleceu uma conexão entre os sintomas do paciente e um tema de vida que lhe era familiar, o luto e a dor de sua mãe. Isso lhe permitirá futuramente, caso reapareçam os sintomas, ter uma relação diferente com eles, pois sabe a que eles estão associados, e assim já dispõe de uma possibilidade de mudança e controle.

Nas constelações é sempre emocionante perceber como as crianças são desprendidas e persistentes quando assumem o destino de seus pais ou de outras pessoas próximas ao perceberem o quanto eles sofrem com isso.

4.4 Contexto do trabalho e pensamentos orientadores

"O momento oportuno determina a qualidade do movimento."

Lao-Tsé

A tentativa de compreender a doença e a saúde em sua essência, bem como o questionamento dos fenômenos de cura fizeram amadurecer em mim a convicção de que, quando ela acontece, trata-se de autocura. Quem chega a ver as coisas dessa maneira é levado a perguntar de que modo alguém que acompanha uma pessoa que lhe pede ajuda numa crise de doença pode contribuir para o seu alívio ou a sua cura. Talvez lhe seja possível criar as condições ideais para o desenvolvimento das forças de autocura. Nesse particular sinto que o trabalho com constelações sistêmicas para doentes é uma abordagem útil, complementar e eficaz, ao lado da correspondente assistência médica ao paciente.

Desde que passei a dirigir constelações no contexto de minha prática profissional, preocupo-me com a questão da eficiência e da eficácia do método. Pergunto-me, então, o que terá ajudado quando, após a participação numa constelação em grupo, são desencadeados processos de cura de doenças parcialmente antigas, inclusive, às vezes, sem que o próprio paciente tenha feito a sua constelação.

Além da abordagem destituída de intenções, característica desse método, e do procedimento fenomenológico, existem critérios para o trabalho de constelações com doentes, cuja observância pode ajudar o processo de cura nos pacientes.

Em seu livro *Ordens do Amor* Bert Hellinger faz a seguinte distinção entre o caminho científico e o caminho fenomenológico do conhecimento:

> Dois movimentos nos levam ao conhecimento. O primeiro é exploratório e quer abarcar alguma coisa até então desconhecida, para apropriar-se e dispor dela. O esforço científico pertence a esse tipo e sabemos quanto ele transformou, assegurou e enriqueceu nosso mundo e nossa vida.
>
> O segundo movimento nasce quando nos detemos durante o esforço exploratório e dirigimos o olhar, não mais para um determinado objeto apreensível, mas para um todo. Assim o olhar se dispõe a receber simultaneamente a diversidade com que se defronta.
>
> Quando nos deixamos levar por esse movimento diante de uma paisagem, por exemplo, de uma tarefa ou de um problema, notamos como nosso olhar fica simultaneamente pleno e vazio. Pois só quando inicialmente prescindimos das particularidades é que conseguimos expor-nos à plenitude e suportá-la. Assim, detemo-nos em nosso movimento exploratório e recuamos um pouco, até atingir aquele vazio que pode fazer face à plenitude e à diversidade.
>
> Esse movimento, que inicialmente se detém e depois se retrai, eu chamo de fenomenológico. Ele nos leva a conhecimentos diferentes dos que poderíamos obter pelo movimento do conhecimento exploratório. Ambos se completam, porém. Pois, também no movimento do conhecimento científico exploratório, precisamos às vezes parar e dirigir o olhar do estreito ao amplo, do próximo ao distante. Por sua vez, o conhecimento obtido pela fenomenologia precisa ser verificado no indivíduo e no próximo. (*Ordens do Amor*, Cultrix, p. 14)

4.4.1 O contexto e a atitude

Especialmente importante é a criação de um contexto protegido onde as constelações possam ser realizadas. Aqui são importantes, por parte do constelador, a experiência pessoal e particularmente uma atitude destituída de julgamentos, igualmente voltada para todos os participantes e para cada destino. Quanto mais seguros os pacientes se sintam, e quanto mais claramente percebam que o que aparecer na constelação não será avaliado ou julgado pelos demais participantes, tanto mais facilmente eles se abrirão às dinâmicas que condicionam as suas doenças.

O dirigente da constelação precisa levar em conta a relação, via de regra ambivalente, entre o paciente e a sua doença. Por um lado, ele gostaria de livrar-se da doença, pois ela limita ou mesmo coloca em risco a sua vida. Por outro lado, é preciso reconhecer que para o paciente a doença representa a melhor das tentativas que fez para ajustar-se às suas condições de vida.

Como na medicina natural, o dirigente da constelação não vê a doença primordialmente como um problema. Ele a encara principalmente em sua função, como uma tentativa de solução. Com essa atitude ele fica atento para as forças e dinâmicas que atuam por trás da doença, e o paciente ganha confiança para liberá-las no processo da constelação, com vistas a uma solução.

4.4.2. Pensamentos orientadores

Do ponto de vista do trabalho com as constelações, de acordo com as experiências recolhidas até o momento, os seguintes aspectos atuam entrosados no modo de lidar com o processo da doença, condicionando-se e fortalecendo-se reciprocamente:

- a disposição do paciente para dizer um “sim” à vida e, concomitantemente, para assumir a sua responsabilidade pessoal,
- o amor primário da criança por seus pais e o anseio por estar perto deles,
- a exclusão, por parte do próprio paciente ou de sua família, de pessoas ou temas relevantes para o sistema familiar.

4.4.2.1 O "sim" e o "não" à vida

"A saúde não é um modo de sentir-se, é um modo de ser."
Hans-Georg Gadamer

As experiências e vivências traumáticas nas famílias causam medo a todos os seus membros através de gerações e provocam separações entre filhos e pais, entre gerações antecedentes e subsequentes. Contudo, o que muitas vezes é sentido como peso e dificuldade abriga em seu seio uma força especial.

O exemplo de constelação apresentado a seguir mostra como estamos vinculados à história de nossa família e não conseguimos livrar-nos dela. Ela nos pertence, é uma parte de nós e marca nossa personalidade, com todas as forças e fraquezas que temos.

O peso

Num curso de constelações um homem expõe sua intenção com estas palavras: "Gostaria de livrar-me do peso de minha família". Sem perguntar o que aconteceu na família, peço a ele que escolha dois representantes: um para si mesmo e outro para o peso. Ele coloca o seu representante a uma grande distância do representante do peso e de costas para ele. Enquanto o representante do paciente se mostra muito agitado, o representante do peso permanece firme e calmo, e acompanha com atenção e simpatia os esforços do outro para escapar. O desespero do representante do paciente pela impossibilidade de escapar do peso aumenta sempre, e ele procura esconder-se num canto da sala. O representante do peso olha imperturbável para ele e aguarda. Questionado sobre o que se passa com ele, o representante do peso responde: "Estou aqui, e tenho todo o tempo do mundo!". Quando o representante do paciente ouve essa frase, sua intranquilidade aumenta ainda mais. Sente-se cada vez mais desconfortável, até que se ergue e, sem olhar para os lados, caminha lentamente de costas, como que puxado por uma força invisível, na direção do representante do peso, até que finalmente apoia nele as suas costas. O outro delicadamente pousa as mãos em seus ombros, e o representante do paciente começa a chorar mansamente. Depois de algum tempo ele vira a cabeça e encara, sobre o seu ombro, o representante do peso, balança a cabeça como se entendesse, e ambos se abraçam. Para concluir sugiro ao representante do paciente que diga: "Sim! – Agora eu assumo a vida, mesmo a este preço".

Dizer "sim" à vida que veio por meio dos pais e dos antepassados é um ato difícil para muitas pessoas. Isso se consegue aceitando os pais, do jeito como foram e são, e aceitando a história da família de que nascemos. Conseguir esse ato não depende do contato ou da qualidade da relação com os pais ou avós, e também está ao alcance das pessoas que não conheceram seus pais e suas famílias, pois é essencialmente uma aceitação de si mesmo, do destino pessoal e também da situação de vida em que cada um se encontra. Essa situação pode envolver também uma doença pela qual a pessoa é afetada, de forma aguda ou crônica, talvez por toda a sua vida.

Como mostra a experiência, muitas vezes o primeiro passo de alguém para a solução de um problema ou para a cura de uma enfermidade é assumir a parte de responsabilidade que lhe cabe. De acordo com minha observação, a força para esse passo é proporcional à disposição de aceitar os pais e a própria família de origem. Esse "sim" aos pais e à família tem o caráter de um "sim" à vida, e considero a disposição de um paciente nesse sentido como uma condição para que eu me disponha a fazer a sua constelação. Minha experiência em constelações com doentes, sobretudo na clínica, é que quando um paciente não está disposto a dizer esse "sim" à sua real situação, muitas vezes também não está disposto a aceitar o que venha a se mostrar na constelação como movimento liberador. Nessas circunstâncias, trabalho inicialmente com a capacidade e a disposição do paciente para esse "sim".

Com esse objetivo faço às vezes com o paciente o seguinte exercício.

Coloco diante do paciente sentado ao meu lado representantes de seus pais: primeiro o pai; depois a mãe, à esquerda do pai. Estabeleço a distância, de modo que o paciente consiga suportar bem a proximidade, mas suficientemente perto para que ele não possa fugir do olhar deles. Quando necessário, coloco ainda atrás dos pais os avós e também os bisavós.

É possível perceber se já está completa a configuração dos antepassados ali posicionados ou se ainda falta alguém. Então aguardo calmamente que o paciente olhe para seus pais. Quando ele se mostra resistente peço ao grupo dos representantes que se aproximem passo a passo, na medida em que o paciente ainda consiga tolerar essa proximidade. Mais cedo ou mais

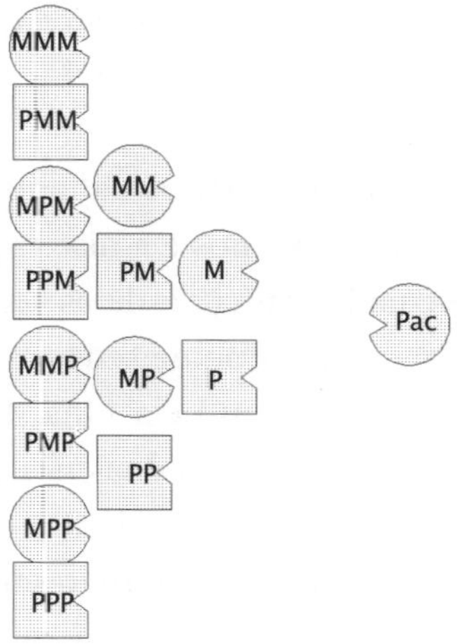

tarde, quando ele entra em contato visual com os seus antepassados e realmente os encara, é forçado a reconhecer que não pode sustentar o "não" à sua família e que não lhe resta escolha em relação à sua origem. Dessa confrontação nasce, muitas vezes, um movimento salutar em direção aos pais e, por meio da aceitação da família e de sua história, também um "sim" à própria vida e ao próprio destino. A partir da conexão com a família e com os antepassados, o paciente adquire a força para encarar o que pesa nele e, em seguida, também para defrontar-se com a sua doença.

A constelação seguinte, de uma paciente com uma doença autoimune, mostra como a rejeição aos pais envolve, como que inconscientemente, uma autorrejeição.

A morte prematura dos pais: "Eu sou sua filha!"
(Paciente com pênfigo vulgar)

A paciente de cerca de 45 anos sofre de pênfigo vulgar, uma doença autoimune das mucosas, que ficam muito delgadas e sensíveis e frequentemente sangram.

A paciente apresenta-se rígida, irradiando pouca feminilidade. Ao sentar-se ao meu lado, observa-me com muita reserva e desconfiança.

Aguardo algum tempo; em seguida, por um impulso interior, começo a entrevista com esta pergunta: "Você está com raiva de quem?". Ela me olha espantada, mas responde imediatamente: "De minha mãe!".

Em minha imagem essa resposta só explica parte de sua raiva, e continuo a perguntar: "E de quem mais?". A resposta também vem de imediato: "De meu pai!".

A pergunta por acontecimentos na família de origem revela que a paciente perdeu o pai aos 9 anos e a mãe três anos depois. Ela nasceu na Argentina e vive na Espanha desde os seus 20 anos.

Sintonizando-me na posição de seus pais, percebo haver um amor profundo entre eles e também pela filha. Para testar essa percepção peço à filha que coloque em cena duas pessoas representando os seus pais. Ela as posiciona a uma certa distância um do outro, voltadas para diferentes direções. Porém os dois representantes, por impulso próprio, voltam-se um para o outro, sorriem e abraçam-se ternamente. Depois de algum tempo desfazem o abraço e olham juntos para a filha. A paciente está visivelmente comovida e observa, espantada: "Jamais vi meus pais assim!". Eu digo a ela: "Mas você nem sempre esteve presente". Ela é forçada a rir.

Também os representantes dos pais disfarçam o sorriso, aproximam-se lentamente e se postam diante da paciente sentada ao meu lado. Ela fica cada vez mais intranquila em sua cadeira e evita encará-los. Volto-me para ela e digo: "Olhe para eles e diga: Eu sou sua filha!". Faço-a repetir essa frase várias vezes, até sentir que ela não apenas é repetida mas vibra em todo o seu corpo. "Eu sou sua filha e vocês são meus pais!". Então ela própria se sacode, levanta-se e deixa-se abraçar pelos pais. Eles a abraçam por longo tempo e, quando ela se desprende e os encara, digo a ela: "Olhe para eles e diga: Sim!". Ela olha primeiro o pai nos olhos e diz: "Sim!", e então encara a mãe e diz: "Sim! Agora concordo do jeito como foi!".

Visivelmente liberada, ela me olha com um sorriso cordial e diz: "Obrigada!".

Numa rodada do dia seguinte ela comenta: – "Ainda não sei dizer como me sinto. Parece-me que toda a minha vida está mudando agora. Jamais consegui ver meus pais numa luz positiva. Quando penso neles agora, sinto-me cheia de gratidão. Isso me dá uma sensação de vida que eu desconhecia!".

Quando nos defendemos ou nos recusamos a reconhecer o que nos pertence, às vezes somos lembrados, por uma doença ou um sintoma, daquilo que excluímos. Nossa vida e nossa felicidade são marcadas pela atitude que adotamos diante de nossos pais e da história de nossa família. Quem se sente em sintonia com sua família pode assumir sua vida em plenitude e mais adiante, talvez, transmiti-la.

O desejo insatisfeito de ter filhos

Um jovem casal sofre há anos com o desejo insatisfeito de ter filhos. A mulher sofreu três abortos espontâneos nos últimos dois anos, todos eles entre a sétima e a décima semana de gestação. Os exames clínicos realizados não apresentaram resultados relevantes que justificassem as perdas.

Enquanto os interrogo, imagino-me como se eu fosse um filho deles, e sinto um calafrio percorrendo repetidamente o meu corpo. Essa sensação me leva a solicitar ao marido que inicialmente coloque em cena representantes para si mesmo e para a sua esposa, e num segundo passo um representante para uma criança. O representante do filho sente-se mal, tem muito medo e não consegue suportar o olhar e a proximidade do pai. Ele se afasta imediatamente dos pais e se dirige para trás do círculo de cadeiras dos integrantes do grupo.

A pergunta por acontecimentos na família de origem do marido revela que ele nasceu na Romênia, de origem alemã. É filho único e desde os 7 anos vive na Alemanha. Questionado se poderia explicar o medo do representante da criança, sacode a cabeça negativamente. Sua esposa, contudo, reage emocionada e com lágrimas nos olhos conta que seu marido é o único filho vivo de sua mãe, que abortou seis filhos antes do nascimento dele. Essa informação aterroriza o representante da criança que se afasta ainda mais, até tocar com as costas a parede do recinto.

Peço a um participante do grupo que se coloque atrás do representante do marido, como representante de uma criança abortada. Depois de algum tempo esse representante pousa a mão amigavelmente no ombro do representante do marido, o seu irmão, e este delicadamente encosta-se a ele. Essa mudança desperta a curiosidade do representante do filho do casal, que agora consegue olhar para o pai. Este está incrivelmente mudado. A palidez e a tristeza desapareceram de seu rosto. Sente-se visivelmente bem com o irmão às suas costas.

Peço a um outro participante do grupo que se coloque atrás dos dois. O representante do pai permanece inicialmente reservado, mas o representante do irmão alegra-se com o novo representante. O interesse do representante do filho do casal é grandemente despertado, e ele dá um novo passo na direção do pai.

Nesse ponto pergunto ao paciente se ele gostaria de assumir o seu lugar na constelação. Ele hesita, mas finalmente levanta-se e toma o seu lugar. Quando o representante da criança abortada pousa suavemente a mão em seu ombro, o paciente empalidece, fecha os olhos e faz menção de desmaiar. Na medida em que o incito a manter os olhos abertos, ele consegue preservar suas forças e manter-se de pé em seu lugar.

Passo a passo, peço a mais quatro participantes que, representando as demais crianças abortadas, coloquem-se atrás do paciente. Pode-se ver claramente que isso é extremamente penoso para ele. Ele respira com dificuldade, mas depois de algum tempo consegue, mesmo com seis representantes de seus irmãos abortados, olhar para o seu próprio filho. O grande desafio para o paciente foi o de quebrar a lealdade para com os irmãos mortos e, na presença deles e com o seu toque, assumir a própria vida e com energia olhar para sua vida, sua mulher e seu filho.

Recomendo ao casal que por algum tempo não comentem a constelação e voltem imediatamente para casa, com uma indicação bem clara: "Onde existe uma vontade, também existe um caminho!"

Cerca de dez meses depois desse trabalho, recebi do casal uma participação de nascimento com o comentário adicional de que esse era "o esplêndido resultado da constelação". Quatro anos mais tarde, o casal me consultou em assunto relacionado à saúde de sua criança. Aproveitei a oportunidade para pedir-lhes que me comunicassem como eles tinham vivenciado o trabalho da constelação. Enviaram-me as seguintes linhas:

Relatório da vivência da mulher:

"Durante a constelação e imediatamente depois dela fiquei muito aliviada e feliz com a solução encontrada. Ela reforçou o amor pelo meu marido. Apesar disso, quando engravidei fiquei muito preocupada e ansiosa nos primeiros meses. Porém, passado o prazo crítico, minha confiança foi crescendo e tive uma gravidez muito bonita. Depois do nascimento também pensei muito nos meus outros filhos e muitas vezes fiquei triste por não ter podido conhecê-los. Mas agora tudo está muito melhor e já não sofro quando penso neles.

A vivência do marido:

Durante a constelação da relação do casal eu estava inicialmente muito tranquilo. A seguir, quando você introduziu os seis filhos abortados de minha mãe, senti-me tomado por um sentimento de angústia. De repente vivenciei a constelação como um imprevisível "assalto" que eu absolutamente não esperava. Primeiramente tentei reprimir os meus sentimentos mas finalmente eles irromperam. Por um breve tempo eu me envergonhei de minha intensa reação, mas fiquei aliviado no final da constelação. Em relação a isso, surgiu em minha vida um sentimento de felicidade que perdura até hoje.

4.4.2.2 Antes doente do que só: o amor primário da criança

Uma outra percepção resultou de numerosas experiências com constelações de doenças e sintomas, e de relatos de pacientes quanto aos efeitos desses trabalhos sobre o processo da doença.

A manifestação frequente de sentimentos e reações por representantes de elementos abstratos nas constelações, tais como sintomas e doenças, permite concluir que esses personagens, na maioria das vezes, estão representando membros da família que foram excluídos. Quando, num passo ulterior, representantes dessas pessoas são colocados em cena, recebem dos pacientes o seu lugar e experimentam o respeito que lhes é devido, os representantes dos sintomas ou das doenças muitas vezes sentem que são supérfluos e não mais necessários. Geralmente sentem também a necessidade de se retirarem da constelação. Da parte do sistema familiar, parecem ter sido restabelecidos o equilíbrio e a ordem. A partir dessa perspectiva poderiam ser criados os pressupostos para uma cura do paciente.

Essas luzes obtidas na constelação sobre as origens – frequentemente transgeracionais – de suas doenças e sintomas são consideradas por muitos pacientes como um processo de alcance muito profundo e liberador.

Contudo, experimentei muitas vezes que o efeito curativo desse processo foi muitas vezes menor do que o esperado, ou que um sintoma que desaparecera logo após uma constelação retornou depois de algum tempo. A questão em cada um desses casos é em que medida faltou algo liberador na perspectiva do sistema familiar ou algum ato pessoal do paciente.

A experiência me ensinou que um potencial importante reside na responsabilidade pessoal e nas possibilidades do paciente.

A esse respeito, o exemplo seguinte do trabalho numa constelação foi para mim uma vivência reveladora e me deu forças para fazer convergir o foco, cada vez mais, para o processo interior do paciente.

A cobrança: "Ainda que você morra, não receberá mais nada!" (Paciente com câncer dos ossos e metástases no pulmão)

O paciente em questão era um médico. Devido a um câncer ósseo na perna direita, ele tinha sido operado várias vezes e usava uma prótese bem visível. Apesar da quimioterapia e da radioterapia, não havia sido possível deter o câncer. Na ocasião tinham sido diagnosticadas metástases na metade de um pulmão e o paciente sofria com reincidentes pneumonias. Sua mulher e seus dois filhos ainda jovens o acompanhavam no grupo. Eu ignorava que, devido ao agendamento de uma sessão de radioterapia, ele pretendia participar dos trabalhos do grupo apenas no primeiro dia.

Depois de uma breve conversa inicial, em que ele menciona que seus pais ainda eram "adolescentes" quando ele nasceu, peço-lhe que escolha representantes para si mesmo, seu pai e sua mãe. Ele os posiciona em sua inter-relação, e nós introduzimos ainda um representante para a sua doença. Pelas reações dos representantes revela-se a existência de uma associação entre a doença e a mãe do paciente. Novas perguntas não fornecem, contudo, informações relevantes que façam progredir o trabalho. O paciente ressalta que tem agora e sempre teve um excelente contato com a mãe. A constelação fornece apenas poucas e vagas indicações sobre o quadro de fundo da doença, e a reduzida disposição do paciente para envolver-se numa entrevista mais aprofundada leva-me a interromper a constelação nesse ponto.

O paciente reage à interrupção inicialmente com irritação, e no final do dia ressalta que ele e sua família tinham investido muito para comparecer ao seminário, e que ele está decepcionado. Eu lhe asseguro que continuaria o trabalho no dia seguinte, caso o que ele havia experimentado lhe revelasse novos aspectos. Ele objeta que precisa voltar para casa naquela noite devido a um agendamento importante em seu tratamento. Eu repito que ele tem todas as possibilidades, e que a decisão cabe a ele.

No dia seguinte ele comparece. Sua família voltou para casa, o que o deixa visivelmente mais descontraído. De um modo geral está mais contido e centrado. Resolvo repetir a constelação de sua família de origem.

Como tinham chegado ao grupo alguns novos participantes, peço ao paciente que escolha representantes apenas entre eles, pois não haviam assistido à constelação da véspera. A nova constelação apresenta uma imagem muito semelhante à da anterior: movimentos caóticos dos representantes, um segredo envolvendo a mãe e pouco potencial para uma solução. Assim, torno a pedir ao paciente que fale de sua mãe e de sua relação com ela. Na véspera ele dissera que tinha um bom contato com a mãe. Na nova conversa somos informados de que ela não tem conhecimento da doença dele.

Aí se encontra a chave. Quando lhe pergunto como isso é possível, ele responde que desde a sua primeira cirurgia está evitando encontrar-se com sua mãe. Telefonam-se diariamente e falam de tudo, exceto da doença.

Ouvindo essa informação, peço à representante da mãe que se coloque diante do paciente, e o exorto a dizer-lhe: "Querida mamãe, veja, estou muito doente". Ao contrário da reação que se espera de uma mãe, de dedicar-se ao filho gravemente enfermo, a representante da mãe dá alguns passos vacilantes para trás, sentindo vertigem e fazendo esforço para permanecer de pé. Esse movimento mostra que ela está sobrecarregada e não tem condições de dar assistência ao filho. Dentro de mim soa, de repente, uma frase da mãe para o filho, e sugiro à representante dela que a diga: "Meu querido filho, ainda que você morra, não receberá mais nada!".

Essa frase abala o paciente. É como se ruísse nele um castelo de cartas. Percebe-se claramente que depois dessa intervenção seu corpo precisa reorganizar-se. A representante da mãe sente-se bem e correta depois de dizer essa frase. Recuperou a posse das forças, mantém o distanciamento em relação ao filho e ressalta novamente que lhe deu tudo o que podia e não tinha mais nada para dar-lhe. Ouvindo as palavras da mãe, o paciente começa a chorar. Cuidadosamente o enlaço com um dos braços e por algum tempo o abraço em sua dor. Depois que ele se acalma em meus braços, consegue olhar a mãe nos olhos, consentir no seu vínculo com ela e agradecer-lhe pelo que dela recebera. Com a aceitação e o agradecimento se estabelece uma profunda paz entre mãe e filho. Emocionado e aliviado, o paciente volta ao seu lugar.

Cerca de meio ano depois desse trabalho, a organizadora desse curso de constelações, Susan Ulfelder, recebe uma carta agradecida do paciente. Ele escreve: "As tomografias computadorizadas de minha perna e de meu peito não acusaram coisa alguma. Quero agradecer de todo o coração por tudo o que fizeram por mim. B".

Seja qual for a razão, as medidas médicas aplicadas tiveram finalmente êxito. Uma possível influência do trabalho da constelação permanece sem esclarecimento.

Em agosto de 2006, cerca de dois anos após a constelação, reencontro Susan Ulfelder durante um curso de formação. Ela conta que teve contato com o paciente e que ele estava muito bem. Tinha reestruturado sua vida e abandonado a profissão médica. Tornara-se um profissional autônomo e abrira uma agência imobiliária.

A constelação evidenciou a força curativa que pode residir numa atitude de reconhecimento do filho diante de seus pais e de suas próprias possibilidades e limitações. Nesse processo de solução não foi importante o envolvimento da mãe; essencial foi a mudança de atitude do filho em relação a ela. O ocultamento da doença pode ser considerado como uma forma de desrespeito, que aliás ficara patente no diálogo inicial com o paciente, quando chamou seus pais de *adolescentes*.

Orientação pelo sistema – orientação pelo cliente

Esse depoimento do paciente e outros depoimentos similares recebidos depois de constelações modificaram meu modo de trabalhar com elas. Se inicialmente eu centrava meu trabalho nos envolvimentos transgeracionais, como quadro de fundo das doenças, e em sua solução, hoje minha atenção durante o processo da constelação converge principalmente para o paciente e para a sua atitude potencialmente causadora de doença, bem como para suas possibilidades de mudança.

Meu amigo Dale Schusterman disse certa vez, quando assistia a um curso de constelações para doentes: "*You use the person to change the system, not the system to change the person!*" (Você deve usar a pessoa para mudar o sistema, não o sistema para mudar a pessoa). Eu só posso confirmar essas palavras. Justamente porque somos parte do sistema, temos uma influência – apesar de limitada – sobre o sistema como um todo.

Em um de seus textos, Bert Hellinger utiliza o termo *Spielraum* no sentido de "liberdade de movimento":

Um discípulo perguntou a um mestre: "Diga-me, o que é a liberdade?"

"Que liberdade?", perguntou-lhe o mestre. "A primeira liberdade é a estupidez. Lembra o cavalo que relinchando derruba o cavaleiro, só para sentir depois o seu pulso ainda mais firme.

"A segunda liberdade é o remorso. Lembra o timoneiro que, após o naufrágio, permanece nos destroços em vez de subir no barco salva-vidas.

"A terceira liberdade é a compreensão. Assemelha-se ao caule que se balança com o vento e, por ceder onde é fraco, permanece de pé."

"Isso é tudo?", perguntou o discípulo.

O mestre retrucou: "Algumas pessoas acham que são elas que buscam a verdade de suas almas. Contudo, é a grande Alma que pensa e procura por meio delas. Como a natureza, ela pode permitir-se muitos erros, porque está sempre e sem esforço substituindo os maus jogadores. Mas àquele que a deixa pensar ela concede, às vezes, certa liberdade de movimento. E, como um rio que carrega um nadador que se deixa levar, ela o leva até a margem, unindo sua força à dele" (*No centro sentimos leveza*, Cultrix, p. 53s).

Liberdade pessoal e escolha

Não temos escolha no que toca a nossos pais e à história da família a que somos vinculados, e também estamos subordinados às forças ordenadoras da consciência coletiva desse sistema. Contudo, por meio da atitude que adotamos diante das pessoas que nos pertencem, em face de sua vida e de seu destino, temos uma influência sobre a medida em que permanecemos presos nesses laços ou então vinculados a eles de modo positivo, livres, dentro de nossas possibilidades e, num grau maior, autodeterminados.

Seguramente cada indivíduo recebeu algo de seus pais e também sente que algo lhe falta da parte deles. Entretanto, está ao alcance de cada um aquilo a que pode conectar-se. Quando ele consegue olhar para o que recebeu, sente que recebeu uma dádiva e que depois também terá algo para dar. Enquanto permanece reivindicando e fixado no que deixou de receber, provavelmente se sente enganado pela vida e pelos pais. Então sente-se mal e carente, e posteriormente não estará disposto ou não terá condições para doar. Essa atitude leva muitos à depressão.

Estar em sintonia com os pais significa assumir o que se recebeu e renunciar ao que não se pôde receber. Isso é uma autêntica renúncia, pois ninguém pode substituir os pais. O pai não pode substituir a mãe, a mãe não pode substituir o pai, os pais adotivos ou de criação não podem substituir os pais biológicos. Nem mesmo os companheiros de vida podem preencher essas necessidades, e muitos filhos sofrem com as projeções inconscientes de seus pais quando são forçados a substituí-los (parentificação).

Também o exemplo seguinte mostra a força do amor primário da criança e o potencial liberador que reside no reconhecimento do próprio destino. Nesse particular, ao fazer constelações com doentes, tenho observado que muitos pacientes, em sua doença ou em seu sintoma, estão inconscientemente presos a um anseio infantil e apegam-se a ele por uma profunda necessidade de pertencer. Eles vivem e sofrem na esperança de obterem de seus pais uma proximidade e um afeto maiores do que os pais podem lhes dar.

Portanto, o processo da cura exigiria abrir mão desse anseio de proximidade com os pais e, harmonizando-se com eles e assumindo a responsabilidade por si mesmo, crescer na autonomia de um adulto.

A esperança do paciente em satisfazer esses desejos infantis poderia ser considerada, num sentido mais amplo, como um processo inconsciente que leva a uma doença.

A carência: "Você precisa deixar sua mãe partir!"
(Paciente com distrofia de Sudeck)

Uma mulher com deficiência para andar conta que nasceu de um parto difícil, após o qual foi separada de sua mãe e por três semanas internada numa clínica. Sua mãe ficou chocada com o aspecto deformado da filha devido ao parto com campânula de sucção e fórceps, e vivia repetindo como lhe foi difícil aceitar a filha.

Durante o esclarecimento da questão da paciente, pode-se sentir claramente que ela tem um anseio por proximidade e apoio, e nessa situação projeta no terapeuta a sua carência.

Assim sendo, começo pedindo à paciente que coloque em cena duas pessoas, uma mulher para representá-la e um homem para representar-me. A representante da paciente apoia-se imediatamente no meu representante, encosta a cabeça no ombro dele e chora. A projeção sobre mim, como se fosse um dos pais, é também entendida pela paciente, e peço a dois participantes do grupo que se disponham a representar os pais dela. Introduzo ambos na representação e os coloco atrás da representante da paciente, a certa distância, dispensando de seu difícil papel o meu representante, que fica visivelmente aliviado.

A representante da mãe não mostra interesse nem sentimento por sua filha. Pode-se notar com clareza como isso é difícil para a paciente, mas ela não consegue exteriorizar sua dor e reprime toda emoção. Nesse ponto resolvo interromper o trabalho e momentaneamente limito-me a deixar a paciente em contato com a sua carência.

Na manhã seguinte a paciente relata que desde a constelação da véspera ela se sente fisicamente cada vez pior. Em sua dor sente-se abandonada e perdida, sem conseguir esquecer a imagem da mãe afastando-se dela. Sua resistência contra essa imagem é manifesta. Então eu lhe digo com uma voz calma, porém firme: "Você precisa deixá-la partir".

O olhar resignado da paciente crava-se no chão. Depois de algum tempo ela sacode a cabeça e bate raivosa com o pé no chão, deixando-me perceber que não concorda com a minha afirmação. Peço à pessoa que representou sua mãe na véspera que se coloque diante da paciente sentada ao meu lado. Esta continua olhando para o chão, e novamente a representante da mãe se afasta da filha.

Quando a paciente começa a chorar baixinho, eu exijo dela: "Olhe para sua mãe! – Olhe-a nos olhos!". Lentamente ela ergue o olhar, porém sua mãe imperturbável olha pela janela. Antes que eu possa dar outro passo, a paciente deixa-se cair da cadeira ao chão, abraça as pernas de sua mãe e começa a soluçar dramaticamente em alta voz. Para a representante da mãe isso é intolerável; ela procura repelir a paciente e livrar-se do abraço que a prende. Quando ela se solta violentamente do abraço da filha, esta grita de dor e de raiva. A representante da mãe recua dois passos e sem se importar deixa a paciente jazendo no chão. Esta não aceita a reação de sua mãe e começa a rastejar em sua direção. Como mal pode usar as pernas, arrasta-se com as mãos, centímetro a centímetro, na direção da representante da mãe. Esta permanece centrada, calma e forte, olhando imperturbável pela janela. A paciente move-se com todas as forças e altos soluços em sua direção. Finalmente a alcança e toca os seus pés com a ponta dos dedos. Entretanto, a outra recua mais uma vez, e de novo a paciente chora de dor e novamente tenta segui-la.

Como esse movimento não evolui, fica claro para todos os presentes que o trabalho deve ser interrompido. Dispenso do seu papel a representante da mãe e anuncio ao grupo um intervalo de meia hora. A paciente continua deitada no chão, chorando mansamente. Dois participantes do grupo fazem menção de ajudá-la a levantar-se, mas eu os impeço sem que a paciente o perceba. É claro para mim que com sua ajuda iriam prejudicar a intervenção do corte. De acordo com minha percepção, o primeiro passo liberador é harmonizar-se com a mãe, tal como ela é. Portanto, comporto-me como ela e também peço ao grupo que não a ajude.

Assim saímos para o intervalo. Tensos e abalados, os participantes deixam o recinto do grupo e se dirigem para o terraço ao ar livre. Para espanto de todos nós, depois de uns vinte minutos a paciente chega ao terraço com uma expressão irradiante e sem o bastão. Vem diretamente ao meu encontro e agradece. Todos nós presenciamos, impressionados, como ela consegue caminhar sem o bastão. Com muito orgulho ela nos informa: "Esta é a primeira vez, há anos, que saio de uma casa sem um apoio para andar!".

Cerca de um ano após a constelação, recebo da paciente o seguinte relato:

O inverno e o verão de 2004 foram para mim uma época péssima. Fisicamente eu estava muito mal, e durante seis meses precisei de remédios para as inflamações e dores. Por duas vezes estive internada num hospital, mas nada ajudou ou trouxe alívio. Embora os médicos dissessem que eu estava a caminho da cura, eu sentia dores insuportáveis no quadril, nos calcanhares e nos pés. Precisava usar um bastão com três pés e apoiar-me nele para poder caminhar, penosamente e com dores, pelo menos alguns passos. Estava tão desesperada que resolvi fazer uma constelação familiar.

Desde o início do curso me inscrevi para um trabalho e fui a primeira a me apresentar. Quando me sentei ao lado do terapeuta, ele olhou longamente para mim sem dizer uma palavra. O olhar tranquilo e sereno me trouxe uma profunda paz. Depois de poucas perguntas ele disse finalmente: "Escolha um representante para você e outro para mim, e coloque-os em cena, em relação recíproca". Eu fiquei surpresa, mas fiz como me foi dito e posicionei os dois, um de frente para o outro. Pouco depois, por impulso próprio, minha representante se aproximou do representante do terapeuta, colocou a cabeça em seu ombro e começou a chorar. Depois, muito lentamente, ela se abaixou até o chão e, continuando a chorar, abraçou o representante do terapeuta.

Stephan Hausner me perguntou: "Você acha que temos uma boa base para um trabalho terapêutico?".

Estava claro para mim que não podia continuar assim, e então eu respondi: "Não, está parecendo uma relação entre uma criança e seu pai ou sua mãe".

Stephan concordou com um aceno de cabeça, dirigiu-se ao representante dele, agradeceu e dispensou-o do papel. Então escolheu um homem e uma mulher como representantes de meus pais e os introduziu na constelação. O representante de meu pai voltou-se amorosamente para a minha representante, enquanto a representante de minha mãe parecia indiferente e finalmente se afastou. Quando vi a reação de minha mãe senti um calafrio, e minha representante sentiu o mesmo. Ela parecia desesperada, chorou e disse: "Estou me sentindo mal, com muito frio. Tenho a sensação de estar morrendo. Todos os meus membros estão entorpecidos". Assim ela ficou ali, chorava e tremia, tremia e chorava. Então ela disse também: "É demais, tudo isso é demais". Essas frases me emocionaram muito, pois durante toda a minha vida vivi com esse sentimento, de que era "demais". Nesse ponto Stephan resolveu interromper o trabalho. Ele disse: "Quero deixar assim neste momento, e amanhã continuaremos o trabalho".

No dia seguinte, quando me sentei no círculo com os outros participantes, contei que não tinha passado bem a noite, que me sentia muito triste e inquieta.

Stephan não disse nada, mas fez uma coisa que mudou a minha vida. Tomou a representante de minha mãe, colocou-a diante de mim e disse: "Olhe para ela, olhe-a nos olhos". Isso eu acabei fazendo. Então tudo aconteceu como se fosse impulsionado por algo além de mim. Eu caí de joelhos, esqueci minhas dores, abracei os joelhos da representante de minha mãe, pressionei minha cabeça em seu colo e gritei: "Mamãe! Minha querida mamãe! Minha mamãe, como é bonito estar tão perto de você e apertá-la contra mim. Minha querida mamãe, oh, minha querida mamãe, gostaria de permanecer para sempre com você, no seu coração, no calor de seu abraço!".

Contudo, logo entendi: "Mas... você não me abraça, mamãe! Suas mãos não mostram nenhum carinho e suas pernas... Meu Deus! Elas estão duras como pedra. Agora você está se afastando, está se afastando como ontem" – "Mas não faz mal. Basta-me estar com você. Deixe-me ficar com você. Preciso de você, mamãe! Deixe-me apenas ficar com você".

Porém suas mãos, duras como garras, me seguram com violência, com rejeição, e me afastam dela.

"Nããããão!". Um grito único, profundo, infinito. E a morte; eu tinha a impressão de que, junto com suas mãos que me separavam dela, minha vida também se afastava de mim. – Então, o nada. Nenhum pensamento, nenhuma emoção. Fiquei estendida no chão. Por um longo tempo, que me pareceu sem fim.

Depois desse fim de semana não fui mais a mesma pessoa. Entendi que meu sofrimento estava também condicionado por esse anseio por estar perto de minha mãe. Minha mãe tinha feito a maior coisa por mim, dando-me a vida. E agora minha tarefa era agradecer-lhe e honrá-la por isso, o que eu então já conseguia fazer.

O que espantou a todos – especialmente a mim – foi que na sexta-feira eu cheguei cheia de dores e só conseguia andar com um grande esforço e no domingo eu voltei quase sem dores e, realmente, conseguia me mover quase num ímpeto. Quero ainda ressaltar aqui que isso ainda perdura. Depois desse difícil trabalho fui melhorando a cada dia, até que consegui andar sem apoio, e passei um verão maravilhoso.

No contexto do trabalho com constelações numa clínica para doentes psicossomáticos, fui ainda procurado por outros pacientes que sofriam da distrofia de Sudeck. Como me disse um médico ali atuante, na anamnese de suas famílias revela-se frequentemente uma separação prematura dos pais, geralmente logo depois do nascimento. O trabalho da constelação com esses pacientes também se caracterizou pela tomada de contato de cada um com suas próprias forças e possibilidades, assumindo a responsabilidade por si mesmo e abandonando atitudes de queixa.

O amor cego da criança pelos pais, que tem o potencial de levar à doença, é dirigido para ela mesma e não para os pais. Se a criança doente olhasse nos olhos dos pais, não poderia apegar-se da mesma forma à doença, pois precisaria reconhecer que também os pais amam e não querem que seus filhos sofram.

O exemplo seguinte também mostra que as crianças estão dispostas a dar sua vida por seus pais.

"Por você! — E por você!"
(Paciente com câncer de mama e metástases no pulmão, no fígado e nos ossos)

No contexto do Congresso Internacional do Câncer em Madri, uma mulher de uns 45 anos inscreve-se para um trabalho de constelação.

Sua doença básica é o câncer de mama. Atualmente ela apresenta metástases no pulmão, no fígado e nos ossos. Em face do diagnóstico clínico, digo francamente a ela não estar certo de que o trabalho da constelação será conveniente para ela. Tanto ela quanto eu devemos reconhecer que a morte pode estar próxima e talvez eu não deva interferir num eventual movimento de sua alma em direção à morte. Ela entende e declara-se de acordo. Com essa concordância de sua parte sinto-me disposto a trabalhar com ela.

A paciente vive só e não tem filhos. Em sua família de origem é a mais nova de quatro irmãos. Os dois primeiros, um irmão e uma irmã, morreram com poucos dias de vida. Com o outro irmão, oito anos mais velho, ela não mantém contato. Seus pais se separaram, ambos estão gravemente enfermos e são assistidos em asilos.

A partir da sensação de que entre a paciente e seus pais possa ainda haver algo aberto que os esteja impedindo de viver e de morrer, peço à paciente que coloque representantes para seu pai, sua mãe e para si mesma.

O pai e a mãe ela posiciona muito distantes entre si. A representante da paciente é colocada um pouco atrás do pai, olhando ambos para a mesma direção.

A representante da mãe olha horrorizada para o chão diante de si, chora e treme com todo o corpo. Provavelmente está olhando para os dois filhos que morreram com poucos dias de vida. O representante do pai está indiferente e fixa o olhar em algo distante à sua frente. A representante da paciente respira com dificuldade. A uma pergunta sobre os seus sentimentos, responde: "Tenho muito medo de meu pai. Não me atrevo a encará-lo".

Interrogo a paciente sobre outros acontecimentos na família. Ela conta que seu pai abusou dela sexualmente. Antes de casar-se com a mãe, o pai morou na Alemanha como trabalhador estrangeiro. Aí passou vários anos na prisão por ter apunhalado e morto um alemão numa briga num bar.

Entrementes, a representante da mãe cai de joelhos e, cansada de chorar, estira-se no chão. A representante da paciente contorna cuidadosamente o representante do pai e se aproxima da mãe. Quando a vê imóvel no chão, retrocede lentamente ao seu lugar e se vira. O representante do pai continua de pé, sem alteração.

Eu olho longamente para a paciente e "ouço" em mim, repetidas vezes, a pergunta: Quem deve morrer? Quando a pronuncio em voz alta, a paciente pergunta, cuidadosamente: "Eu?". Eu respondo: "Acho que é o pai! E quem está fazendo isso?".

Ela olha para mim interrogativamente, mas no fundo de seu olhar julgo ver que ela sabe, e expresso a minha suposição: "Você! – E você sabe disso!".

Ela abaixa o olhar e diz, após um momento de silêncio: "Não sei o que devo fazer!". Respondo: "Não sei se podemos fazer alguma coisa pelo seu corpo, mas talvez possamos fazer por sua alma".

Durante a nossa conversa, a representante da paciente foi tomada por uma crescente agitação. Mostrando dificuldade para ficar de pé, senta-se no chão. Muito lentamente, deita-se afinal de costas, fecha os olhos e cruza as mãos sobre o peito, jazendo em paz como num túmulo.

Depois de um momento de silêncio percebo, como na alma da paciente, as palavras: "Por você!". Quando as ouço cada vez mais "alto", dirijo-me à representante da mãe e peço-lhe que olhe para a sua filha. Para a paciente digo: "Olhe para sua mãe e lhe diga: "Por você!". Ela o diz.

Continuando, sugiro a ela: "E agora olhe para o pai e diga: "E por você!". Ela diz isso também ao pai.

Então a representante da mãe levanta-se e vem até a paciente, que está sentada ao meu lado. Ambas se encaram longamente com um olhar profundo, começam a chorar e se abraçam com lágrimas. Quando o representante do pai ouve o choro, olha para ambas, aproxima-se delas e abraça a mulher e a filha. Nós todos ficamos sentados em silêncio e damos todo o tempo ao processo de reconciliação. Com isso termino o trabalho.

No intervalo depois da constelação, um médico que assistia o curso vem falar comigo e diz que esse trabalho o emocionou muito. Há muitos anos ele trabalha na assistência a moribundos num asilo para crianças de rua no Brasil. Ele diz ser difícil imaginar o que muitas dessas crianças passaram na vida, e como sofreram até a morte, durante muitos anos, nas mãos de seus pais ou de outros familiares. Contudo, no dizer desse médico, quase todas essas crianças, no momento em que deixavam a vida, só tinham um anseio: seus pais.

Uns quatro meses depois dessa constelação encontro-me com um colega num curso de formação. Ele tinha aconselhado aquela paciente a assistir ao congresso e a inscrever-se para um trabalho. Disse-me que ela continuava viva. Além do tratamento médico, ela fazia com ele um acompanhamento psicoterapêutico e tomava remédios complementares. Como seu terapeuta, sentiu que o trabalho da constelação foi um passo muito útil, e que depois dele a paciente ficou bem mais tranquila e descontraída, o que favoreceu muito a terapia com ele.

Um ano depois eu soube que a paciente falecera recentemente. O terapeuta acompanhou-a até poucas semanas antes da morte. Ele disse que, apesar de sua grave doença, ela vivera bem seu último ano de vida.

4.4.2.3 Por fora é como por dentro: a correspondência dos sintomas

Embaixo é como em cima, e por fora é como por dentro.

Paracelso

Desde minha formação em medicina natural fiquei impressionado com a Doutrina dos Sinais[2] com Paracelso. Doenças e remédios são "olhados" e a partir de suas aparências externas deduzem-se suas conexões. Também no trabalho das constelações com doentes, uma ponderação cuidadosa de analogias e correspondências fornece muitas vezes indicações valiosas. Os temas excluídos nas famílias muitas vezes vêm à tona com uma espantosa concordância e repetição de temas de vida, doenças e sintomas que persistem por várias gerações.

A falecida irmã do pai
(Paciente com problemas dentários)

Num círculo de trabalho sobre constelações sistêmicas, uma paciente relata um problema com seus dentes. Ela e os dentistas se desesperam porque sua alta sensibilidade nessa área provoca constantes dificuldades. Há vários anos, diversos dentistas tentam curar os focos remanescentes e prover o maxilar com uma adequada reposição de dentes. Contudo, a intolerância a materiais de próteses e sucessivas inflama-

2. "A doutrina dos sinais é a doutrina dos sinais da natureza que, como marcos externos, apontam para semelhanças, parentescos e conexões internas (...) Ela se baseia num pensamento cósmico sobre correspondências e pode ser encontrada em todo mundo na maioria das doutrinas sobre cura." (Nota do Autor, citando a Wikipedia).

ções provocam permanentes complicações. Na expressão da paciente, seus dentes "sempre foram um problema".

Na constelação revela-se uma identificação da paciente com a irmã mais velha de seu pai que, antes de completar 3 anos, morreu de meningite devido a uma complicação causada por uma infecção dentária.

Sobre essa irmã do pai nunca se falou na família. Por um acaso, a paciente soube da história dessa tia numa conversa com sua mãe. Na constelação que fizemos, ninguém olhava para a representante da criança morta, exceto a representante da paciente. A criança havia sido sepultada anonimamente no jazigo da família dos avós, e sobre ela nada mais se falou.

Além de uma semelhança no sintoma ou no órgão afetado, às vezes se manifesta também uma correspondência na dinâmica. Assim, por exemplo, tratando-se de enfermidades autoagressivas, pode-se pensar, além de outras dinâmicas familiares, na incompatibilidade de forças que normalmente estão juntas, mas que não podem ou não devem ser integradas.

A bênção recusada pelo bisavô
(Paciente com lúpus eritematoso)

Como exemplo de uma dinâmica numa doença autoimune, menciono aqui a constelação de uma paciente afetada por lúpus eritematoso, uma doença autoimune do tecido dos vasos e ligamentos, com um rubor típico na pele do rosto e inflamação das articulações. Essa paciente era natural de Jujuy, uma província do noroeste da Argentina. O representante da doença, introduzido na constelação, afastou-se quando a paciente reverenciou sua avó, que havia se casado com um espanhol. Para essa união ela não teve a bênção do pai, e após o casamento ele expulsou a filha como traidora. O representante desse bisavô da paciente, inicialmente rancoroso, abrandou-se quando a representante de sua filha lhe mostrou na constelação a sua bisneta. Disse então que tivera muito medo em relação à sua filha, e também temera que se interrompesse a sequência das gerações. Por impulso próprio a paciente prometeu ao avô honrar a herança de seu povo.

Incompatibilidades ideológicas, religiosas ou étnicas, resultantes de oposições básicas entre a família do pai e a família da mãe, geralmente só se manifestam a nível físico em identificações de netos ou bisnetos. De modo geral, pode-se observar que, quanto mais profundamente se radica o trauma ou conflito, tanto mais persistentes e duradouros são os possíveis efeitos que se manifestam nas gerações seguintes e, inversamente, quanto mais grave é a imagem da doença, tanto mais graves são, na maioria dos casos, os acontecimentos na história da família.

Às vezes, o sintoma do paciente aponta também para um movimento ou uma atitude que o paciente está evitando. Em seus cursos, Bert Hellinger chamou repetidamente a atenção para a relação entre dores nas costas e a resistência do paciente em reverenciar um dos pais ou outro membro da família que tenha tido um destino especial.

Nesse contexto, parece-me digno de menção o exemplo seguinte, de uma paciente que sofria de uma distonia cervical, enfermidade neurológica que, em decorrência de hiperatividade dos músculos do pescoço, leva a uma postura defeituosa da cabeça.

A criança abortada
(Paciente com distonia cervical)

Uma mulher de cerca de 35 anos expressa, num grupo de constelações, o desejo de ter um relacionamento feliz e duradouro com um parceiro para constituir uma família. Contudo, em suas próprias palavras, ela sempre fica com o "homem errado".

Sem fazer outras perguntas, peço-lhe que escolha uma representante para si e um representante para um homem. Ela os posiciona frente a frente, a certa distância. A representante da mulher sente um forte puxão na nuca, é forçada a ceder ao movimento e sua coluna cervical se entorta numa rotação muito dolorosa para a direita.

Quando a paciente vê a postura de sua representante, comenta assustada: "Sofri durante quinze anos de um torcicolo, exatamente com essa torção para a direita. Fui medicada repetidas vezes com toxina botulínica para relaxar as câimbras, até que certo dia, finalmente, os incômodos cessaram".

Questionado como se sentia, o representante do homem respondeu: "Estou inseguro; gosto dessa mulher mas acho-a também estranha".

Essa afirmação e a incapacidade da representante da mulher em defender-se contra esse impulso de movimento extremamente doloroso que a forçava a olhar para o chão por trás do próprio ombro, fazem-me perguntar à paciente se ela tinha perdido uma criança. Ela nega, mas percebo, logo após a minha pergunta, uma leve irritação em sua fisionomia. Isso me induz a manter o contato visual para sinalizar que não me fio completamente em sua resposta. A paciente percebe minha dúvida e relata: "Quando eu tinha 17 anos, engravidei. Meus pais eram contra esse homem, e também ele se sentia sobrecarregado com uma criança, então minha mãe providenciou para mim um aborto".

Pergunto à paciente: "Em sua imagem, era menino ou menina?". (Essa pergunta ajuda a mãe a entrar em contato com a criança) A paciente responde: "Um menino!". Peço-lhe que escolha alguém para representá-lo. Ela escolhe um representante e o posiciona atrás de sua própria representante. Esta começa a chorar, vira-se, toma a criança nas mãos e a aperta nos braços. Com isso, a tensão no pescoço relaxa imediatamente.

O representante do homem, visivelmente aliviado, pede a palavra e diz que a angústia que estava sentindo desapareceu de repente, quando se falou da criança. Desde o início havia percebido que algo faltava e no final da constelação ficou muito aliviado. Concluiu dizendo que não havia mais nada que perturbasse a relação.

4.4.3 Exclusão, aceitação e sintonia

"O importante é viver tudo."
Rainer Maria Rilke

As constelações sistêmicas mostram claramente que muitos problemas, principalmente quando têm relação com a saúde, podem estar associados à exclusão de uma ou de várias pessoas, ou a acontecimentos relevantes na história da família. Por trás de uma exclusão consciente ou inconsciente existe, via de regra, uma sobrecarga emocional proveniente de uma experiência traumática ou uma decepção dolorosa. Na sobrecarga emocional, a exclusão é inicialmente um recurso para se preservar a vida. Frequentemente esse mecanismo passa a constituir um padrão condicionado e persiste sob a forma de projeções inconscientes sobre outras pessoas. Muitas dessas experiências dolorosas primárias levam mais tarde a julgamentos negativos, recriminações e cobranças. Todas elas atuam nos relacionamentos, separando ou ligando, e muitas vezes é por intermédio de uma doença que a pessoa envolvida é levada posteriormente a refletir e a mudar.

Contrariamente aos efeitos das exclusões que amarram, enredam e limitam a vida, a sintonia, a aceitação e o reconhecimento são vividos como liberadores e salutares.

Somente quem se harmoniza com o seu passado fica livre para o futuro. Quem luta contra o que passou permanece amarrado, quer se trate de sua própria vida, como uma perda, uma separação prematura dos pais ou uma decisão errada, quer se trate de algo que transcenda a sua própria pessoa e se relacione à história de sua família.

As constelações sistêmicas com doentes sugerem que olhar para a própria vida muitas vezes não é suficiente para um alívio ou para a cura. A doença deve ser considerada em sua vinculação ao contexto transgeracional da família, e não deve ser considerada apenas como um acontecimento pessoal do paciente.

5

Histórias de casos, relatos dos pacientes e comentários

"Quanto mais nos recusamos a envolver-nos com a mensagem e o sentido da patologia, tanto mais patológica ela se torna."
Wolfgang Giegerich

Com respeito à origem e à evolução de processos de doenças, a moderna pesquisa médica e psicossomática fala de interação e complementação entre fatores biológicos, psicológicos e sociais. Com isso ela nega, preponderantemente, a existência de uma conexão entre determinadas dinâmicas familiares e específicos quadros de doenças.

Como o atestam as experiências e os relatos de pacientes depois de suas constelações, a consideração de dinâmicas familiares transgeracionais no contexto de constelações sistêmicas com doentes pode contribuir para lidar melhor com as doenças, o seu alívio ou mesmo a sua cura.

Cada constelação se configura, nesse particular, como um processo individual e único, e somente dessa maneira pode produzir efeitos salutares.

Os exemplos, que comento em parte, e as dinâmicas frequentemente observadas que descrevo a seguir, ajudam principalmente no sentido de uma visualização e uma iniciação na forma de pensar os contextos e inter-relações familiares potencialmente associados ao aparecimento de doenças e à formação de sintomas. A aplicação dessas observações sem que se leve em conta a situação e a história individual pode não ajudar o paciente, mas pode, até mesmo, causar-lhe dano.

A classificação dos exemplos de casos por temas familiares visa colocar em primeiro plano a análise das interações entre os padrões de relacionamento familiar como possibilidades de mudança e de reestruturação em termos de prevenção e de cura, contrapondo-se à ideia, menos útil, de uma causalidade direta entre um enredamento familiar e determinadas doenças.

5.1 Doença e comportamento vinculado da criança

> *"Nunca é demasiado tarde para ter uma infância feliz."*
> Milton Erickson

A primeira instância na conexão com a força dos ancestrais, que em todas as culturas indígenas é considerada o fundamento de uma vida saudável, são os pais. Tomar a própria vida por meio dos pais é algo que se consegue por meio do respeito a eles e da harmonia com eles. Enredamentos sistêmicos familiares e traumas originados por separações prematuras provocam insegurança na criança quanto à sua vinculação e frequentemente impedem o sucesso de sua realização espiritual profunda.

Por isso atribuo uma especial importância, inclusive no trabalho de constelações com doentes, à reconciliação com os próprios pais.

Insegurança quanto à vinculação e perda da vinculação

Do ponto de vista da fisiologia do desenvolvimento, a vinculação da criança aos pais, especialmente à mãe, serve para dar segurança à vida. Devemos principalmente ao psicólogo inglês John Bowlby a pesquisa sobre o comportamento vinculado do ser humano e sua influência no seu desenvolvimento psíquico. Suas observações e conhecimentos vêm merecendo uma crescente atenção na psicologia e na psicoterapia, e também o trabalho com as constelações atesta a importância e a atualidade de suas considerações.

As constelações sistêmicas com doentes apontam para os efeitos emocionais dos distúrbios de relacionamento e perda de vinculação da criança na primeira infância, assim como sinalizam também para os seus efeitos no nível corporal.

Como causadores de distúrbios de vinculação podemos distinguir os seguintes fatos:

- uma perda prematura do sentimento de vinculação da criança, por motivo de morte ou doença longa e grave de um progenitor, ou da entrega da criança a outras pessoas para ser cuidada ou adotada, ou a um asilo;
- uma separação prematura temporária da criança pequena em relação à mãe ou ao pai, provocando a chamada "interrupção do movimento de aproximação";
- uma insegurança da criança quanto à sua vinculação, por causa da redução da disponibilidade emocional dos pais como decorrência de suas vivências traumáticas pessoais ou de enredamentos familiares.

Qualquer que tenha sido a razão de uma perturbação prematura na relação da criança com os pais, na sequência ela geralmente fica presa entre a necessidade insatisfeita de proximidade com os pais e a sensação de que precisa defender-se e estabelecer limites. Quando se consegue, no contexto dos cursos de constelações, trazer à luz o que está por trás do distúrbio da relação e resolver a divisão emocional do paciente envolvido, a superação dessa ambivalência é vivenciada com muita paz de alma e frequentemente também de um modo salutar no corpo.

5.1.1 Doença e perda de vinculação da criança prematuramente separada da mãe

A relação fundamental da criança é com sua mãe. Por essa razão, a perda da mãe ou uma separação prematura provoca na criança uma insegurança mais grave, quanto à sua vinculação, do que aquela que é motivada pela perda do pai ou de outras pessoas importantes de seu relacionamento.

A separação dos pais: "Querida mamãe! – Foi difícil para mim!" (Paciente com glomerulonefrite autoimune)

Dois meses depois de receber o diagnóstico de uma doença autoimune do tecido da função renal, um homem comparece a um curso de constelações para doentes. Devido ao aparecimento súbito de fortes sintomas, os médicos temem uma evolução muito rápida da doença.

A anamnese familiar revela que, na idade de 3 anos, a mãe abandonou o paciente, juntamente com o seu pai. Ela se apaixonara por um soldado americano com base em sua cidade e o acompanhou para os Estados Unidos quando ele foi repatriado.

Começamos a constelação com dois representantes, um para o paciente e outro para a doença. Para representar a doença, o paciente escolhe uma mulher e a coloca diante do seu próprio representante, a certa distância. Supondo que a doença poderia estar condicionada por uma rejeição à mãe, peço ao paciente que coloque também alguém que a represente. Quando a mãe aparece na constelação, o representante do paciente se afasta imediatamente dela, sem perceber que com isso fica mais perto do representante da doença. Esse impulso fica ainda mais evidente quando a representante da mãe tenta aproximar-se do filho e este torna a afastar-se, diminuindo ainda mais a distância que o separa da doença. Questionada como se sente, responde a representante da doença: "Se ele precisa de mim, estou à sua disposição!".

As reações dos representantes me bastam como confirmação. Interrompo a constelação e peço à representante da mãe que se coloque diante do paciente sentado ao meu lado. Escolho a distância entre eles, de maneira que o paciente ainda possa tolerar a proximidade com sua mãe. O paciente se encosta mais na cadeira e lentamente a empurra para trás na direção da parede.

Consegue-se um movimento de aproximação em direção à mãe por meio da tematização e da expressão do que foi difícil para o filho. Assim, sugiro ao paciente que diga à sua mãe: "Querida mamãe, foi tão difícil para mim!". É sintomático que ele inicialmente não consegue dizer "Querida mamãe". No conjunto da frase "Querida mamãe, foi tão difícil para mim", ele o consegue. Peço à mãe que lhe diga: "Meu querido filho, não pude agir de outra maneira. Eu gostaria muito de ter ficado, mas de algum modo não consegui agir de outra maneira". Depois dessas palavras o paciente consegue finalmente olhar nos olhos da mãe. Sua resistência cede e ele abraça a mãe, em prantos. Ambos se abraçam longamente. Quando ele aos poucos se acalma, faço com que a mãe lhe diga: "Meu querido filho, ainda que eu tenha partido porque não consegui agir de outro modo, você fique!" – "Sim, querida mamãe, mesmo que você tenha partido, eu fico! Eu fico, e agora aceito tudo como foi e assumo a minha vida, mesmo a este preço".

Eles se abraçam novamente, até que a representante da mãe se desprende e lentamente caminha para trás, passo a passo. O paciente olha na direção dela com certa tristeza, mas com amor. Peço a três participantes do grupo que se juntem ao círculo, representando a mulher e os dois filhos do paciente. Logo o paciente os olha com alegria e eu o exorto a dizer: "Mesmo que minha mãe não tenha podido ficar, eu fico!".

Na suposição de que parte da rejeição da mãe pelo paciente se origina de sua lealdade ao pai, sugiro ao paciente que diga a ele outra frase: "Somente por precaução, diga interiormente a ele: 'A mãe que a gente tem é sempre a melhor!'"

Ele ri e aprova, balançando a cabeça.

Um ano depois da constelação, o paciente me envia o seguinte relato:

> Dois meses tinham se passado desde que recebi o diagnóstico de uma doença em meus rins, com uma drástica evolução e um prognóstico médico desfavorável. Como terapeuta corporal, estou convencido da ação de processos psíquicos sobre o corpo e vice-versa. Contudo, mesmo para mim não estava claro como minha família poderia contribuir para minha doença ou também para causar-me um efeito salutar. Mal consigo lembrar-me hoje de que maneira, partindo de minha doença, chegamos à relação com minha mãe. Lembro-me com muita clareza como a rejeição e o desprezo que eu sentia por ela se transformaram na aceitação de meu anseio de estar perto dela.
>
> Desde a constelação não sinto mais nenhum impulso interior para desprezar minha mãe ou mantê-la a distância. Já não utilizo nem gasto energia nesse sentido. Pelo contrário, intensifiquei o contato com ela. Certa vez, falando ao telefone, minha mãe teve uma forte explosão emocional e me disse: "Se você continuar me pressionando para perdoar seu pai, não sou mais sua mãe!". Por um momento senti-me morto, paralisado, em seguida tive vontade de recriminá-la moralmente por essa afirmação, mas de repente, como por um milagre, funcionou uma frase da constelação: "Ainda que você vá, eu fico!".
>
> Não cortei a ligação, permaneci na linha em contato com ela, sentindo-me tranquilo e vivo de um modo que não era habitual. De repente senti-me "imune" diante de suas ameaças de me abandonar. Desde esse momento sinto-me livre de um medo que sempre atuou negativamente em meu casamento. Aparentemente devido à minha falta de reação, também minha mãe reconheceu o seu padrão de comportamento e, para minha surpresa, pediu-me desculpas. Com isso um processo também se concluiu nela.
>
> Minha doença não acabou, mas tenho a sensação de que, por meio dessa constelação, fiquei mais saudável e mais inteiro. Transmiti a meus rins a mensagem de ficar. Sinto uma forte vontade de continuar vivo, e percebo que

o meu desejo se fortaleceu, inclusive sob a forma de uma presença mais forte da mente. O drástico transcurso da doença, prognosticado pela medicina convencional, felizmente não ocorreu. Como atestam os resultados regulares dos exames de laboratório, a doença quase estacionou.

Do mesmo modo, em conexão com esse trabalho terapêutico, também percebo que, devido à depuração da minha relação com minha mãe, o acesso à minha esposa e aos meus filhos ficou mais livre, primeiro na constelação e depois em casa também.

John Bowlby divide em várias fases a reação emocional de uma criança a um distúrbio prematuro de sua vinculação provocado por uma separação, principalmente da mãe, do pai ou de outras pessoas importantes em seu relacionamento. Inicialmente a criança reage com medo e pânico, a seguir com raiva e irritação, e finalmente com desespero e apatia.

No presente processo de solução, achei interessante o "movimento retrógrado" que o paciente descreve em seus sentimentos com relação à mãe.[3] Em face da declaração da mãe: "Se você continuar pressionando-me para perdoar seu pai, não sou mais sua mãe!", ele cai primeiro em apatia e em seguida reage com raiva e ira. Com a ajuda da frase de solução da constelação: "Ainda que você vá, eu fico!", ele consegue superar a raiva e com isso também se livrar do medo de ser abandonado, que antes projetara sobre a sua parceira. A influência desse processo sobre o transcurso da doença precisou de uma reflexão própria.

Parece-me digna de registro a frequente constatação de uma forte rejeição dos pais em constelações familiares com pacientes de doenças autoimunes.

O "não" à mãe
(Paciente com dermatomiosite)

A dermatomiosite é uma doença autoimune com alterações inflamatórias da pele e da musculatura que provocam dores e fraqueza muscular.

---

3. O conceito de "movimento retrógrado" originou-se na homeopatia e se refere à inversão do movimento dos sintomas no processo da cura. A cura homeopática processa-se de dentro para fora, isto é, uma doença crônica só pode ser curada na medida em que volte a tornar-se aguda, e isso significa para o paciente que o sintoma inicial da doença torna a aparecer como reação de cura. (Nota do Autor)

A paciente, do mesmo modo que sua mãe, é portadora da ausência de um cromossomo X, o que causa hemofilia nos filhos homens. Ela perdera seu irmão devido a essa doença e era fiel ao seu pai, no sentido de que ele inconscientemente censurou a mãe pela perda de seu querido filho. Quando a paciente se defrontou com a representante de sua mãe, não conseguiu encará-la e dizer "sim". Minha impressão foi de que o "não" à mãe e à sua doença estava tão profundamente ancorado nela que se transformava numa força voltada contra ela própria.

A seguir, outro exemplo de uma perda prematura da vinculação:

A falta da bênção: "Obrigado!"
(Paciente com o desejo frustrado de ter filhos e com dois abortos espontâneos)

Uma mulher de 35 anos, aparentemente muito segura de si, fala de seu desejo frustrado de ter filhos. Ela é feliz no casamento. Engravidou duas vezes, porém em ambas o bebê parou de crescer na oitava semana de gravidez e morreu. Essas perdas são um grande peso para a paciente, embora os médicos lhe assegurem que, do ponto de vista médico, está tudo em ordem e que ela não precisa se preocupar.

Sem solicitar outras informações, peço-lhe que, num primeiro passo, coloque em cena dois representantes, um para si mesma e outro para seu marido. Ela os posiciona de frente um para o outro, a uma pequena distância. Eles se olham por um momento e trocam sorrisos, depois se aproximam e se abraçam. Finalmente ficam lado a lado, com os braços dados, mostrando que se orientam juntos para uma terceira pessoa. Peço à paciente que introduza um representante para uma criança. Ela escolhe uma participante e a posiciona diante dos dois.

A representante da criança sente-se visivelmente mal, inclina o corpo para trás e ameaça cair, porém a representante da paciente imediatamente vai em sua direção e a segura. A criança entrega-se, mas fecha os olhos e dá a impressão de estar ausente. Peço à paciente que escolha uma outra pessoa para representar o que perturba a sua relação com a criança. Ela escolhe uma mulher e a posiciona a uma grande distância, olhando para a jovem família. Imediatamente essa representante caminha passo a passo e com determinação em direção à família, insinua-se resolutamente entre a criança e a mãe e olha para esta com um olhar severo. Quando esse fator de separação se introduz entre a paciente e a criança, a representante da criança abre os olhos aliviada e recupera força para apoiar-se sobre os próprios pés. O caráter resoluto do "fator de separação" impressiona e leva-me a perguntar à paciente se ela e o seu marido receberam a bênção para a sua união. A paciente relata que os pais do marido morreram relativamente cedo, porém a relação com eles foi sempre boa. O pai da paciente compareceu ao casamento, mas não a sua mãe. A paciente diz que há vinte anos já não mantém contato com ela. Os pais da paciente se separaram pouco antes de nascimento dela. Quando ela tinha 5 anos sua mãe ligou-se a outro homem. Desde então a paciente passou a frequentar mais assiduamente a casa da avó, até que aos 7 anos passou a morar com ela. Seu pai, por iniciativa própria, viu a filha pela primeira vez aos 23 anos, pois a mãe não permitia o contato entre eles.

A partir do momento em que se falou da mãe da paciente, a representante do "fator de perturbação" se afasta lentamente da família. Entretanto, a representante da criança segue-a com um olhar saudoso e como que fascinada. Todas as tentativas da representante da paciente para chamar a atenção da criança por meio de toques e carícias fracassam.

Pela reação imediata da representante do "fator de perturbação" à menção da mãe da paciente, fica claro a todos os presentes que existe uma ligação entre elas. Por isso peço à representante da perturbação que troque de papel e passe a representar a mãe. Isso lhe parece viável e não altera o seu sentimento. A paciente não parece feliz com a nova identidade do "fator de perturbação", e diz que já encerrou o assunto com sua mãe. Pergunto-me qual poderia ser a chave para obter a bênção da mãe para ela e para a sua família. Para contornar a resistência da paciente prefiro não trabalhar diretamente com ela, mas com sua representante. Depois de sintonizar-me com a representante da mãe, sugiro à representante da paciente que lhe diga: "Obrigada".

Com a expressão do agradecimento pela representante da paciente mudam os sentimentos de todos os outros representantes. A representante da mãe relaxa visivelmente, abranda-se a dureza que transparecia em seu semblante e agora ela olha com amizade para a filha, o genro e a criança. Esta sente o maior alívio, sorri e pela primeira vez olha com alegria para sua mãe. Elas trocam sorrisos, a criança se aproxima e deixa-se abraçar pelos pais.

A paciente volta-se para mim com um ar cético e diz: "Bonito! Mas o que posso fazer agora?".

Respondo: "Aquilo que você está vendo: agradecer à sua mãe".

Ela retruca com veemência: "Agradecer? Pelo quê? Pela vida?".

Respondo, com voz tranquila: "Por exemplo, pela vida".

Como a paciente não está disposta a dar o passo que na constelação mostrou ser a solução, decido inicialmente suspender o trabalho nesse ponto.

Dois dias depois, no contexto da rodada de fechamento, a paciente em lágrimas pede uma oportunidade para expressar sua gratidão à participante que representou sua mãe na constelação. Também a representante da mãe sentira a falta de uma palavra liberadora no final da constelação. Ela se levantou imediatamente, caminhou em direção à paciente e a abraçou.

Com isso ainda foi possível fazer um movimento de aproximação na direção da mãe. A paciente despediu-se do grupo com gratidão e comentou que agora se sentia muito bem.

5.1.2 Doença e perda de vinculação da criança devido à doença de um dos pais

Situações traumáticas de separação ocorrem também como efeito de longas enfermidades físicas ou psíquicas, ou de vícios dos pais. Nas constelações isso se torna visível quando a doença, o vício ou a psicose dos pais também é representada. Muitas vezes se manifesta aí uma relação íntima entre o progenitor e a doença. Contudo, também nesse caso o único recurso que resta à criança é assumir a própria vida por meio dos pais e aceitar tudo o mais que pertence a eles, não importa como eles sejam ou tenham sido.

O infarto da mãe: "Querida mamãe, agora eu tomo você... com tudo o que lhe pertence".
(Paciente com dores de cabeça crônicas)
Uma paciente de cerca de 55 anos sofre desde a infância dores de cabeça que vêm resistindo à terapia. Durante sua participação num curso de constelações em grupo suas dores se agravam, a ponto de se tornarem quase insuportáveis. Em razão disso a paciente me pede, durante um intervalo, que, se possível, ela seja a próxima a trabalhar, porque

receia que as fortes dores a obriguem a interromper sua participação no grupo.

É digno de nota que muitos pacientes sentem dores de cabeça quando tomam parte em cursos de constelações. Interpreto isso, em cada caso, como um bom sinal, pois indica que estão participando do processo do grupo, e que o seu envolvimento com as dinâmicas familiares dos demais participantes "está tocando no amor da alma". Pacientes de dores de cabeça têm dificuldade, muitas vezes, de deixar fluir o amor por um dos pais.

Quando essa paciente tinha 2 anos, sua mãe teve um infarto cardíaco. Ela sobreviveu, mas a partir de então o coração doente da mãe passou a ser a principal preocupação da família. Do pai as crianças ouviam constantemente esta frase: "Vocês sabem que sua mãe não pode se aborrecer". Assim as crianças não conseguiam mais ficar relaxadas perto da mãe e comportar-se como crianças. O movimento de aproximação na direção da mãe ficou interrompido desde essa época.

Na constelação confirma-se essa dinâmica. Peço à paciente que coloque em cena representantes para si mesma, sua mãe e a doença dela. Para representar a doença da mãe ela escolhe uma mulher e a posiciona bem junto da representante da mãe. Ambas trocam sorrisos amigos, abraçam-se e juntas olham para a representante da filha. Esta mostra muito desejo de ficar perto da mãe, mas não se atreve a aproximar-se dela. Cuidadosamente, ela avança com pequenos passos, mas logo que a representante da doença a encara, ela recua. Ela fica presa nesse movimento, dando sempre um passo para a frente e outro para trás. A representante da mãe percebe a necessidade de sua filha, mas não se sente capaz de desprender-se da doença e aproximar-se dela.

Nesse ponto, dispenso a representante da paciente e peço que ela própria ocupe o seu lugar na constelação. Como ocorreu com sua representante, também ela não consegue encarar a representante da doença da mãe, e com isso o caminho em direção à mãe permanece obstruído. Eu a apoio, sugerindo-lhe que olhe nos olhos de sua mãe e lhe diga: "Querida mamãe, agora eu tomo você... com tudo o que lhe pertence".

Com essa frase ela honra a doença da mãe e tudo o que essa doença representa, e então já pode encarar a representante da doença. Com isso ela consegue, com passos curtos, aproximar-se de ambas. A representante da mãe lhe estende a mão e, num processo comovente, ambas se abraçam com lágrimas. A representante da doença fica contente com o encontro amoroso entre a mãe e a filha. Como uma força protetora, ela coloca seus braços em torno de ambas. A paciente olha para ela e diz: "Agora aceito isso da forma como foi, e você faz parte disso".

Quando a paciente se solta do abraço, um pensamento me ocorre e pergunto a ela: "Por acaso você se tornou médica?". Ela responde, com surpresa: "Sim!". Depois de refletir por um momento, sua fisionomia se ilumina de súbito e ela comenta sorrindo: "Mas creio que agora posso finalmente fazer aquilo que eu realmente sempre quis".

Imediatamente depois desse trabalho desapareceram as fortes dores de cabeça que haviam retornado naqueles dias. Para terminar, recomendo-lhe que escreva na caixa de suas pílulas analgésicas estas palavras: "Querida mamãe!"

O alcoolismo da mãe: "Todos os dias tome uma dose de uísque!" (Paciente com basalioma)

Uma paciente de cerca de 45 anos sofre há três anos de um basalioma, um tumor local da pele que cresce de maneira destrutiva. Foi operada e submetida à radioterapia, mas depois de seis meses o tumor voltou a crescer. Nesse ínterim foi operada quatro vezes e, apesar de tratamentos mais severos, o processo canceroso não foi detido. Perdeu mais de quinze quilos desde o início da doença, e a palidez de sua pele indica que o seu estado geral não é bom.

O diálogo a seguir foi transcrito de uma gravação e é reproduzido textualmente:

TERAPEUTA: "Qual é a sua situação atual de vida?"

PACIENTE: "Sou divorciada, sem filhos. Meu marido é alcoólico".

TERAPEUTA: "Em sua família alguém bebia?"

PACIENTE: "Sim, minha mãe. Começou a beber quando eu ainda estava na escola. Depois, quando eu tinha 17 anos, meu pai nos abandonou. Fiquei com minha mãe e cuidei dela até que morreu, com cirrose do fígado. Minha vida realmente só começou depois de sua morte".

TERAPEUTA (*depois de algum tempo*): "Minha impressão é que você tem raiva dela!"

PACIENTE: "Não, ela bebia porque..."

TERAPEUTA: "Não, não, você tem raiva dela, pode-se perceber isso. E essa raiva é mais fácil do que a dor".

PACIENTE: "Eu a amava muito! Ela morreu um ano antes de eu adoecer".

TERAPEUTA: "Portanto, se houver uma cura, quem cura o câncer?"

PACIENTE: "Os médicos?"

TERAPEUTA: "Não!"

PACIENTE: "Eu?"

TERAPEUTA: "Não!"

PACIENTE: "Você?"

TERAPEUTA: "Pelo amor de Deus, eu não!"

PACIENTE: "Eu estava receando isso. Minha mãe?"

TERAPEUTA: "Presumo que sem a mãe não será possível".

Como o trabalho acontece no contexto de um grupo de formação, enquanto me dirijo ao grupo e lhe comunico o que o corpo da paciente está mostrando quando ela fala, também dirijo a atenção dela para que tome consciência do próprio corpo.

TERAPEUTA: "Pode-se notar a tensão no corpo dela quando fala de sua mãe. Não pretendo agora investigar o que está por trás disso. Entretanto, isso é sinal de que o amor entre ela e sua mãe, que certamente existe, não está fluindo. Tomo essa tensão como um indicador para a continuação do trabalho, e agora vou confrontá-la com uma representante de sua mãe, continuando a prestar uma atenção especial ao seu corpo".

Pergunto à paciente que pessoa do grupo pode representar sua mãe. Ela escolhe uma mulher, e peço a essa representante que se coloque diante da paciente sentada a meu lado. Quando a representante da mãe se aproxima e toma posição, a paciente recua imediatamente, junto com sua cadeira. Esse pequeno movimento imediato confirma para mim a resistência inconsciente da paciente contra sua mãe. Uma voz dentro dela diz: "Não chegue mais perto!" Cuidadosamente, com sensibilidade para a necessária distância, faço com que a representante da mãe se aproxime lentamente e por fim exorto a paciente a dizer à sua mãe: "Querida mamãe, estou doente!". A paciente diz a frase mas não consegue encarar a representante da mãe. Em lugar disso, pega a mão dela e quer pressioná-la contra a própria face. Interrompo esse rápido impulso da paciente por não saber ao certo se é de fato um movimento de aproximação ou antes uma defesa disfarçada, e em vez disso peço à representante da mãe que continue a aproximar-se – e depois um pouco mais, centímetro por centímetro, até que a representante da mãe chega tão perto que a paciente pode apoiar a cabeça em seu ventre. Então ela se acalma, começa a chorar baixinho e abraça a mãe. Esta acaricia os seus cabelos, e lentamente começa a fluir o amor entre ambas.

Para fechar esse movimento de aproximação em direção à mãe, repito ao grupo: "Um remédio para a paciente pode ser este: todo dia tomar uma dose de conhaque". Como a paciente imediatamente se sacode, pergunto-lhe: "O que então sua mãe gostava mais de beber?"

PACIENTE: "Gim ou uísque!"

TERAPEUTA: "Está bem, vamos tomar uísque!"

PACIENTE: "Eu detesto o cheiro!"

TERAPEUTA: "OK, então é isso mesmo. Todo dia você vai tomar um golezinho. Não se trata de homeopatia! E quando começar a gostar, pare. Então você estará bem".

PACIENTE: "Prefiro começar com o conhaque".

TERAPEUTA: "Não, com uísque! É uma prescrição médica! – E ela só ajuda quando é observada à risca!"

PACIENTE (*rindo*): "De acordo, agora só preciso explicar ao meu médico. Obrigada!"

Dois anos depois desse trabalho, reencontro essa paciente num congresso de constelações sistêmicas. Ela me pergunta se me lembro dela e preciso confessar que não. "Eu sou aquela a quem você prescreveu uísque, dois anos atrás. Quero lhe dizer que ajudou. O câncer não reapareceu mais."

No exemplo seguinte, o medo da criança diante da doença crônica da mãe impede que flua o amor entre ambas. Com a solução desse conflito desapareceram alergias que persistiam há vários anos.

"Você precisa respeitar a doença de sua mãe!"
(Paciente com múltiplas alergias)

No contexto de um curso de formação, uma mulher me pede que trabalhe com ela. Ela vem sofrendo, cada vez mais, com diversas alergias.

Esse curso de formação foi gravado, e os diálogos são literalmente reproduzidos.

TERAPEUTA: "De que se trata?"
PACIENTE: "Venho sofrendo cada vez mais com alergias".
TERAPEUTA: "Desde quando acontecem os sintomas?"
PACIENTE: "Eles apareceram pela primeira vez há onze ou doze anos".
TERAPEUTA: "Houve nessa época uma mudança em sua vida?"
PACIENTE: "Eu estava passando férias com a família, com meu marido e minha filha".

Nesse ponto fico em dúvida se esse caminho me leva a informações essenciais e decido falar à paciente diretamente sobre o processo da doença.

TERAPEUTA: "Por trás de uma alergia atua, às vezes, uma dinâmica familiar. O alérgico diz a uma pessoa que ele realmente ama: 'Vá embora!'"

Comovida, a paciente concorda com um aceno, baixa os olhos e começa a chorar. Depois de algum tempo ela confirma: "Pode ser isso. Quando eu tinha 9 anos, minha mãe adoeceu com artrite reumatoide, uma inflamação crônica das articulações que provoca fortes dores, principalmente nos dedos e nas articulações dos pés. Aos 18 anos me mudei para Moscou e casei. Sempre que tinha tempo viajava para casa. Porém naquele verão passamos férias na praia. Lá apanhei uma alergia ao sol. Nesse meio-tempo minha mãe morreu, depois de 25 anos de doença. Três dias antes de sua morte eu a visitei. Não pude suportar vê-la tão mal, e rezava todo dia para que ela morresse".

TERAPEUTA: "Vamos colocar em cena dois representantes, um para você mesma e outro para a alergia".

A paciente escolhe duas mulheres e as posiciona a certa distância uma da outra, voltadas para o meio do círculo de cadeiras dos participantes.

A representante da alergia, depois de algum tempo, olha em torno, procurando a representante da paciente, e volta-se para ela. Esta, porém, está imóvel, com o olhar fixado no chão diante de si.

Mesmo quando a representante da alergia se aproxima lentamente e a abraça cautelosamente, a representante da paciente continua fechada e não se volta para ela. Entretanto, a representante da alergia não se cansa de acariciar suavemente a representante da paciente, até que esta se deixa abraçar.

É evidente que a representante da alergia está na realidade representando a mãe da paciente, e estou certo de que também a paciente sabe disso. Eu a tomo com cuidado pela mão, dispenso a sua representante e coloco a própria paciente diante de sua "mãe". Também ela não consegue encarar a representante da mãe e permanece trancada, olhando para o chão.

Para colocar a paciente em contato com a sua saudade e a sua dor, exorto-a a dizer "Mamãe!". Ela repete: "Mamãe!"

TERAPEUTA: "Querida mamãe!"
PACIENTE: "Querida mamãe!"
TERAPEUTA: "Minha querida mamãe!"

Ela não consegue dizer essas palavras. Chora e recua.

Confiante por ter indicado um primeiro passo para a solução, suspendo o trabalho nesse ponto. Ainda no mesmo dia haveria oportunidade para uma nova intervenção.

Prefiro aqui dar a palavra ao depoimento detalhado e tocante da paciente sobre a sua experiência:

Caro Stephan

É um curso de formação em Moscou, e assisto pela primeira vez a um trabalho com constelações. Tenho dificuldade em entender o que acontece. Um homem é colocado como representante no meio do círculo das cadeiras e, de repente, começa a chorar. Jamais vi um homem chorando. Tenho vontade de ir embora, mas meu marido me detém.

Na constelação seguinte trata-se de um homem e seu relacionamento difícil com sua mãe. Ele diz que durante toda a sua vida teve raiva da mãe, porém a constelação mostra que se trata do seu pai, que morreu cedo. Ele não pôde manifestar sua dor pela perda. Em lugar disso, reagiu com raiva e dirigiu essa raiva contra sua mãe. No final da constelação, quando as conexões ficaram claras, esse homem também começa a chorar e diz: "Querida mãe, sinto muito, agora também respeito a sua dor".

De repente, como participante sentada no círculo, também eu tive de chorar e não conseguia parar. Nem mesmo quando minha mãe morreu eu chorei desse jeito. Na noite em que seu caixão estava em nossa casa, eu ri na cozinha com as amigas dela, que se lembravam de histórias engraçadas da vida de minha mãe. E agora, com as palavras desse homem, começo pela primeira vez a chorar. Depois da morte de minha mãe tentei ver um vídeo dela, gravado nove meses antes de sua morte. Era a comemoração dos seus 55 anos. Foi uma festa alegre. Ela cantou canções e dançou com meu pai. Podia-se ver como eles se amavam. Não consegui ver esse vídeo. De algum modo eu não podia suportá-lo.

Eu tinha 9 anos quando minha mãe adoeceu com poliartrite. Lembro-me de que ela se lamentava toda manhã, dizendo como era doloroso tocar alguma coisa, como era difícil levantar-se de manhã. Eu também não podia ficar perto dela como queria, nem abraçá-la, pois cada toque lhe causava dores. Aprendi a viver sem me aproximar dela. Meu pai e minha mãe me deram a possibilidade de fazer um curso superior em Moscou. Sempre que eu ficava livre, viajava para casa para visitar minha mãe. Passaram-se quatro anos de estudos, conheci meu marido, casei-me e tive uma filha. Tudo era maravilhoso.

A única coisa que temíamos em nossa família era que alguém adoecesse com poliartrite, talvez minha filha ou eu. A filha de uma prima de minha mãe teve essa doença quando nasceu sua segunda criança, e não conseguiu levantar-se da cadeira do parto. Para mim era a pior doença que se pode ter. Talvez por causa disso casei-me com um médico.

Depois de sete anos de casamento tivemos a oportunidade de passar férias numa praia com nossa filha. Por isso não tivemos tempo para visitar minha mãe naquele verão. Nessas férias peguei uma alergia ao sol. Minha propensão para a alergia foi sempre aumentando, e eu comecei a reagir aos mais diversos produtos alergênicos. Em seguida a um espetáculo teatral, a reação da pele se estendeu à parte superior das pernas e aos braços, e daí continuou a difundir-se em escala crescente.

Experimentei todo tipo de medicação disponível na Rússia. Em vão. Tentei comidas que pudessem desencadear a alergia. Nenhum resultado. Entrei em tratamento homeopático. De novo, nada. Então eu disse para mim mesma: Vamos deixar do jeito como está. Aceito o que tenho e vou viver com essa alergia. É apenas um pequeno sintoma. Sendo advogada, trabalho como profissional autônoma. Quando visitava clientes nunca tinha certeza se eles se incomodavam com as manchas vermelhas no meu rosto ou nos meus braços. Entretanto, também isso, em certo momento, deixou de preocupar-me. Passaram-se dois anos. Então soube que ia haver um seminário com Stephan Hausner cujo tema seria o trabalho com constelações na arte da cura, e que eu poderia fazer ali uma constelação.

Stephan começou o trabalho comigo falando sobre o que está por trás das alergias, na perspectiva do sistema familiar. A frase que me tocou foi esta: "Um alérgico diz a uma pessoa a quem na verdade ele ama: 'Vá embora!'". Imediatamente senti um nó na garganta. Quando minha mãe estava para morrer, eu rezei com a esperança de que ela morresse. Ouvindo a frase entendi que a alergia tinha ligação com meu relacionamento com minha mãe.

"Vamos colocar dois representantes, um para você mesma e um para a alergia", disse Stephan. Perguntei-me: Por que não minha mãe? Por que a alergia? Assim, escolhi uma moça para me representar e uma mulher bem jovem, sem qualquer semelhança com minha mãe, para representar a alergia. Stephan pediu às representantes que se entregassem a seus impulsos e, caso percebessem um impulso, o seguissem lentamente e com atenção. Para meu grande espanto, a representante da alergia abraçou a minha representante do mesmo modo como uma mãe abraça uma filha. Nisso consistiu toda a constelação.

Stephan dispensou minha representante e pediu à representante de minha mãe que se colocasse diante de mim. Ele me incitou a dizer: "Querida mamãe!"

Eu repeti: "Querida mamãe!". Ele continuou: "Minha querida mamãe!". Eu não consegui trazer a palavra "minha" para os meus lábios. Era tão doloroso! Meu marido e principalmente minha filha estavam presentes. Diante dela eu não podia mostrar a minha dor. E essa moça, que então representava minha mãe, deixou de representar a alergia, mas também não conseguia vê-la como mãe. Stephan me fez sinal para que eu me aproximasse um pouquinho de minha mãe, mas eu estava rígida como uma pedra. Ela me abraçou, mas eu permaneci como uma pedra e não pude abraçá-la. "Alergias são mais fáceis", disse Stephan. Sim, naturalmente! Elas nada são, comparadas a essa dor em minha alma. Nada são, comparadas à morte de minha mãe, pensei, e concordei com ele. Posso viver com essas alergias. Mas o amor por minha mãe, esse é realmente doloroso. Nesse ponto, Stephan terminou o trabalho.

Aconteceram mais duas constelações com outros pacientes. Eu tinha uma pergunta sobre o meu processo interior: "Por que quando envolvo minha razão posso abraçar minha mãe, mas, quando não o faço, sinto-me separada e dura como uma pedra?". Stephan parecia estar aguardando minha pergunta. Ele me olhou nos olhos e, sem responder à pergunta, apenas disse: "Você precisa respeitar a doença de sua mãe!".

Caro Stephan, eu lhe agradeço muito por essa frase. Foi a frase mais importante que jamais ouvi. Entendi que, rejeitando a doença de minha mãe, eu rejeitava a minha mãe como um todo. E entendi que o próximo passo para mim seria aceitar a sua doença. Mas foi doloroso demais. Por 23 anos vivi com medo de chegar perto dela. Por 23 anos temi que outra pessoa tivesse essa doença.

Na noite depois do curso chorei por muito tempo nos braços de meu marido.

Então se passaram dois meses, e caiu-me nas mãos o vídeo com a festa de minha mãe. Consegui vê-lo e até mesmo curti-lo. E, quando ouvi as irmãs dela dizerem: "Oh não, já estamos tão velhas...", ouvi minha mãe responder: "Não se deixem enterrar antes da hora". Era a primeira vez que eu ouvia de minha mãe uma frase assim.

Passaram-se mais quatro meses. Compareci a um curso de constelações com o Dr. Gunthard Weber. De novo eu me vivenciei nesse campo da alma. Durante os três dias, meus dedos se retorceram como no estágio avançado de uma poliartrite, embora sem dor. Eles simplesmente se retorceram, sem que eu pudesse fazer qualquer coisa a respeito. Entendi o que eles queriam dizer-me: é a doença de minha mãe. Entretanto, isso já não me causou medo e consegui aceitar os meus dedos estranhos e retorcidos. Depois de duas ou três semanas o problema cessou e não ocorreu mais. Então notei, de repente, que eu tinha passado quatro meses sem reações alérgicas perceptíveis. Depois, passaram-se seis meses e agora, um ano.

Às vezes, tenho uma sensação como se quisesse coçar outra vez os lugares que foram afetados. Porém, em vez disso, acaricio meus braços e digo: "Querida mamãe, minha querida mamãe".

Passei o último verão na praia com meu marido e minha filha. Quando percebi que recomecei a querer coçar os braços, eu disse a mim mesma: "Minha querida mamãe, aqui é tão bonito!", e imaginei que agora ela estava lá, passando as férias comigo. Eu disse a ela: "Curta agora comigo o que você não pôde curtir antes".

Caro Stephan, eu lhe agradeço muito. Eu quis esperar um ano para fazer esse relato para estar certa de que minha alergia de fato acabou.

Minha vida realmente mudou. Sinto-me também, de modo geral, mais mulher. Agora posso vestir saias e não apenas calças compridas como antigamente. Comecei a dançar tango com o meu marido e curtimos o movimento conjunto de nossos corpos.

Não encontro palavras para expressar minha gratidão a você e também a Bert Hellinger. Ela está em meu coração e estou certa de que você e Bert podem senti-la.

Da Rússia, com amor

S.

5.1.3 Doença e perda de vinculação da criança devido à morte de um dos pais

"Querida mamãe, agora respeito a sua vida... e a sua morte" (Paciente com fibromialgia)

A fibromialgia é uma doença crônica não inflamatória, caracterizada por dores muito disseminadas na musculatura e nos tendões, frequentemente acompanhada por perturbação do sono e esgotamento crônico.

A paciente de cerca de 30 anos, casada e com uma filha de 2 anos, participante de um curso de constelações, escolhe uma mulher como sua representante e outra para representar a sua doença. Começa posicionando a representante da doença; em seguida, vai empurrando sua própria representante, de costas, na direção da primeira, até que ambas se tocam.

A representante da doença começa logo a respirar com dificuldade e luta para ter ar. Quando a representante da paciente procura encostar-se na representante da doença, esta se retira decididamente, dá alguns passos para trás e vira-se para outro lado. A representante da paciente vira, olha irritada para a representante da doença que se afastou dela, e bate raivosamente com o pé no chão.

Perguntando sobre algo especial que tenha acontecido na família de origem da paciente, somos informados de que, quando tinha um ano e meio de idade, ela perdeu a mãe num acidente de trânsito. Ao que tudo indica, a mãe dormiu na direção, jogou o carro contra uma árvore e morreu no próprio local, em decorrência de seus ferimentos. Pouco tempo depois o pai casou-se com a irmã mais nova da mãe, e um ano depois nasceram duas gêmeas.

Sugiro à paciente que introduza uma representante para sua mãe. Como a constelação congela, peço à representante da mãe que se deite no chão, significando que está morta. Então a representante da paciente se volta para sua mãe. A irritação e a raiva desaparecem de seu semblante, e a dor latente torna-se cada vez mais visível. Com lágrimas nos olhos, ela se ajoelha ao lado da mãe e pega a sua mão.

A própria paciente também começa a chorar e diz: "Eu sempre tive raiva porque ela foi embora!".

Entrementes, a representante da doença se virou e observa isso. Quando vê o movimento de reconciliação entre a mãe e a filha, ela se retira da representação, passo a passo.

Por sugestão minha, a paciente toma o seu lugar na constelação. Ela se ajoelha junto da representante da mãe, pega sua mão e lhe diz com lágrimas: "Sinto muito!". A mãe abraça-a e a paciente chora nos braços da mãe. Quando ela se desprende, sugiro ainda que lhe diga: "Querida mamãe, foi muito difícil para mim, mas agora eu consinto em tudo o que aconteceu. Agora respeito a sua vida... e a sua morte".

Depois desse trabalho a paciente fica muito aliviada. Dois dias depois, na rodada final, ela conta que começa a pressentir quanta energia lhe havia custado a sua raiva. Desde a constelação ela sente uma leveza fora do comum, inclusive quando está perto de seu marido.

Em numerosas constelações com mulheres portadoras de fibromialgia, deparei muitas vezes com a raiva como um dos seus sentimentos básicos. Às vezes, como no presente caso, é a raiva de uma criança que se sente abandonada por um dos pais; outras vezes, é a raiva contra um parceiro que causou uma grave decepção ou tem o vício de beber; finalmente, a raiva pode ser um sentimento adotado de uma parceira anterior do pai que foi injustamente abandonada por ele.

O seguimento

A perda prematura de um dos pais também pode conduzir, às vezes, a uma outra dinâmica, denominada como "seguimento para a morte". Nesse caso o anseio da criança por estar perto dos pais é mais forte do que o seu desejo de viver. Dessa forma, por trás de muitas doenças e vícios com risco de vida, ou de uma inexplicável propensão para acidentes, atua muitas vezes, mais ou menos conscientemente, um desejo de morrer. Eventualmente ele já se revela por ocasião da conversa terapêutica, quando o paciente, ao descrever uma doença ou um sintoma com risco de vida, inconscientemente exibe um sorriso.

Às vezes, essa dinâmica de seguimento pode dissolver-se numa constelação, se o paciente encara a pessoa que deseja seguir e aceita a morte dessa pessoa. Pois nesse contato o paciente reconhece que a pessoa falecida não deseja a sua proximidade e o seu amor a esse preço, e que a maior felicidade para o pai ou a mãe é que a criança permaneça viva e saudável.

Além desses casos de seguimento de filhos em relação aos pais, encontramos essa dinâmica também entre parceiros, ou em pais em relação a filhos prematuramente falecidos. (Contudo, nesses casos, minha experiência é que o parceiro, ou a criança que o paciente quer seguir, frequentemente representa um de seus pais.)

A morte prematura: "Meu pai assumiu um risco..." (Paciente com síndrome de deficiência imunológica – AIDS)

Num curso de formação trabalhei com um homem de cerca de 30 anos, homossexual, que se contaminou com AIDS. Seu corpo treinado e curtido de sol atesta um saudável modo de vida. Ao ser questionado, ele confirma que lida com a doença de um modo consciente e cuidadoso. A pergunta sobre o contágio revela que ocorreu há muitos anos, quase certamente em decorrência de um único contato sexual com um parceiro mais velho. Esse encontro foi para o paciente basicamente desagradável. Ele sabia do risco, contudo não teve a força suficiente para seguir suas objeções e recusar-se.

Sem pedir outras informações, proponho ao paciente que configure o seu sistema de origem. Ele escolhe representantes para seu pai, sua mãe e para si mesmo e os posiciona em suas relações recíprocas. O pai é colocado a uma considerável e inabitual distância do filho e da mãe.

O representante do pai é tomado por violentas reações corporais. Suas pernas tremem fortemente, até que finalmente ele cede e desaba no chão. As pernas continuam a tremer, os punhos se cerram e os braços se contraem até que, esgotado, ele se solta e depois de algum tempo fecha os olhos. Agora ele jaz como morto no chão. O representante do filho olha fixamente para o pai, inicialmente incapaz de mover-se ou de expressar alguma emoção.

O paciente acompanha os movimentos do representante de seu pai com lágrimas nos olhos. Quando ele se acalma um pouco, pergunto-lhe o que sucedeu. "Meu pai morreu quando eu tinha 2 anos. Quase não me recordo dele. Minha mãe e eu não pudemos despedir-nos dele. Ele servia no corpo de bombeiros e morreu em ação. Contrariando as objeções dos colegas, ele entrou repetidas vezes num prédio em chamas para salvar os moradores, surpreendidos à noite pelo fogo. Ele assumiu um risco que não devia ter assumido!".

Essa frase o leva a refletir, e ele olha para mim pensativamente. Eu repito: "Ele assumiu um risco que não devia ter assumido!".

Nesse ínterim, o representante do paciente lentamente se aproximou do pai deitado no chão, ajoelhou-se ao seu lado e pousou a cabeça em seu peito. Questionado como se sente, responde: "Aqui, com meu pai, estou muito bem".

Agradeço ao representante, dispenso-o de seu papel, tomo o paciente pela mão e o conduzo até o representante do pai que está deitado no chão. Com amor e respeito ele se ajoelha ao seu lado, e ambos se abraçam ternamente. Quando ele se desprende, proponho-lhe que diga ao seu pai: "Querido papai, mesmo sentindo a sua falta eu ficarei aqui enquanto puder... e depois irei também". Ele diz essas palavras tranquilo e sereno.

O representante do pai sorri, concorda com um aceno de cabeça e diz: "Sim, é bom assim!". Mais uma vez o filho se curva diante do pai, e de novo eles se abraçam longamente, pelo tempo que basta para esse momento.

O paciente gostaria de ficar só depois desse trabalho e pede para retirar-se do grupo, pois absolutamente não contava com essa conexão.

A imitação

O trabalho das constelações revela com muita frequência como as crianças buscam inconscientemente satisfazer seu anseio de proximidade com um dos pais, tornando-se semelhantes a ele com uma temerária lealdade. Isso acontece geralmente no tocante a comportamentos e reações com que o outro progenitor não simpatiza ou que até mesmo condena. Todas as crianças amam o pai e a mãe, seja como for que eles sejam ou tenham sido.

Na constelação de uma mulher com um tumor cerebral, o representante de sua doença se transformou na figura do seu pai que, devido a um ferimento de guerra, voltou cego para casa. Quando o grande amor da paciente por seu pai fica evidente, o dirigente da constelação lhe pergunta: "Que idade tinha o seu pai quando morreu?". A paciente responde: "50 anos!" O terapeuta: "E que idade tem você agora?" A paciente: "48 anos!". Ao dizer isso, lembra-se de que o seu irmão sempre teve medo de não ultrapassar a idade do pai. Assim, quando ela recebeu o diagnóstico de seu tumor (um astrocitoma), ela comentou com ele, sorrindo: "Agora você pode ficar sossegado. Eu cheguei primeiro!".

5.1.4 Doença e insegurança da criança quanto à sua vinculação, em decorrência de um trauma

A guerra civil: "Querida mamãe, o pai que a gente tem é sempre o melhor!"

(Paciente com gastrite crônica)

Num curso de formação trabalhei com um homem que, segundo as suas palavras, sofre de uma inflamação crônica da mucosa do estômago. Percebo uma tristeza em seu olhar, e a impressão que me dá é a de um filho abandonado. Aqui suspeito de uma conexão com o seu sintoma; portanto, pergunto inicialmente por acontecimentos significativos de sua infância. Ele nasceu no então Congo belga. Quando tinha 11 anos teve início a guerra pela independência. Ele acabara de entrar numa pequena loja para fazer compras quando soldados armados derrubaram a porta de entrada e metralharam as pessoas presentes. Ele atirou-se imediatamente ao chão e escapou das balas, mas ambas as pessoas que estavam ao seu lado na fila foram mortalmente atingidas.

Quando o paciente narra essa vivência traumática, percebo nele uma dor profunda, especialmente sob a forma de uma sensação de abandono. Talvez esse acontecimento traumático o tenha separado de seus pais.

De acordo com a questão apresentada pelo paciente, começamos a constelação com dois representantes, um para ele e outro para o sintoma. O representante dele vacila e fixa o olhar fascinado num ponto do chão, a cerca de três metros de distância. O representante do sintoma sente-se sem vida, sem conexão e afastado de tudo. As sensações dos representantes fazem suspeitar de uma conexão com o trauma do paciente. Por isso peço-lhe uma informação sobre o sexo das pessoas que morreram ao seu lado. Ele responde: "À minha direita estava um homem e à esquerda uma mulher". Escolho dois representantes e lhes peço que se deitem no chão, no local para onde se dirige o olhar do representante do paciente.

Nota-se claramente o estresse produzido pela visão dos mortos. Antes que o representante caia de joelhos, coloco atrás dele dois representantes para os seus pais. Com isso fica um pouco mais fácil para ele manter-se de pé. Nesse ponto tenho a impressão de que seria útil introduzir o próprio paciente na representação. Eu o conduzo lentamente até ficar na frente de seus pais, dispensando o seu representante.

A visão dos mortos faz o paciente chorar. Finalmente, ele se aproxima devagar, senta-se no chão ao lado deles, toca-os e fecha os seus olhos. Ali ele permanece por algum tempo e chora. O representante do sintoma observa tudo atentamente. Pouco a pouco a constelação fica em paz.

Confio na minha percepção de que o sintoma está associado a um conflito do paciente entre o anseio por estar perto dos pais e uma censura inconsciente a eles por terem-no deixado só naquela difícil situação. Assim me aproximo do paciente e lhe recomendo: "Olhe para os seus pais!". Ele se afasta dos mortos e imediatamente o representante do sintoma relaxa e começa a retirar-se lentamente da constelação.

Continuando esse movimento, peço ao paciente que se levante e o conduzo até seus pais. Estes querem abraçar o filho, mas este se defende, principalmente contra o pai, e não consegue receber o seu amor e o seu afeto. O representante do pai então diz: "É tão difícil para mim ver você sofrer!". Entretanto, o paciente não consegue acolher isso.

Minha visão é de que aqui é preciso tempo, e interrompo o trabalho nesse ponto.

Uns três meses depois o paciente inscreve-se para um outro curso de constelações. Ele conta que depois da última constelação ficou levemente deprimido. Sentiu dificuldade para trabalhar, teve de dormir muito e, como tinha a possibilidade de permitir-se isso, conseguiu sair-se bem. "Quando, depois de uma semana, mais ou menos, minha disposição psíquica melhorou, começaram as mudanças corporais. A pressão no estômago cedeu. Tomei isso como um grande alívio, pois eu sentia esses sintomas desde os meus 12 anos. (Cerca de um ano após o acontecimento traumático! – N. do Autor). Contudo, começaram a aparecer lentamente distúrbios intestinais. Tenho agora muitos gases e preciso ir com muito mais frequência ao banheiro. Às vezes suspeito de que estou com a doença de Crohn. Meus sintomas desceram do estômago para o intestino. Por isso resolvi voltar."

Sem fornecer outras informações aos demais participantes do grupo, proponho ao paciente que coloque representantes para si mesmo, seu pai e sua mãe. Convido os representantes a seguirem os seus impulsos. Nisso, a representante da mãe se coloca obstinadamente entre o filho e o pai.

Isso me leva a perguntar ao paciente pelo pai de sua mãe. Para meu espanto, o avô é desconhecido e não existe nenhuma informação sobre ele.

Resolvo não abordar esse problema por meio de um representante do avô, mas continuar com o próprio paciente e visualizar diretamente uma solução para ele. Levo-o para junto de seu pai e sugiro que diga à representante de sua mãe: "Querida mamãe, o pai que a gente tem é sempre o melhor!" – "O que há entre você e o seu pai, eu respeito e deixo com vocês. Para mim o meu pai é o certo!".

Depois dessas palavras do paciente, o representante do pai enlaça o filho com um braço e o aperta contra si. Cuidadosamente, olhando para a mãe, o filho pousa a cabeça no ombro do pai. A representante da mãe alegra-se com essa proximidade entre o filho e seu pai, e assim o paciente fecha os olhos sem tensão e descansa no braço do pai.

Pergunto ainda ao paciente se assim está bem para ele, e ele confirma. Concluindo, digo-lhe ainda: "O lugar bom para você é junto do seu pai, e você precisa deixar sua mãe partir". Ele balança a cabeça afirmativamente e diz: "Eu sei!".

Quatro meses depois ele retorna, acompanhando sua companheira a um curso de constelações, e peço-lhe que descreva brevemente como evoluiu a sua situação.

O relato do paciente:

Lembro-me apenas de que não foi fácil para mim pousar a cabeça no ombro de meu pai, mas finalmente consegui relaxar em seu braço e pude olhar em seus olhos. Foi uma sensação muito boa. Logo depois da constelação voltei a ficar muito cansado. Não tive tantas reações corporais. Os gases diminuíram, perdi peso devagar mas de modo constante, sem fazer dieta. Comprei novas roupas para mim, e percebo que, de modo geral, tenho mais facilidade para cuidar de mim e alimentar-me. Escolho mais os alimentos e como com menos frequência. Uma intranquilidade que sempre me acompanhou melhorou sensivelmente. Depois de um único tratamento com uma terapeuta craniossacral, meu intestino relaxou de forma permanente. Aqui noto uma clara mudança. Quase não tenho mais azia, e os sintomas gastrocardíacos (síndrome de Roemheld) de que eu sofria há anos já não ocorrem.

Os traumas no trabalho das constelações

Uma tomada de posição consistente sobre esse amplo e importante tema nos levaria longe demais. Para uma discussão mais profunda remeto aos trabalhos de Levine (1998) e St. Just (2005).

De um modo geral, julgo que o método das constelações sistêmicas não é apropriado para trabalhar traumas pessoais muito profundos. Entretanto, como dirigentes de constelações, especialmente em grupos, somos confrontados, repetidas vezes, com a reativação de experiências traumáticas anteriores do paciente e – talvez com frequência ainda maior – de outros participantes do grupo. Um procedimento que se oriente de preferência para os recursos e a solução pode contribuir para evitar uma desnecessária reativação de traumas antigos.

O recurso mais simples e sempre disponível é o tempo. Um procedimento cuja velocidade e ritmo se harmonizem com a capacidade do paciente para integrar as intervenções e os acontecimentos da constelação pode impedir uma reativação do trauma. Quando se manifestam sintomas de traumas, como respiração curta e leve, suor frio e tremor muscular, uma medida inicial possível é a desaceleração do processo terapêutico e dos acontecimentos na constelação para fazer face à desregulação.

5.1.5. Doença e interrupção do movimento de aproximação da criança

Falamos de um movimento de aproximação interrompido quando uma criança, devido a uma separação prematura da mãe ou também do pai, perde a confiança nos pais. Pelo temor de vivenciar novamente essa perda, não ousa mais aproximar-se deles, embora voltem a acolhê-la e a cuidar dela depois da separação. Depois da separação a criança defende-se contra a dedicação dos pais e reprime o seu real anseio de proteção. Ela tenta afastar-se sem decepcionar a mãe, e possivelmente desenvolve sintomas como uma forma de resolver esse conflito. Muitas vezes essa dinâmica de relacionamento fica condicionada e permanece até uma idade adulta avançada, sendo vivida na relação conjugal e mais tarde projetada sobre os filhos. Essa criança desenvolverá mais tarde uma dinâmica semelhante também nas relações com outras pessoas importantes para ela.

Muitos distúrbios de medos, quadros de doenças como asma, dores crônicas de cabeça e também alergias remontam a traumas de separação na primeira infância. Penso em partos cesários, na permanência de recém-nascidos em incubadoras, na criação em creches ou na internação da criança ou da mãe numa clínica: por exemplo, por ocasião do nascimento de um irmão. Também quando os pais entregam temporariamente a criança aos cuidados de parentes ou conhecidos para que possam trabalhar ou viajar sozinhos, passado esse tempo a criança muitas vezes não recupera a mesma confiança em seus pais.

Efeitos semelhantes aos de uma separação física podem resultar também de uma separação emocional prematura entre a criança e sua mãe. Tal separação ocorre, em determinadas circunstâncias, desde o período pré-natal ou durante o nascimento. A ligação entre a mãe e a criança pode ser interrompida durante o parto, quando a mãe ou a criança correm risco de vida, ou quando o nascimento é acompanhado por um grande medo, como pode acontecer, por exemplo, num parto precipitado. Uma separação emocional pode ocorrer também durante a gravidez: por exemplo, quando a mãe, por ter perdido filhos, teme pela saúde ou pela vida da criança, ou quando um diagnóstico ou uma previsão de um médico desperta dúvidas sobre a saúde da criança. Em decorrência disso, a mãe já não está livre para dedicar-se totalmente à criança. Nesse contexto é igualmente questionável a denominação "gravidez de risco".

Quanto mais cedo ocorre a separação entre a mãe e a criança, e quanto mais tempo ela dura, tanto mais difícil é, muitas vezes, para a criança recuperar a confiança e retomar, por impulso próprio, o movimento de aproximação com a mãe, o pai ou outra pessoa a que está vinculada. Via de regra, a criança não consegue isso sem uma ajuda externa.

A dinâmica do movimento de aproximação interrompido pode ser resolvida da melhor forma quando, no contexto de uma terapia, a criança é abraçada firme mas amorosamente pela mãe, até que a sua resistência ceda e ela se sinta novamente acolhida. (Prekop, 2008)

No contexto de um curso de constelações, o terapeuta pode induzir esse processo de solução na medida em que assume a posição da mãe do paciente envolvido, fazendo-o regredir ao acontecimento traumático e abraçando-o em lugar da mãe, até que a resistência se desfaça. Dessa maneira, o desejado movimento de aproximação talvez chegue pela primeira vez ao seu termo, o paciente aprenda a permitir futuramente a proximidade, e podem voltar a fluir o amor e a força vital – não apenas entre pais e filhos, mas também entre parceiros.

A separação da mãe no nascimento: "Correu tudo bem!" (Paciente com asma)

Num curso de constelações para enfermos uma mulher me pede que trabalhe com ela. Ignoro que ela tem asma. Ela se senta ao meu lado e lentamente entro em sintonia com ela e com o trabalho comum. Seu olhar revela carência e minha sensação me diz que o mais importante no momento é estar presente. Por iniciativa própria, depois de algum tempo, ela pousa a cabeça em meu ombro. Percebo o que isso lhe custa e delicadamente passo o meu braço em torno dela. De repente, ela começa a respirar profunda e ruidosamente e eu a seguro com um pouco mais de firmeza. Ela respira pesadamente mas, em comparação com o forte movimento do tórax, o resto do corpo está parado e rígido. Percebe-se que seu corpo não consegue acompanhar o movimento da respiração, e assim lhe recomendo que expresse sua respiração profunda também com o movimento do corpo, envolvendo-o no processo respiratório. Ela começa a respirar contra a resistência do meu braço, envolvendo cada vez mais o seu corpo. Nesse processo, dou-lhe apenas o espaço necessário para que, em sua respiração, ela possa passar lentamente pelos meus braços, como através de um canal de nascimento. Quando ela se liberta de meu abraço com a parte superior do corpo, peço a uma participante do grupo que, substituindo a mãe da paciente, a acolha em seus braços. O olhar da paciente, cheio de medo, faz-me supor que terá havido um trauma em seu nascimento, e então me ocorre uma frase da mãe para ela: "Está tudo bem, minha querida filha, está tudo bem. Estou muito feliz porque correu tudo tão bem!". Nos braços da mãe a paciente se acalma e lentamente volta a respirar tranquila e livremente. O que aqui é descrito em poucas palavras durou na realidade quase uma hora.

Três anos depois reencontro a paciente como participante de outro curso de constelações. Ela me agradece e fala do efeito salutar daquele trabalho terapêutico. Peço-lhe que escreva um relato de sua experiência, que aqui é integralmente reproduzido.

Relato da experiência da paciente:

De uns três anos para cá, quando expiro já não escuto meus brônquios chiarem e rangerem como uma porta enferrujada. Nos últimos três anos minha vida deixou de ser sacudida por ataques de asma. Há três anos não preciso mais encarar o desespero, a sufocação, a impotência, o medo e a sensação de estar morrendo.

Meu último e leve acesso de asma ocorreu durante aquele trabalho terapêutico.

Até hoje não consigo lembrar-me exatamente do que aconteceu, mas ainda sinto no meu corpo e em minhas células a sensação de calor e proteção daquele momento.

Lembro-me de que estava sentada ao seu lado, Stephan, e você olhou profundamente em meus olhos, como se, por meio deles, quisesse penetrar em minha alma. Assim senti, e lembro-me bem de que eu queria transmitir a disposição de me abrir, como quando alguém abre uma comporta que leva às profundezas do desconhecido.

O resto está embaçado como cenas de um sonho.

Depois que olhei para você e deixei o seu olhar pousar em mim, encostei minha cabeça em seu ombro. Então afundei numa escuridão sem tempo nem espaço, onde o meu corpo, puxado pela cabeça, se movia para a frente. Nesse momento meu ser foi invadido por medo, frio e desespero. Eu queria fugir desse cárcere em que me sentia presa e sufocava. Queria respirar e não conseguia, até que o espaço que eu percorria se abriu, foi invadido pela luz e eu me senti acolhida por minha mãe.

Foi um momento mágico. A pessoa que nesse momento representava minha mãe me abraçou com amor e ternura. Senti-me como uma criança recém-nascida. Eu estava apavorada pois tive um forte ataque de asma, desencadeado pelo processo terapêutico. A essa respiração difícil nos braços de minha mãe acrescentou-se uma sensação agradável, o apoio de minhas costas em seu colo, e senti-me como que salva pelo olhar dela. Seus olhos olhavam profundamente para os meus, me resgataram da sensação de morte que me cercava, e me fizeram voltar à realidade com as palavras: "Correu tudo bem", "Correu tudo bem"... Lembro-me de que naquele momento prorrompi em lágrimas, o que me proporcionou um profundo alívio. O ritmo do "Correu tudo bem" me confirmou que eu estava viva.

O olhar e a tranquila respiração de minha mãe se uniram à minha respiração. Lentamente o acesso passou e comecei a participar da pulsação e do ritmo respiratório de minha mãe. Sua pulsação tranquila serenou as batidas do meu coração e com isso todo o meu corpo. Cada uma das minhas células se uniu à minha mãe. Durante muitos minutos fiquei deitada em seus braços. Foi como um sonho e, enquanto eu lentamente despertava, sentia a vida despertar em mim. Senti que estava "viva".

Posso lembrar-me de que você fez um intervalo para que os outros participantes do grupo pudessem sair um pouco, mas a mim você deixou nos braços de minha mãe. Ela continuou a trazer-me para a vida, tranquilizou um terror enorme que atravessava o meu corpo. Não era medo de alguma coisa, era puro medo nascido das profundezas da alma. Com seu olhar, sua respiração e a frase mágica "Correu tudo bem", ela me confirmou que eu estava viva.

Mesmo depois do intervalo, muito tempo depois, durante cerca de seis meses, senti que esse trabalho continuava a atuar em meu corpo. Como um eco, ele ressoava em todas as minhas células.

Durante esse tempo tive a sorte de me encontrar muitas vezes com a representante de minha mãe, que eu já conhecia. Cada vez que eu a via, era inundada por uma sensação de alegria, e algo daquele encontro se repetia. Algumas vezes pedi a ela que me segurasse um pouco como na constelação. Era como entrar em contato com uma fonte onde eu bebia a cada vez, fazendo duas ou três respirações em seu colo. Em cada um desses preciosos encontros casuais eu sentia como o movimento que nascera na constelação se fortificava e ancorava mais em meu corpo. Depois de algum tempo minha sede se aplacou, e desapareceu a necessidade de beber dessa fonte inesgotável.

Desde esse trabalho sinto-me, de modo geral, mais forte e mais saudável, e principalmente não tive desde então qualquer espasmo bronquial.

Muito agradecida.

G.

PS: Queria contar-lhe ainda, porque talvez esteja em conexão com o trabalho, que nasci por cesariana, pesando apenas 1.800 gramas. Passei apenas algumas horas na incubadora, pois, apesar do peso reduzido, meu estado de saúde era bom. A gravidez de minha mãe foi abalada pela doença e pela morte de meu avô paterno. Ele morreu devido a um carcinoma do pâncreas quando minha mãe me esperava. Minha mãe era muito ligada a ele, e sua doença e morte a abateram muito.

O trauma durante a gravidez
(Paciente com torsão da coluna vertebral)

A paciente, de cerca de 45 anos, tinha feito psicoterapia por muitos anos e também várias constelações com diversos terapeutas. De acordo com suas informações, ela sabia encontrar boas soluções em muitos domínios de sua vida, mas vinha fracassando em suas repetidas tentativas de aproximação com sua mãe, o que vinha desejando há muito tempo. Essa relação foi difícil durante toda a sua vida. Desde sua primeira infância, a paciente se defende contra a proximidade de sua mãe. Sente uma grande necessidade de encontrar paz também aqui. Não obstante, apesar de seu grande anseio, não conseguiu criar uma proximidade.

Eu lhe sugiro que experimente uma outra direção terapêutica, e a paciente segue de bom grado o meu conselho de recorrer a um terapeuta craniossacral.

A osteopatia craniossacral é a terapia manual do sistema craniossacral, onde o fluido cerebral circula ritmicamente entre o crânio e o sacro. Essa pulsação é perceptível em todo o corpo e, ao contrário dos ritmos cardíaco e respiratório, pode ser influenciada por técnicas de impulsos levemente estimulantes. Desequilíbrios e bloqueios desse ritmo podem provocar disfunções físicas, psíquicas ou mesmo mentais, ou prejudicar sensivelmente a autorregulação do organismo.

Para mim, pessoalmente, o ritmo craniossacral do paciente serve como importante indicador do tempo oportuno durante o trabalho da constelação. Quando o ritmo do paciente fica lento ou chega totalmente a parar (o chamado ponto de repouso), isso é um sinal de que o paciente se encontra num processo integrativo essencial.

No âmbito da consulta inicial, o terapeuta constata uma torção para a direita na coluna vertebral da paciente. Com o insucesso de seus esforços para compensar essa torção, e suspeitando de que esses sintomas estão associados a um trauma, o terapeuta trabalha na sessão seguinte com a distensão somatoemocional, uma técnica que se desenvolveu a partir da osteopatia craniossacral e pertence ao domínio das psicoterapias de abordagem corporal.

No decurso desse tratamento, a paciente desenvolve uma profunda tristeza. Questionada em que idade ela se sente com essa dor, responde: "Muito pequena!". O terapeuta torna a perguntar: "Antes ou depois do nascimento?". A paciente responde: "Possivelmente já antes do nascimento". Porém não tem conhecimento da ocorrência de complicações durante a gravidez de sua mãe.

Umas duas semanas depois desse tratamento, a paciente interroga sua mãe sobre fatos traumáticos durante a sua gravidez. A mãe lhe conta que, no sexto mês de gravidez, um irmão mais novo ousou fazer uma brincadeira com ela, aproximando-se por trás e colocando um sapo em seu ombro direito. Ela quase "morreu" de susto. Imediatamente começou a sentir contrações e teve de ficar de cama por dois dias. Felizmente tudo voltou a acalmar-se.

Essa história tocou muito a paciente, porque percebeu pela primeira vez naquele susto o profundo amor que a mãe tinha por ela, um sentimento que até então desconhecia. Pela primeira vez se abriu para ela uma porta que até então estava fechada.

Depois de umas duas semanas a paciente voltou a ver sua mãe. Como era habitual nessas visitas, uma coisa sem importância deu origem a uma briga maior. Contudo, dessa vez a paciente não foi embora zangada, como costumava fazer. Conservou-se relativamente calma e conseguiu manter a serenidade nessa situação. Depois de um breve esclarecimento que ela vivenciou "como um milagre", conseguiu expressar a dor reprimida, e "como por si mesmo" o conflito terminou com um abraço da mãe. Isso também foi para a mãe uma mudança surpreendente numa situação já bem desgastada. O movimento de aproximação longamente desejado chegou assim ao seu termo pela primeira vez. Numa conversa final, a paciente menciona que muitos amigos e conhecidos comentam que desde então ela mudou para melhor, sem que saibam definir como.

Parece-me impressionante como a coluna vertebral da paciente recebeu e arquivou o movimento corporal em que sua mãe se enrijeceu de terror, quando foi interrompida a ligação entre a mãe e a criança.

A troca do sangue: "Obrigado!"

Durante um curso de constelações uma mulher de cerca de 30 anos apresenta-se, algo hesitante, para um trabalho. Percebe-se sua necessidade e também seu medo diante do trabalho terapêutico. Cuidadosamente ela se senta ao meu lado. Sua maneira reservada de entrar em contato comigo me induz a presumir uma separação prematura da mãe. Para testar imediatamente essa hipótese, aproximo um pouco mais a minha cadeira e volto-me para a paciente. Ela reage logo, encostando-se em sua cadeira para manter a distância. Esse comportamento de recuo reforça a minha suposição de que um movimento de aproximação em relação a sua mãe ou seu pai pode ter sido interrompido.

Depois dessa informação não verbal, começo o diálogo indagando qual a sua questão. Ela responde: "Quase não tenho coragem de dizer a minha questão. Tenho muito frequentemente a sensação de que sou possuída. Isso me dá muita angústia, e ainda não ousei procurar um médico ou um terapeuta para tratar disso".

De algum modo pode-se perceber que a preocupação da paciente tem fundamento. Percebe-se nela algo "estranho", algo que, de algum modo, não pertence ou não deve pertencer a ela, e também é perceptível a angústia que isso lhe causa. Por um lado, a paciente facilita minha confirmação da percepção dela; entretanto, sua tensão e seu medo crescem visivelmente, como se lhe fosse tirada a esperança de que isso não fosse verdade.

Para tranquilizá-la coloco delicadamente meu braço em torno dela e, contrariando sua resistência, puxo-a um pouco em minha direção. A paciente começa a chorar e encosta a cabeça em meu ombro. Assim a mantenho, até que ela se acalma um pouco. Quando ela tenta soltar-se, sigo um impulso interior, coloco o outro braço em torno dela, abraçando-a um pouco mais firmemente. Então ela começa a respirar fundo e tenta, com veemência, defender-se contra o meu abraço. Acomodo minha pressão à sua resistência e, como sua respiração se torna cada vez mais acelerada e profunda, fica claro que a paciente está regredindo a um trauma de nascimento. Eu a exorto a direcionar sua respiração para um movimento corporal, a fim de livrar-se de meu firme abraço. Lentamente a paciente se esforça por passar por entre meus braços. Entrementes, escolho dois participantes para representarem seus pais e lhes sinalizo que acolham e segurem a paciente esgotada. Visivelmente aliviada, ela desliza para os braços deles. Quando se recupera um pouco, pergunto-lhe o que aconteceu em seu nascimento. Ela responde: "Houve uma incompatibilidade do fator Rh, e precisei imediatamente de uma total troca de sangue, caso contrário morreria. Nasci num pequeno hospital em Zermatt. Um dos enfermeiros, que tinha o correspondente tipo sanguíneo, dispôs-se a doar o sangue necessário. Isso me salvou a vida".

Escolho um participante para representar o doador de sangue e peço-lhe que se coloque atrás dos pais sentados no chão. A paciente olha para ele amorosamente e diz, por impulso próprio: "Obrigada!". Então os representantes dos pais voltam-se para ele e lhe agradecem também. Então o representante do enfermeiro pousa as mãos nos ombros dos pais da paciente e olha com alegria para toda a família.

Cerca de um ano depois dessa constelação, a paciente me escreveu uma carta de agradecimento, comentando que desde aquele trabalho se sente como que "renascida" e comemora o dia daquela mudança como um segundo aniversário, pois a partir daí não teve mais a sensação de levar algo estranho dentro de si.

5.1.6 Doença e insegurança da criança quanto à sua vinculação, devido a uma disponibilidade emocional limitada dos pais

Por causa de envolvimentos com membros de sua família de origem, com parceiros anteriores ou devido a vivências traumáticas pessoais, os pais muitas vezes não estão livres para dedicar-se aos filhos. Estes percebem que algo não está em ordem em sua relação com os pais. Então ficam inseguros, têm a sensação de que não podem confiar e, via de regra, buscam inicialmente em si mesmos a causa da perturbação de seu relacionamento.

O que as crianças não ousam receber manifesta-se geralmente nas constelações quando os representantes dos pais não sentem proximidade em relação aos representantes dos filhos, não os toleram ou até se afastam deles.

A raiva: "Querido papai, eu não estava livre."
(Paciente hipertenso)

Um homem de cerca de 35 anos sofre de hipertensão há três anos. Questionado se nessa época aconteceu algo especial em sua vida, responde: "A empresa onde eu trabalhava foi de repente à falência, e eu tive de procurar um novo emprego. Como tenho uma boa formação, eu não precisaria preocupar-me, mas essa situação me lançou numa depressão profunda. Tive a sensação de que me tiraram o fundamento de minha vida".

Em muitas constelações verificou-se que a maneira como nos defrontamos com assuntos profissionais costuma estar associada ao relacionamento com o nosso pai. (Como depois se evidenciou, a frase: "Tive a sensação de que me tiraram o fundamento de minha vida" era uma indicação de que o fundamento da vida foi tirado de uma pessoa da família a quem o paciente é ligado e com quem está envolvido.)

Portanto, pergunto inicialmente ao paciente como ele se relaciona com o seu pai, ou se algo aconteceu nessa relação.

O paciente torce a cara e diz, de mau humor: "Quando eu tinha 17 anos, meu pai abandonou minha mãe!".

Eu continuo: "Por isso você tem raiva dele?"

PACIENTE: "Sim, porque tive de assumir o seu lugar!"

Para não entrar mais fundo na raiva do paciente, decido fazer um comentário mais objetivo: "Em casos de pacientes hipertensos, as constelações revelam que, muitas vezes, a dinâmica familiar condicionante é um amor que foi ou precisa ser reprimido!".

Essa afirmação toca o paciente, que comovido responde:

"Eu sempre amei muito o meu pai, mas sempre tive a sensação de que não devia amá-lo, pois ele fez muito mal à minha mãe".

Nesse ponto peço ao paciente que coloque em cena representantes para seu pai, sua mãe e para si mesmo. O paciente posiciona o seu próprio representante ao lado de sua mãe. O representante do pai é colocado à parte, afastado de ambos. Quando peço aos representantes que sigam os seus impulsos, o representante do pai, resignado, dá as costas para sua mulher e seu filho. A impressão é que com sua esposa ele não tem chances. A representante da mãe percebe que tudo é excessivo para ela, e que especialmente o filho está perto demais. Ela dá um bom passo para trás e sente-se visivelmente aliviada com esse distanciamento. No entanto, o representante do paciente imediatamente a segue. Quando o filho fica de novo ao seu lado, ela começa a respirar com dificuldade e torna a distanciar-se, dando vários passos para trás. Quando o representante do filho faz menção de segui-la outra vez, a representante da mãe o encara com um olhar severo, manifestando-lhe claramente que não deseja isso.

A restante anamnese familiar revela que a mãe do paciente perdeu o pai aos 5 anos. Com essa perda profundamente ancorada, sente dificuldade de ligar-se e permitir proximidade. Talvez o filho também precise representar para ela o pai, por isso ela evita o contato.

Seja como for, volto-me para o paciente e pergunto: "Quem, na sua imagem, foi sempre responsável pelas dificuldades no relacionamento de seus pais? Ele responde imediatamente: "Meu pai". Dou-lhe algum tempo para refletir e pergunto: "E o que se mostra na constelação?"

PACIENTE: "Minha mãe!"

Proponho ao paciente: "Olhe para seu pai e lhe diga: 'Querido papai, sinto muito, eu não estava livre'." Ele chora ao repetir a frase.

O representante do pai vira-se imediatamente para o paciente, caminha em sua direção, aproxima-se dele e abraça-o. O paciente chora nos braços do pai, colocando uma das mãos no coração e repetindo várias vezes: "Me dói tanto!" O representante do pai o abraça e tranquiliza com as palavras: "Está bem, tudo vai ficar bem!" O olhar para o filho nos braços de seu pai alivia a representante da mãe. Com benevolência ela olha para ambos. Na rodada final do curso o paciente comenta: "Por mais que meu coração tenha doído nos braços de meu pai, algo se soltou com isso. Sinto desde então uma leveza que eu desconhecia".

Quando uma mãe tem dificuldade para relacionar-se com o próprio pai e não está em harmonia com ele, com o destino dele ou com o seu próprio destino, seus filhos muitas vezes renunciam ao próprio pai. Percebendo a dor de sua mãe, não querem causar-lhe dor por meio de um bom relacionamento ou de uma proximidade com o pai.

Na perspectiva do trabalho das constelações, as pessoas tendem a ficar depressivas quando não podem ou não devem acolher no coração um dos pais ou ambos. Isso provoca o sentimento básico de abandono e vazio interior, muito encontrado entre os depressivos. A origem disso reside muitas vezes numa perturbação do vínculo já na primeira infância (Ruppert 2003), embora o comportamento depressivo, motivado ou não por um fato externo reconhecível, geralmente só se manifeste numa fase tardia da vida.

Prisão e tortura do pai: "Dez anos de graça!"
(Paciente com piastrinose)

Uma participante de um curso de formação na Itália sofre há alguns anos de piastrinose, uma enfermidade crônica progressiva do sangue com excessiva produção de plaquetas e consequente risco de obstrução de vasos e tromboses. O aumento do número de plaquetas é acompanhado por uma forte redução de hemácias e, consequentemente, por uma fadiga crônica. O tratamento médico convencional prescreve uma permanente ingestão de quimioterápicos.

Do seu primeiro casamento a paciente tem um filho adulto. Atualmente ela vive em companhia de um novo parceiro. Questionada sobre acontecimentos significativos em sua família de origem, informa: "Meu pai foi detido pela polícia especial nazista quando minha mãe estava grávida de mim. Quando ela foi visitá-lo na prisão, disseram-lhe que fosse embora porque meu pai tinha sido executado. Três meses depois, em 3/4/44, depois de graves torturas, ele foi solto. No dia 4/4/44 eu nasci, e meus pais me deram o nome de Grazia. (*Pausa*)

TERAPEUTA: "Seu pai ainda vive?"

PACIENTE: "Não; devido ao mau tratamento na prisão ele teve uma doença grave nos pulmões e faleceu quando eu tinha 10 anos. Portanto, eu sou apenas a metade de uma graça!"

Essas palavras ecoam em minha alma. Pode-se sentir a dor e também a saudade que a paciente tem do pai. Respondendo à afirmação dela, eu observo: "Dez anos de graça!" A paciente responde rapidamente: "Sei que..." Eu a silencio com um movimento de minha mão e repito devagar: "Dez anos de graça!". Então a paciente começa a chorar. Para justificar minha intervenção quando a interrompi, volto-me para o grupo e digo: "Quem fala não tem necessidade de sentir".

Seguem-se minutos de silêncio. A paciente fecha os olhos e progressivamente entra em contato com sua profunda dor. Nisso ela começa a inspirar e expirar profundamente. Quando sua respiração se torna mais rápida e mais alta, digo-lhe que abra os olhos e peço a um dos participantes do grupo que, como representante de seu pai, se coloque diante dela. Quando a paciente vê o homem diante de si, dá um grito e o abraça. Depois de algum tempo ela se acalma um pouco, e exorto-a a olhar nos olhos do representante de seu pai. Peço a ele que diga à filha: "Em você eu continuo presente!". E, depois de algum tempo: "Eu olho por você!". Então a paciente sorri, e de sua dor brotam lágrimas de alegria. Ela toma as mãos do pai, que beija e pressiona contra a sua própria face. Depois de algum tempo ela as solta, cruza as mãos diante do peito como sinal de gratidão, inclina-se levemente e diz: "Eu lhe agradeço por tudo". Faço-a repetir: "Querido papai, obrigada, foi muito e foi suficiente".

Depois dessas palavras da filha, o representante do pai dá um passo para trás. Com isso fica claro o quanto lhe custou sobreviver e ficar, e agora tem a necessidade de retirar-se, que precisa ser reconhecida. A paciente sabe disso e concorda, com um aceno pensativo da cabeça. Lentamente, passo a passo, o representante do pai retira-se, sentindo-

-se visivelmente aliviado. Percebe-se uma ligação salutar entre o pai e a filha e, simultaneamente, uma crescente autonomia.

Tendo sido informado do efeito desse trabalho, realizado em 2000, pedi à paciente informações mais precisas. Ela me encaminhou o seguinte relato:

Caro Stephan,

recordo muitas vezes, com gratidão, a constelação que você fez comigo. Com o auxílio de uma biópsia da medula óssea, minha doença foi diagnosticada como piastrinose. Meus sintomas principais eram um forte cansaço, sonolência diurna e aumento de peso. De acordo com o parecer dos médicos, a doença deveria ser tratada por toda a vida com o preparado quimioterápico Oncocarbite. Eu precisava tomar dois comprimidos por dia, o que, além de vários efeitos secundários, como irritação das mucosas da boca, da língua e do esôfago, parodontose, perda de dentes e queda de cabelos, ainda provocava medos e depressões.

Logo depois da constelação senti-me cheia de uma nova energia e alegria de viver, como há muito tempo eu não experimentava. Com isso fui recuperando a confiança na vida e me permiti reduzir a dose dos comprimidos de dois para um e meio por dia. Felizmente encontrei também nessa época um homeopata em Pisa. Graças à constelação e à continuação da terapia com ele, pude ir reduzindo ainda mais os comprimidos, e agora já estou há dois anos totalmente sem esses comprimidos. Como atestam os resultados dos exames periódicos, tenho conseguido manter os índices do sangue dentro dos limites toleráveis pelos médicos. Posso dizer que desde então voltei a levar uma vida intensa e bonita. Estou muito feliz com isso, e agradeço diariamente por ter descoberto o caminho para o trabalho da constelação. Sinto a constelação como o marco decisivo de virada em minha vida com a doença. Gostaria de agradecer por isso primeiramente a Bert Hellinger por ter aberto essa porta e naturalmente de modo especial a você, caro Stephan, pelo trabalho tão útil que você fez. Meu reconhecimento e minha gratidão vão também para os meus professores Jakob e Sieglinde Schneider.

Numa cordial união, e com um grande respeito pelo trabalho de vocês.

G.

A morte da irmã
(Paciente com síndrome de Ménière)
Como o atesta o exemplo seguinte, um acontecimento traumático, como a morte de uma criança, pode provocar uma separação emocional entre a criança e a mãe. Esta constelação foi gravada durante um curso de formação, e os diálogos são reproduzidos textualmente.

TERAPEUTA: "O que podemos fazer por você?"
PACIENTE: "Tenho a síndrome de Ménière. É uma doença do ouvido interno, com acessos de vertigem e prejuízo da audição. Inicialmente ignorei os acessos de vertigem, como se não existissem. Eles me dão medo, e ao mesmo tempo também gosto deles. Talvez "gostar" não seja o termo exato".
TERAPEUTA: "Percebo essa ambivalência entre o medo e o desejo concomitante. Que vantagem você acha que obtém com esses acessos de vertigem?"
PACIENTE: "Não sei, desisti de descobrir isso".
TERAPEUTA: "Você foi separada de sua mãe durante a infância?"
PACIENTE: "Não, fisicamente não".
TERAPEUTA: "Aconteceu alguma coisa durante o seu nascimento?"
PACIENTE: "Que eu saiba, não. Nasci em hospital, todos os meus irmãos nasceram em casa. O bebê seguinte veio ao mundo dezoito meses depois de mim".

O primeiro contato com o paciente permite ao terapeuta, muitas vezes, identificar um padrão básico em seu comportamento. Inconscientemente o paciente já mostra como lida com a proximidade e a distância em suas relações. Mostra-se confiante, aberto e comunicativo, ou é precavido, reservado e cioso da distância? A segunda alternativa aponta, às vezes, para um distúrbio do sentimento de vinculação na primeira infância.

Uma certa reserva dessa paciente fez-me lembrar de que em ocasiões anteriores desse curso percebi nela uma solicitude especial. Senti-a exageradamente preocupada em não cometer erros e em não dizer coisas incorretas, como se estivesse disposta a fazer tudo para não me perder como seu médico ou terapeuta. Supus que houvesse aqui uma transferência. Minha suspeita era de que a paciente fora separada de sua mãe em decorrência de um acontecimento traumático em sua infância. A vertigem, como situação que requer ajuda, podia ser uma expressão inconsciente do anseio de proximidade, proteção e apoio materno.

Para testar essa hipótese, resolvo começar com a constelação sem pedir novas informações.

TERAPEUTA: "Escolha representantes para você e para a doença, e coloque-os em relação recíproca".

A representante da paciente dirige à representante da doença um olhar cheio de censura.

Assim, pergunto à paciente: "Você está zangada com alguém?"

PACIENTE: "A primeira coisa que me ocorre é: comigo mesma... ou com meu marido?"

TERAPEUTA: "Por que com seu marido?"

PACIENTE: "Acho que ele não entende quem eu realmente sou".

Sentindo que esse caminho não nos levaria longe, interrogo a paciente sobre possíveis fatos traumáticos em sua família de origem, ocorridos durante sua infância: "Os seus pais perderam alguma criança?"

PACIENTE: "Sim!"

TERAPEUTA: "Talvez esse acontecimento tenha separado vocês. A morte dessa criança aconteceu antes de você?"

PACIENTE: "Não, depois de mim. Houve dois irmãos depois de mim, e uma irmã morreu aos 3 anos, de câncer nos rins".

TERAPEUTA: "Que idade você tinha quando ela adoeceu?"

PACIENTE: "Eu tinha cerca de 4 anos. Com a doença e a morte de minha irmã, muita coisa mudou em minha família".

TERAPEUTA: "Naturalmente, pois toda a atenção passa a convergir para a criança doente. As outras crianças não podem entender isso, e a reação natural de uma criança de 4 anos pode ser a raiva. Escolha representantes para os seus pais e os coloque em cena".

Ela os posiciona.

A representante da mãe olha, como que hipnotizada, para um ponto no chão.

TERAPEUTA: "Como você pode ver aqui, sua mãe não 'sobreviveu' realmente à morte dessa filha. Assim você não perdeu somente uma irmã, mas de algum modo também a mãe. Escolha uma representante para sua irmã".

Ela coloca a representante da irmã ao lado da representante da mãe. A representante da irmã tem muita dificuldade para ficar de pé, seus joelhos cedem e ela cai ao chão. A representante da mãe começa a chorar e curva-se sobre a filha deitada no chão. Então a representante da paciente olha para a mãe, aproxima-se dela e deita-se, colocando a cabeça sobre os pés dela, ao lado de sua irmãzinha. Agora a representante da mãe percebe também a presença da filha e acaricia amorosamente os seus cabelos. Nesse momento, a representante da doença recua alguns passos.

PACIENTE: "Minha mãe muitas vezes se deitava no chão e chorava, e eu não conseguia ajudá-la".

Questionada sobre como se sente, a representante da doença responde: "Agora eu gostaria de me virar e ir embora. Não precisam mais de mim".

A constelação confirmou a dinâmica familiar que condicionava a doença, mostrou o anseio da paciente e tornou claramente visível o que ela ganhava com a sua doença. No momento em que a mãe tocou a representante da paciente, a doença tornou-se dispensável. Para a paciente isso significa que, se quiser superar os sintomas, precisa renunciar à satisfação de seu anseio pela dedicação materna, e deixar que sua mãe se vá.

Portanto, volto-me diretamente para ela e exorto-a a dizer à representante de sua mãe: "Querida mamãe, agora respeito a sua dor". Logo que a paciente diz a frase, eu acrescento: "E agora deixo que você se vá". A paciente também consegue concordar com essa frase. Logo que ela a diz, a representante da mãe, por impulso próprio, diz: "Sinto muito, mas eu não pude ficar, foi demais para mim". Por sugestão minha, a paciente lhe diz: "Querida mamãe, agora eu concordo".

No que ela diz essa frase, ainda ressoa em sua voz uma pequena censura. Chamo a sua atenção para isso e ela repete, com uma voz mais tranquila: "Querida mamãe, agora eu concordo". Insisto nessa mudança e recomendo à paciente que diga ainda as seguintes frases, que ela aceita de bom grado: "E agora respeito o que nos une e também o que nos separa. O mais importante eu recebi, e agora eu tomo isso também. Para mim isso basta, e agora eu assumo a minha vida, ao preço de tudo o que custou a você. Eu já tenho o que necessito, e o resto eu mesma vou fazer agora".

Depois de algum tempo, a paciente comenta: "É muito bom para mim sentir isso!", e espontaneamente volta-se outra vez para a representante de sua mãe e lhe diz: "Eu lhe agradeço por tudo". E eu ainda faço-a dizer: "Ainda que você esteja lá (com a irmã) e eu aqui, você será sempre a minha mãe e eu serei sempre a sua filha. Eu já tenho o que necessito, o resto eu mesma faço".

Nesse ponto introduzo a própria paciente na constelação, colocando-a ao lado do representante de seu pai, que espontaneamente a enlaça com o braço.

A paciente confirma: "Está certo, foi assim mesmo. Depois da morte de minha irmã nosso pai cuidou mais de nós. A mãe de algum modo não estava mais presente!"

Mais uma vez, sugiro à paciente que repita: "Querida mamãe, agora eu concordo. Com amor". Para concluir, não resisto à tentação de dizer: "E agora, vou deixar de atormentar meu marido". A paciente ri e responde, concordando: "Como é que você sabe disso?".

A deficiência do pai
(Paciente com enxaquecas e sensibilidade ao tempo)

O exemplo seguinte mostra, de modo impressionante, o fenômeno da percepção substitutiva por parte dos representantes, no processo da constelação.

Quando uma paciente de cerca de 50 anos se apresenta para uma constelação, sigo um impulso interior e, sem pedir outras informações, peço-lhe que coloque em cena uma representante para si mesma e alguém que represente suas dores de cabeça. Para as dores de cabeça ela escolhe um homem, e posiciona os representantes frente a frente, um pouco afastados.

Peço aos representantes que se entreguem aos seus impulsos. O representante das dores de cabeça dá cuidadosamente um passo na direção da representante da paciente, mas esta reage com um medo bem visível e imediatamente recua. Com o insucesso de novas tentativas de aproximação, o representante das dores de cabeça acaba por afastar-se da paciente e senta-se no chão em posição de lótus. A representante da paciente observa-o com atenção, caminha lentamente ao seu redor e finalmente se aproxima por trás. Quando alcança as costas do representante das dores de cabeça, senta-se igualmente no chão e apoia suas costas contra as dele. Depois de algum tempo, ele se vira com cuidado e a enlaça com o braço. A representante da paciente aconchega-se ao representante das dores e pousa a cabeça sobre a sua perna direita.

Quando a paciente vê isso, cai no choro e diz: "Este é o meu pai!". Quando se acalma um pouco, esclarece: "Sou a filha mais nova de meus pais e nasci temporã, depois da guerra. Meu pai perdeu a perna direita na guerra. Ele sempre sentia dores fantasmas e nunca se conformou com a perda da perna. Até mesmo dentro de casa ele jamais se mostrava sem calças compridas. Certa vez o surpreendi no banheiro sem a prótese. Ele teve um grande susto, deu-me uma tremenda bofetada e me expulsou dali. Fiquei com a sensação de ter cometido algo irreparável. O que estou vendo agora é algo que sempre desejei fazer quando criança".

Depois dessa informação, dispenso de sua função a representante da paciente e pergunto a esta se deseja aproximar-se do pai. Ela acena que sim, caminha com cuidado até ele, senta-se ao seu lado no chão e toca com cuidado sua perna direita. Quando o representante do pai sorri, ela se deita em seu colo. Aí permanece até julgar suficiente.

Cerca de seis meses depois, recebo da paciente um cartão de Natal. Ela conta que vivenciou o trabalho como muito reconciliador. Desde então, salvo raras exceções, não teve mais enxaquecas. Disse que elas dependem das condições do tempo e que, depois da constelação, pensou que poderiam também estar associadas às dores fantasmas de seu pai, porque também ele sempre se queixava muito das mudanças do tempo.

5.1.7 Doença e insegurança da criança quanto à sua vinculação, devido a envolvimentos familiares

Quando os filhos precisam representar para os seus pais os pais deles, essa projeção faz com que sentimentos e necessidades não pertinentes interfiram na relação entre pais e filhos. Isso provoca perturbação no comportamento da criança e insegurança quanto à sua vinculação.

O exemplo seguinte descreve o processo de solução de um caso de parentificação de uma paciente portadora da doença de Crohn.

A parentificação: "O bem pesa mais!"
(Paciente com doença de Crohn)
Uma paciente sofre da doença de Crohn, uma inflamação crônica do intestino de origem desconhecida, em cuja evolução muitas vezes trechos do intestino delgado precisam ser removidos. A paciente sente-se oprimida por sua mãe e pelo destino da mãe, e acredita que já se conformou com essa situação que lhe pesa. Devido à sensação de que precisa proteger-se da mãe, reprime o seu anseio por ela.

Num processo tocante, ela volta aos braços da mãe e consegue permitir a proximidade e o amor.

A paciente que, em razão de uma formação pré-cancerosa (alteração do tecido, com risco potencial de degeneração maligna) se submetia a um regular controle médico, experimentou logo depois da constelação uma cura surpreendente, clinicamente comprovada e duradoura.

O trabalho com essa paciente, de cerca de 35 anos, foi gravado no contexto de um curso de formação no ano de 2005. Reproduzo textualmente os diálogos.

Quando a paciente se senta ao meu lado, afasta sua cadeira uns dez centímetros para aumentar a distância entre nós. Depois de observá-la atentamente nisso, dirijo-me ao grupo com estas palavras: "Muitos pacientes revelam coisas essenciais no primeiro contato, e quem dirige grupos não deve perder esses momentos significativos!"

Depois de algum tempo, volto-me para a paciente, um tanto aborrecida pela minha observação, e lhe pergunto: "De que se trata?"

Ela retoma rapidamente a concentração e responde objetivamente: "Tenho a doença de Crohn. Os médicos dizem que é incurável. Não quero tomá-la nesses termos mas de algum modo não consigo cuidar bem de mim. No ano passado fui operada, depois da descoberta de um papiloma pré-canceroso no colo do útero, e sofro de vitiligo (doença da pele que produz distúrbios em sua pigmentação). Todas essas enfermidades se relacionam com o sistema imunológico; de algum modo minhas defesas não estão dando conta".

TERAPEUTA: "Qual é o seu estado civil?"

PACIENTE: "Vivo com meu namorado. Ele não quer casar comigo e também não deseja filhos".

Pergunto com cuidado: "Você é mais filha de seu pai ou de sua mãe?"

PACIENTE: "Filha do pai! – A relação com minha mãe é difícil".

Com sua resposta rápida e categórica, a paciente exibe uma certa resignação quanto à relação difícil com sua mãe, e sinaliza também que não está muito disposta a trabalhar com esse tema.

Sem abordar a sua dificuldade, prossigo:

TERAPEUTA: "Já trabalhei com outros pacientes com doença de Crohn e até agora percebi, sem exceção, que a solução passa pela mãe! Quando digo que a solução passa pela mãe, quero dizer que passa por um movimento de aproximação com ela".

PACIENTE: "Minha mãe exige demais de mim. Está sempre carente e projeta em mim. Somos muito parecidas, e além disso ela ainda se veste do mesmo modo que eu. Tudo isso é próximo e estreito demais para mim!"

TERAPEUTA: "Algum dos seus pais teve antes uma ligação séria?"

PACIENTE: "Não, seguramente não. Eles se casaram muito jovens. Agora estão separados".

TERAPEUTA: "Bem, coloque dois representantes, um para você e um para a doença".

A paciente escolhe duas mulheres e as posiciona frente a frente, a uma certa distância. A representante da doença sente-se visivelmente mal. Na suposição de que a mãe é importante para a solução, peço à paciente novas informações: "Pode dizer mais alguma coisa sobre a sua mãe?"

PACIENTE: "Minha mãe está doente, também sofre de distúrbios gastrointestinais, tem depressões e há mais de dez anos diz que quer morrer".

Peço à paciente que escolha uma representante para sua mãe e lhe dê um lugar na constelação.

Imediatamente a representante da doença sente-se melhor. Ela se afasta da representante da paciente e agora olha para a representante da mãe. Aí se mostra a verdadeira ligação.

TERAPEUTA (*para o grupo*): "Essa reação da representante da doença mostra que a paciente carrega a doença por sua mãe".

A paciente retruca: "Mas ela não tem a doença de Crohn!"

TERAPEUTA: "A coisa não é tão exata assim!"

PACIENTE: “A representante de minha mãe me irrita muito, não sei se deveria rir ou bater nela”.

TERAPEUTA: “O que aconteceu na família de sua mãe?”

PACIENTE: “Minha mãe perdeu seus pais muito cedo. Seu pai era viciado em bebida. Ela também tem um irmão esquizofrênico”. (*Depois de uma pausa*): “Não quero ver minha mãe assim, não suporto sua cara de sofrimento”.

Nesse momento a representante da paciente começa a chorar mansamente e diz: “Dói tanto!”. Agora também a paciente luta para conter as lágrimas e diz: “Ela me fez tanto mal! Foi muito difícil para mim”.

Respondo, com uma voz tranquila: “O bem pesa mais!”. A paciente olha para mim, inicialmente cheia de incompreensão, mas lentamente começa a entender. Assim dou mais um passo e a exorto a dizer à sua mãe: “Querida mamãe, você me faz falta!”

Nesse momento a sua resistência se quebra. Ela chora e por fim reconhece: “Querida mamãe, você me faz tanta falta! Foi difícil para mim, mas agora aceito tudo como foi. Obrigada por tudo!”.

O efeito dessa frase se manifesta imediatamente na constelação. A representante da doença sente-se cada vez mais fraca e diz: “Agora posso me retirar, tenho a sensação de que nada mais tenho a fazer aqui”.

Nesse momento peço à paciente que assuma o seu lugar na constelação. Ela vai diretamente à representante da mãe, e ambas se abraçam por um longo tempo. A paciente observa, espantada: “É incrível: agora já posso respirar!”. Ela se desprende lentamente do abraço e eu a viro, de modo que possa apoiar-se na mãe pelas costas. Puxo a mão da mãe e a coloco sobre a barriga da paciente. Esta relaxa, segura a mão da mãe em seu ventre e respira tranquila e profundamente. Concluo o trabalho com esta frase: “A solução passa pela mãe!”.

Um ano depois desse trabalho terapêutico, a paciente me mandou o seguinte relato pessoal sobre o decurso de sua cura.

Caro Stephan,

em primeiro lugar, quero agradecer-lhe! Sem o seu apoio eu provavelmente não estaria curada! Gostaria de contar-lhe o processo da minha cura. Quando compareci ao grupo, um ano atrás, sofria da doença intestinal de Crohn. Naquele tempo ela tinha saído um pouco fora de controle. Quando eu tive novos acessos, parecia inevitável que eu iria desenvolver um câncer do intestino. Pelo menos era o que me diziam os médicos que me tratavam na época.

Eu precisava tomar remédios fortes e sofria muito com seus efeitos secundários. Eu não queria continuar assim. Além disso, os médicos não me davam uma especial esperança nem faziam propostas de solução, apenas me sinalizavam que eu tinha de conviver com a doença.

Quando ouvi falar das constelações familiares reconheci que poderiam ser um passo importante para mim. Inscrevi-me com uma certa reserva e com um pouco de medo para o curso de constelações em Montevidéu.

Eram cerca de 65 participantes e fui a primeira a constelar.

Nesse trabalho eu pude deixar com minha mãe o peso que estava carregando por ela. Jamais esquecerei o seu olhar quando você, com toda razão, me disse: "O bem que você recebeu dela conta mais do que o peso que ela carrega!". Isso ficará registrado para sempre em minha memória. No momento em que tomei o lugar de minha representante na constelação, meu intestino batia como um tambor, até que a representante de minha mãe pousou a mão na minha barriga. A partir desse momento, justamente desse momento, a dor cessou, a batida cessou e tudo ficou tranquilo.

Cinco dias depois da constelação fiz o meu exame mensal com minha equipe médica que, sem duvidar, me tinha diagnosticado a doença de Crohn. Eles fizeram uma colonoscopia e os necessários exames de sangue. Não encontraram absolutamente nada, nem mesmo tecidos cicatrizados no intestino, embora ele tivesse sido tão maltratado, nada! Nunca mais tive diarreia ou sangue nas fezes. Meus exames de sangue também foram normais, com os glóbulos e plaquetas em perfeitas condições. Hoje os médicos se perguntam se o seu diagnóstico estava correto. Eles acham que se enganaram! Não sabem o que devem dizer-me.

Mais uma vez, sou muito grata por tudo e lhe envio muito carinho!

E.

Em numerosas constelações com pacientes da doença de Crohn observei, repetidas vezes, que a mãe do paciente estava envolvida com sua família de origem ou com um parceiro anterior ou ainda com uma criança perdida ou abortada. Um tal envolvimento dificulta a relação do paciente com sua mãe. Na perspectiva do trabalho das constelações, o primeiro passo liberador para o paciente seria reconhecer essa ligação da mãe, em seguida desprender-se dela e também abrir mão do próprio anseio infantil por estar perto dela. Assim seria possível entrar em sintonia com aquilo que separa a criança de sua mãe, e então a criança também poderia receber da mãe aquilo que ela pode lhe dar.

Num curso de constelações para doentes, uma mulher me pediu para fazer a constelação de seu filho de 11 anos, que tinha a doença de Crohn e fora novamente internado numa clínica. Na constelação, com a presença de representantes do pai, da mãe, da criança e de sua doença, manifestou-se, por um lado, uma forte ligação entre o filho e a sua doença e, por outro, um grande anseio da criança por sua mãe. Esse desejo não foi preenchido na constelação porque a representante da mãe fixava no chão um olhar fascinado. Ela permaneceu inacessível a todos os outros personagens da constelação, inclusive ao filho. Essa cena emocionou a paciente a ponto de fazê-la chorar. Ela contou que, poucos meses após o nascimento do filho, engravidou de novo. Desesperada por esse fato e seguindo o conselho de um médico, decidiu abortar a criança.

A pedido meu, a mulher introduziu na constelação um representante para a criança abortada. Num processo muito doloroso, a representante da paciente aproximou-se dele e tomou-o nos braços. O representante do filho doente acompanhou com atenção esse processo e finalmente sentou-se no chão, ao lado de seu irmão abortado, no que foi acompanhado de perto pelo representante da sua doença. O representante do pai da criança, que inicialmente estava acompanhando o processo, afastou-se da família depois que a paciente falou do aborto. A paciente confirmou esse impulso de seu marido, comentando que com o aborto "algo" se quebrou em seu casamento.

Apenas quando a mulher reconheceu na constelação a dor do marido, o representante dele pôde respeitar a decisão dela e o filho enfermo pôde desprender-se de sua mãe e do irmão abortado.

Com as palavras do marido à sua mulher, sugeridas por mim: "Agora respeito sua decisão, com todas as suas consequências para você e também para mim", o representante da doença afastou-se do filho e, por impulso próprio, retirou-se da constelação.

Como a criança se sente ligada a ambos os pais no amor, o respeito recíproco de ambos é um pressuposto para que ela, por sua vez, respeite os pais. Por meio do respeito aos pais a criança pode então desprender-se deles de um modo positivo e seguir o próprio caminho.

5.2 Doença e identificação da criança com parceiros anteriores dos pais

Relacionamentos anteriores dos pais e dos avós podem exercer uma forte influência sobre a dinâmica familiar. Independentemente do motivo da separação ou do fim do relacionamento, a solução exige o reconhecimento do parceiro anterior. Quando os parceiros anteriores não são honrados, eles são representados por filhos no próximo relacionamento.

Essa identificação das crianças, e uma concomitante tendência à doença, manifesta-se de modo especialmente grave quando os parceiros anteriores foram tratados com desprezo ou tiveram um destino infeliz – por exemplo, quando morreram na guerra, foram internados em clínicas psiquiátricas ou cometeram suicídio.

A anulação do noivado:
"Eu o respeito como o primeiro amor de minha mãe!"
(Paciente com melanoma maligno)

Uma mulher que padecia de um melanoma maligno apresenta-se para trabalhar num curso de constelações para doentes. O melanoma foi diagnosticado a tempo, antes da formação de metástases, e removido cirurgicamente. Da parte dos médicos, com exceção dos exames periódicos de controle, não há mais necessidade de tratamento. A paciente sente necessidade de saber se haveria algo essencial sobre possíveis fatores condicionantes de caráter anímico ou familiar. Sem pedir outras informações, começamos a constelação com representantes para ela e para a doença. Para representar o seu câncer da pele a paciente escolhe um homem. Os representantes colocados em cena sentem-se intimamente ligados e chegam a falar de um amor inseparável entre eles.

Como passo seguinte, peço à paciente, muito tocada pelo que ocorre, que introduza representantes para seus pais. Imediatamente muda a relação entre os representantes do melanoma e da paciente. O representante do melanoma continua com o sentimento básico de um amor inseparável, mas agora esse amor se dirige à representante da mãe. Para esta, porém, essa simpatia é extremamente desagradável e penosa.

A paciente conta que seu pai não foi a primeira escolha de sua mãe. Antes do casamento ela teve um noivo, que foi depois perseguido pelos fascistas na guerra civil espanhola. A prisão e a tortura ocasionaram graves doenças e uma forte mudança em sua personalidade. Quando ele foi solto depois da guerra, sua noiva percebeu que não poderia cumprir sua promessa de casar-se com ele. Tendo sido diagnosticada uma doença nervosa do rapaz, o noivado foi oficialmente anulado.

Todas as sensações e explicações do representante do melanoma levam claramente a concluir que ele representa o noivo, o que torna dispensável a troca de representantes.

O representante do pai da paciente não recebe atenção. O representante do noivo comporta-se na constelação como se o marido não estivesse presente, e não permite dúvidas de que não seja ele o parceiro da mãe. Ele sabe que a representante da paciente não é sua filha, mas isso não o preocupa, e mostra-se disposto a acolhê-la como filha. Para ele não há nenhuma dúvida: esta é a sua família.

Somente quando a representante da paciente lhe faz uma profunda reverência é que se desfaz a sua confusão. Ele compreende a situação e começa a chorar em alta voz. Agora ele ouve também as frases que lhe diz a paciente, por sugestão minha: “Eu o respeito como o primeiro amor de minha mãe. Você também faz parte! Respeito o que você carrega, e respeito que você tenha cedido o seu lugar para o meu pai e, com isso, também para mim. Reconheço que estou vivendo porque você pagou o preço”. Sua dor pelo amor não realizado é comovente, e a representante da mãe não consegue manter diante dele sua atitude de rejeição. Também ela começa a chorar e, soluçando em voz alta, caem nos braços um do outro. Eles se mantêm abraçados por longo tempo, e a representante da mãe repete várias vezes: “Eu sinto tanto! Eu sinto tanto, mas não pude agir de outro modo”.

Com o reconhecimento de seu destino, o representante do noivo sente agora a necessidade de ceder o lugar à nova família, retira-se lentamente da constelação, com um olhar benevolente, e volta para o seu lugar.

Em outras constelações sobre o mesmo tema verifiquei que o câncer da pele está substituindo alguém que pertence ao sistema, com quem a pessoa tem uma forte ligação de amor, à qual ela não pode ou não deve reconhecer e amar. Lembro-me, por exemplo, da constelação de um homem que adoeceu com câncer. Revelou-se aí que o representante do melanoma estava em lugar de seu meio-irmão mais velho que não foi reconhecido como filho pelo pai e que a mãe levou outro homem a acreditar que era seu filho.

O noivo da mãe no campo de trabalhos forçados: "Eu vivo porque você morreu". (Paciente com poliartrite crônica progressiva)

Um homem de cerca de 45 anos, jardineiro de profissão, sofre de uma doença inflamatória crônica e progressiva das articulações. A parte mais afetada são as mãos, que devido a graves processos inflamatórios estão muito inchadas e deformadas. A execução do trabalho de jardinagem, principalmente do lado de fora, na umidade e no calor, é muito dolorosa para ele. Contudo, em suas palavras, ele ama a sua profissão e sobretudo o trabalho ao ar livre, e não consegue imaginar-se procurando outra ocupação.

Constelamos inicialmente a família de origem do paciente e acrescentamos, num segundo passo, um representante para a doença.

No decurso da constelação fica claro que o representante da doença está no lugar de um noivo anterior da mãe que, alguns anos depois da guerra, como prisioneiro dos russos, morreu num campo de trabalhos forçados na Sibéria. A mãe do paciente tinha esperado vários anos por ele, até que recebeu a notícia de sua morte.

Ficou-me na lembrança, como muito tocante nessa constelação, o encontro entre o paciente e o representante do noivo da mãe. Quando o paciente dispensa o seu representante e entra pessoalmente na constelação, ele acha correta a minha sugestão de inclinar-se diante do noivo de sua mãe, e executa a reverência com estas palavras: "Estou vivo porque você morreu. E eu respeito isso!" Essas frases comovem até as lágrimas o representante do noivo, que olha com muito amor para o paciente. Este se posta diante dele e procura, como de costume, esconder suas mãos deformadas dos olhares das outras pessoas. Porém, eu tomo suas mãos com cuidado e as mostro ao representante do noivo. Cheio de amor, este toma cuidadosamente as mãos do paciente e o encara como alguém que sabe e se compadece. É como se essas dores lhe fossem familiares. Esse gesto emociona e leva de novo o paciente às lágrimas. Ambos se encaram longamente e por vezes trocam com a cabeça sinais de compreensão.

No intervalo depois da constelação, o paciente me procura por um breve tempo. Ainda está muito emocionado e diz de novo, com lágrimas nos olhos: "No momento em que o representante do noivo segurou minhas mãos, pela primeira vez em mais de vinte anos elas não doeram. Eu nem sabia mais como era me sentir assim".

Preso entre a vida e a morte:
"Por favor, me abençoe se eu vivo".
(Paciente com diabetes e sexomaníaco)

No trabalho terapêutico com diabéticos deve-se ponderar que muitos diabéticos não podem viver sem insulina. Em constelações com diabéticos mostra-se com frequência um desejo de morrer, do qual a pessoa no mais das vezes não está consciente. Assim, muitos diabéticos não podem aceitar a vida que lhes é proporcionada pela ajuda médica e arruínam sua saúde comendo, fumando ou bebendo excessivamente, ou não lidam de modo cuidadoso com a dosagem da insulina.

Por essa razão, no trabalho com diabéticos é útil investigar previamente sua atitude em relação à vida e à morte.

O paciente em questão, que é forte e obeso e tem cerca de 50 anos, participa de um curso de formação para terapeutas nos Estados Unidos e me pede que trabalhe com ele.

Os diálogos da constelação são, em sua maior parte, reproduzidos textualmente.

TERAPEUTA: "Qual seria um bom resultado deste trabalho?"

PACIENTE: "Para mim, um bom resultado seria se eu pudesse viver mais um pouco e desenvolver um maior autocontrole para cuidar melhor de mim. Sou tão voraz quanto um aspirador de pó. Meu médico está me pressionando, ele diz que não está mais disposto a continuar me tratando caso eu não mude os meus hábitos alimentares".

TERAPEUTA: "Isso quase me soa como se você trabalhasse mais para morrer do que para viver!"

PACIENTE: "Isso é verdade por um lado, mas por outro lado não é".

TERAPEUTA: "Desde quando você é diabético?"

PACIENTE: "Há cinco anos".

TERAPEUTA: "Como é a sua situação de vida?

PACIENTE: "Sou casado há 35 anos. Temos uma filha e um neto. O neto é a minha grande alegria. Meu casamento está em risco. Há 24 anos sou sexomaníaco, e minha mulher disse recentemente que se eu não reconhecer que preciso de ajuda, ela me abandonará. Quando comecei uma terapia ela inicialmente se tranquilizou. Mas não sei dizer em que medida ela vai me ajudar, e se o meu casamento pode ser salvo".

TERAPEUTA: "O que se passou em sua família de origem?"

PACIENTE: "Em minha família todos são músicos. Todos temos um grande amor pelas artes. Minha mãe era violinista, meu pai era compositor e pianista. Sou o terceiro de seis filhos. Minha mãe tinha se casado uma vez antes de conhecer o meu pai. Isso foi durante a guerra. Existe também um filho desse casamento. Seu primeiro marido foi para a guerra na Europa e voltou completamente mudado. Minha mãe se separou dele e transformou sua casa em Berkeley numa pensão, e meu pai foi um dos seus primeiros hóspedes. Ele se mudara para Berkeley para estudar música".

TERAPEUTA: "Descobri uma coisa sobre artistas: Não se pode casar com eles".

PACIENTE (*sorri*): "Minha mulher não sabe disso... (*reflete*) Não estou certo, talvez ela saiba".

TERAPEUTA: "Nesse meio-tempo ela talvez tenha descoberto isso".

Como esse diálogo não traz progresso, e como o que foi dito já contém suficiente informação, peço ao paciente: "Escolha representantes para sua mãe, seu pai e para você, e constele-os de acordo com suas relações recíprocas".

Como a constelação acontece no contexto de uma formação, ainda dou ao grupo uma indicação sobre a minha hipótese: "A pergunta que me ocupa é a seguinte: Quem é, ou quem são os mortos com quem o paciente está identificado?".

O paciente posiciona o seu representante junto da mãe, à sua direita. À esquerda da mãe, a alguma distância, está o representante do pai. O olhar do representante da mãe se dirige para o pai. O representante do filho se afastou dos pais.

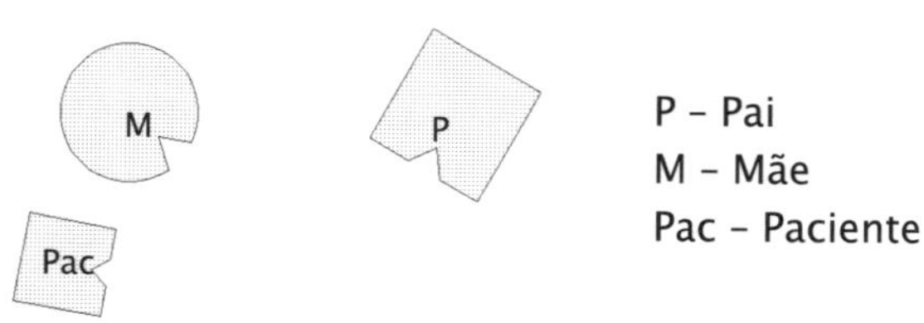

O lugar em que o paciente se percebe em sua família leva-me a perguntar-lhe: "Você é o filho favorito da mamãe?".

Sem refletir, ele responde: "Sou, sim! Mas isso não quer dizer que eu não ame o meu pai...". Isso confirma a minha suposição de que ele representa para sua mãe o primeiro marido dela.

Questionados sobre como se sentem na constelação, os representantes dão as seguintes respostas:

REPRESENTANTE DA MÃE: "Estou bem, gostaria de segurar a mão do meu filho. Não sinto nenhuma ligação com o pai dele". (*Toma a mão do filho.*)

REPRESENTANTE DO PAI: "Eu também me sinto bem aqui".

REPRESENTANTE DO PACIENTE: "Estou vacilando, estou triste e sinto muito medo". Ao dizer essas palavras ele solta a mão da mãe, e com isso sente-se um pouco melhor.

Volto-me para o paciente e lhe digo: "Precisamos de um representante para o primeiro marido de sua mãe". Ele escolhe um participante e o posiciona do lado esquerdo da mãe, entre ela e o pai.

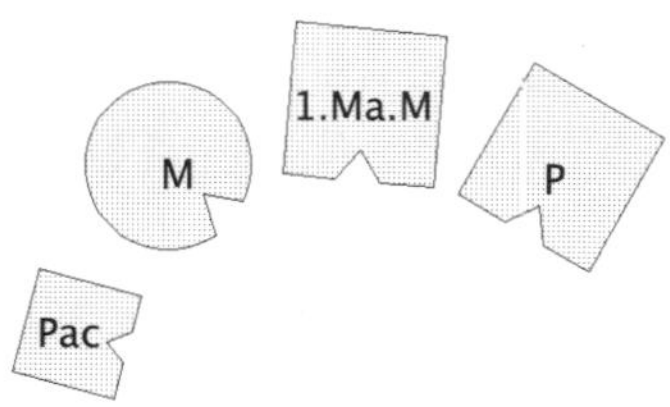

1. Ma.M. = Primeiro marido da mãe

Com a introdução do primeiro marido da mãe, modificam-se os sentimentos dos representantes na constelação. A reação mais clara é a do representante do paciente. Ele fica totalmente abatido, olha para o chão diante dos seus pés e mal consegue manter-se de pé.

Peço agora a três outros participantes que se deitem no chão, diante do representante do paciente. Eles devem representar os muitos mortos que o primeiro marido da mãe viu na Europa, como soldado. Como tantos outros, em sua alma também ele não sobreviveu à guerra.

Quando o paciente vê os mortos deitados diante do seu representante, começa a chorar em alta voz. Fica muito emocionado ao ver o seu representante nessa luta entre a vida e a morte.

Antes que o representante do paciente caia de joelhos, peço-lhe que troque de lugar com o representante do primeiro marido da mãe. (Para tornar clara a identificação, não o conduzo imediatamente ao seu lugar, ao lado direito do pai.)

Imediatamente todos se sentem melhor:

Representante do paciente: "Aqui está muito melhor. Minha sensação é de que eu poderia ficar aqui. Lá eu teria desabado no chão". Representante da mãe: "Assim está bem, tudo ficou mais vivo agora".

Troco então o representante pelo próprio paciente. Não o posiciono, porém, entre os seus pais, mas do lado esquerdo do pai.

Concluindo, sugiro a ele e aos representantes que digam as seguintes frases:

O paciente, para o primeiro marido de sua mãe: "Eu vivo porque, em sua alma, você não pôde sobreviver à morte, e respeito isso. Por favor, abençoe-me se continuo a viver". O primeiro marido responde: "Por mim você está livre".

O paciente, para a representante da mãe: "Querida mamãe, eu sou seu filho. Por favor, olhe-me como o seu filho". A representante da mãe concorda, balançando a cabeça, e o paciente continua: "O que aconteceu entre você e o seu primeiro marido, e o que ainda está aberto entre vocês, agora eu deixo com vocês. O que eu carreguei por você, eu carreguei com amor, mas agora já passou. O melhor lugar para mim é junto do meu pai".

E, finalmente, o paciente ainda diz ao representante do pai: "Querido papai, eu sou seu filho. Por favor, receba-me de novo como seu filho". O representante do pai quer abraçar o paciente mas este ainda não está livre. Mais uma vez ele olha para o representante do primeiro marido da mãe e para os mortos. Pode-se ver como é difícil para ele desprender-se. Acompanho, mais uma vez, o seu movimento, e proponho-lhe que diga ao representante do primeiro marido de sua mãe: "Agora eu vou respeitá-lo cuidando bem de mim".

O representante do primeiro marido percebe a dúvida do paciente e lhe assegura: "Para mim está bem! Viva!".

Depois dessas palavras, é possível para o paciente deixar-se abraçar pelo pai.

Um ano depois reencontro esse paciente num curso de constelações. Ele me informa que emagreceu dezoito quilos e agradece pelo trabalho do ano anterior. Peço-lhe então que me comunique por escrito suas vivências, para que eu possa reproduzi-las neste livro.

Caro Stephan,

Estou muito contente por poder encontrá-lo hoje num estado de saúde sensivelmente melhor do que no ano passado. Penso poder afirmar com certeza que o trabalho de constelação que fizemos há um ano contribuiu com uma parte essencial para essa mudança positiva. Há um ano eu lutava contra fortes depressões. Hoje estou sensivelmente melhor nesse particular, pois retomei o contato com meus pais e agora experimento essa ligação como muito salutar.

Como já lhe comuniquei pessoalmente, hoje eu consigo lidar bem melhor com minha obsessão sexual. Minhas constantes autorrecriminações pela minha incapacidade de resistir deixavam-me doente, enquanto eu me encontrava num crescente círculo vicioso da depressão. Hoje está claro para mim que minha obsessão sexual nada tem a ver com a dependência alcoólica do meu pai, e em vez de responsabilizá-lo por minha fraqueza, encaro meus problemas num contexto claramente maior, através de várias gerações da minha família.

Hoje, quando me relaciono sexualmente com outras mulheres, faço-o com uma consciência diferente, e vejo também que minha mulher tem uma parte nisso, devido ao seu condicionamento familiar. Percebo que hoje eu tenho um âmbito maior de escolha para permanecer com minhas necessidades na vida conjugal.

Muitos dos meus problemas melhoraram sensivelmente. Meu teor de glicose está bem mais estável e já não tenho a sensação de que quero morrer ou de que vou morrer em breve. Como você pôde ver, consegui eliminar meu excesso de peso. De resto, minha filha comentou na minha presença, cerca de dois meses após a constelação, que eu estava menos deprimido, e minha mulher sente-se claramente mais à vontade quando estou presente. (Quem sabe, talvez ela até resolva voltar a dormir comigo.)

Meus planos para o futuro são exercer minhas habilidades como professor, músico e cantor, talvez na arteterapia. Voltei agora a frequentar a universidade visando a um diploma em psicologia. Isso me alegra muito e penso que esse é o meu caminho para o futuro.

Foi bom para mim, como participante, frequentar outra vez um seminário de constelações, onde pude redescobrir conexões essenciais para mim.

Mais uma vez, meu cordial agradecimento por sua ajuda nesse tempo que para mim foi extremamente difícil.

K.

No processo de identificação com um parceiro anterior dos pais, a criança perde, no nível da alma, ambos os pais pois, na medida em que se coloca ao lado da mãe na posição de um amante, torna-se rival do seu pai. Por sua vez, a filha que representa uma parceira anterior do pai torna-se uma concorrente da mãe. Quando numa família existem apenas filhos ou filhas, também podem acontecer nesses casos identificações com o sexo oposto. Com a solução desse processo de identificação, a criança também consegue retomar, na maioria dos casos, o movimento de aproximação na direção dos pais.

A mania: "Para sua mãe, você representa Adolf Hitler!"
(Paciente com síndrome maníaco-depressiva)

Pouco antes do início de um curso de constelações, um homem de cerca de 50 anos se aproxima de mim e diz: "Tenho sofrido crises maníacas com muita frequência. Alguns anos atrás participei de um curso de constelações familiares. Durante esse curso fiquei maníaco e, por iniciativa do dirigente do grupo, o serviço médico de emergência me internou numa clínica". Tirando de sua bolsa um cartão de visitas, coloca-o em minha pasta com estas palavras: "Este é o endereço do meu psicólogo, ele trata de mim há muitos anos. Gostaria de pedir-lhe que se comunique a tempo com ele, caso eu volte a cair na mania. Ele me conhece bem e sabe lidar com isso. Em nenhuma hipótese eu quero voltar para aquela clínica!". Eu já conheço o psicólogo de nome e pergunto ao paciente: "Ele sabe que o senhor está aqui?" Ele responde: "Ele me aconselhou a participar deste seminário!".

Na rodada de apresentação o paciente conta que tem cinco filhos de três casamentos. No momento ele mora sozinho e considera a ideia de emigrar. Seu tema são os seus "problemas psíquicos" de que vem se tratando há muitos anos. Ele e o seu psicólogo estão convencidos de que os seus problemas estão associados ao pai, que foi um "nazista convicto" e oficial da tropa de choque nazista. Quando percebo que ele começa a fazer digressões, interrompo-o dizendo que o que foi dito basta para o momento. Apesar das descrições e do diagnóstico do seu psicólogo, minha impressão é que o paciente está mais na esfera de influência da mãe do que do pai.

Nos intervalos, olho de vez em quando para ele e reparo que ele conversa exclusivamente com as mulheres no grupo. É evidente que flerta com elas.

Na manhã seguinte ele é o primeiro a oferecer-se para constelar. Sua maneira descontrolada e sem distanciamento, e seu olhar fixo me fazem recear que ele se encontre à beira de uma crise maníaca. Por isso, tenho a sensação de que o melhor a fazer é cuidar dele imediatamente. Portanto peço que se sente na cadeira ao meu lado.

Ele se senta com as pernas abertas e as mãos apoiadas nos joelhos e, sem tomar conhecimento de mim, olha para a roda dos participantes e diz, com olhos brilhantes e em alta voz: "Então, agora é o meu *show*!". Olho para ele e pergunto: "E quanto tempo vai durar o *show*?". Não tendo me dado até o momento qualquer atenção, ele agora se senta um pouco para trás para me ver melhor e me encara. Aproveito o momento de sua surpresa e continuo: "Para onde ele vai levar? E o que vai resultar dele?". Abrandando-se, ele comenta finalmente: "Certo, um a zero para você!". Evitando nova troca de palavras, eu digo: "Bem, vamos constelar agora a sua família de origem".

TERAPEUTA: "Você tem irmãos?"

PACIENTE: "Sou o único filho de meus pais. Meu pai já tinha se casado uma vez, e desse casamento existe um filho. Mas não conheço o meu meio-irmão. Outra coisa importante: Meu pai é filho ilegítimo e não conhece o seu pai. Sua mãe era muito jovem quando o teve, e não quis ou não pôde casar-se com o homem".

TERAPEUTA: "O que você sabe sobre o seu avô?"

PACIENTE: "Nada! Só sei que era judeu".

TERAPEUTA: "Bem, coloque alguém para representar você, seu pai e sua mãe".

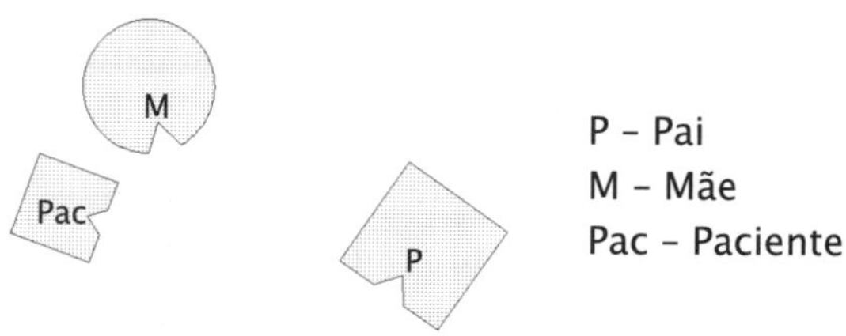

Na constelação de sua família de origem o paciente dá a si mesmo o primeiro lugar, no sentido dos ponteiros do relógio. A representante da mãe está totalmente voltada para o filho. O representante do pai foi colocado à parte. Ele parece estar ocupado consigo mesmo e sente-se bem. Essa observação revela claramente que o paciente tem necessidade de representar alguém para sua mãe.

Porém, as perguntas sobre acontecimentos na família ou alguma importante relação anterior da mãe não trazem indicações que façam progredir. Assim me informo inicialmente sobre como estão os representantes. O representante do paciente afirma que se sente magnificamente bem. Tem a sensação de que pode derrubar árvores! Para a representante da mãe, como era de esperar, só o filho tem importância e nada mais lhe interessa. O representante do pai comenta que não tem muito a dizer e está ocupado com seus próprios assuntos.

Nesse ponto, como medida de precaução, quero testar que influência tem o avô desconhecido nessa constelação, e peço ao paciente que introduza um representante do pai de seu pai. Ele o posiciona atrás do representante do pai, o que é sentido por ambos como muito agradável. A dinâmica entre a mãe e o filho permanece inalterada.

Portanto, volto-me de novo para o paciente e digo: "Aqui surge a impressão de que você estaria representando alguém para sua mãe!". Como ele me olha com uma expressão totalmente cética, eu acrescento: "Minha suspeita é de que se trata de um parceiro anterior de sua mãe". Imediatamente ele contesta: "Minha mãe tinha 17 anos quando conheceu o meu pai, e 21 quando eu nasci! Ela amava o meu pai acima de tudo! Ele foi o único para ela!". A objeção ainda não me convence, permaneço com minha suposição e peço ao paciente: "Coloque um representante, por via das dúvidas!".

O personagem introduzido modifica fundamentalmente a imagem da constelação. A representante da mãe volta-se alegremente para o novo representante. O representante do paciente, aliviado, volta-se para seu pai e seu avô. O representante do parceiro anterior da mãe está de pernas abertas, com os braços cruzados diante do peito e dirige o olhar por cima de todos. À minha pergunta sobre o que ele sente, ele diz com uma voz arrogante: "Não sou nenhum destes aqui, meu mundo é outro!".

Essa frase tem um efeito bem perceptível sobre o paciente. Irritado e extremamente atento, ele olha para o personagem ali posicionado. Ele precisa de tempo para se orientar. Em seu tenso desamparo ele causa naturalmente uma impressão absolutamente inédita.

TERAPEUTA: "Deve ter havido na vida de sua mãe um homem que para ela foi mais importante do que seu pai!". O olhar dele, muito tenso, vai e vem, repetidas vezes, entre o personagem colocado como "parceiro" da mãe e o representante dela. De repente, seu rosto se ilumina, ele sorri para mim e diz: "Está certo! De fato, para minha mãe só houve um único homem em sua vida. Foi Adolf Hitler!".

TERAPEUTA: "Você sabe quem é que você precisa representar para sua mãe? Você sabe com quem você está identificado? Com Adolf Hitler!". Seu sorriso congela e ele, tocado, balança a cabeça.

Dou-lhe tempo para deixar que essa compreensão atue nele. Pelo relaxamento de sua tensão corporal fica visível que o processo de integração chega lentamente ao termo. Eu o tomo pela mão e o conduzo ao representante do seu pai. O paciente o encara por um longo tempo, começa a chorar e pousa a cabeça no ombro dele. Deixo-o ficar aí pelo tempo que deseja, e ainda lhe sugiro que diga ao representante do seu pai: "Querido papai! O melhor lugar para mim é ao seu lado. Por favor, me abrace!". Eles se abraçam por um longo tempo.

Quatro semanas depois da constelação, recebi uma ligação do psicólogo que o atendia. Ele agradeceu pelo trabalho com o paciente e me relatou que depois da constelação ele ficou muito bem e assim continuou.

Uns três anos depois dessa constelação eu revi o paciente. Ele veio participar de um grupo para esclarecer um tema ligado a seu filho adulto. Disse que desde a constelação ele se sente muito melhor e não teve mais fases maníacas. Ele sentiu alguma dificuldade com o movimento de aproximação na direção do pai. Tinha-o desprezado durante toda a sua vida por causa do seu passado nazista mas, com a ajuda do seu psicólogo, conseguiu aceitá-lo como seu pai e deixar com ele o seu passado de crimes e a sua culpa.

Muitas crianças não conseguem respeitar seus pais porque olham para suas qualidades ou para seus crimes. Entretanto, o olhar para o que os pais fizeram é um foco muito limitado. A paternidade e a maternidade, em si mesmas, são algo muito maior. Conseguimos respeitá-los quando olhamos para os pais em sua totalidade e, indo além deles, para suas famílias e seus destinos. Essa atitude conduz a uma veneração e a uma humildade salutares, e opõe-se à funesta necessidade de carregar algo pelos pais.

Morrer no lugar de alguém:
"Eu fico, e me alegro se você ficar também".
(Filha com anorexia)

Uma família padece há cerca de cinco anos por causa da grave anorexia da filha de 20 anos. Atualmente ela pesa apenas 28 quilos e precisa do permanente apoio do pai, porque já não tem forças para caminhar sozinha. O pai, a mãe e a filha doente, a conselho do homeopata que trata da família em seu consultório, participam juntos de um seminário de constelações.

Começamos a constelação com representantes do pai, da mãe e da filha. O representante do pai é colocado à parte pela paciente, como se estivesse voltado para outra direção. A representante da paciente é colocada de frente para a mãe e bem perto dela.

Isso revela o primeiro de três enredamentos transgeracionais em que a filha está envolvida. A avó da paciente, mãe de sua mãe, morreu subitamente de infarto cardíaco quando a mãe tinha apenas 2 anos de idade. A filha doente precisa representar sua avó para a mãe.

Ao ser introduzida na constelação uma representante da avó que morreu prematuramente, manifesta-se a saudade da mãe da paciente. Peço a ela que tome o seu lugar na constelação e, num processo tocante, ela consegue expressar a dor reprimida e consentir na morte prematura da mãe. Com isso a representante de sua filha pode desprender-se dessa projeção difícil para ela, o que lhe dá uma sensação de grande alívio.

Com a solução dessa ligação com a mãe, a representante da filha consegue, pela primeira vez na constelação, encarar o pai. Contudo, também essa relação está onerada. Fica claro que o representante do pai não consegue suportar o olhar da representante de sua filha. Esse olhar lhe dá medo, e ele sente raiva e também desespero.

A filha anoréxica o faz recordar as vítimas do avô paterno, que foram excluídas pela família. Ele foi oficial das tropas SS na Segunda Guerra Mundial e atuou por muitos anos em vários acampamentos de prisioneiros e em campos de concentração.

Por amor e também pelo anseio de proximidade com ele, o pai da paciente adota os sentimentos do seu pai e não consegue suportar a visão de sua filha, identificada com as vítimas dos campos de concentração.

Na constelação são introduzidos representantes para o pai do pai e também para as vítimas das tropas SS. A representante da paciente associa-se imediatamente a eles e aí se sente bem e em casa. Para o pai da paciente é difícil ver o próprio pai junto com suas vítimas. Peço também a ele que dispense o seu representante e tome o próprio lugar na constelação. Custa-lhe uma enorme energia acolher minha sugestão e reverenciar o representante de seu pai, dizendo-lhe: "Seja o que for que aconteceu, o que você carrega e o que talvez precise carregar, eu o respeito e deixo isso com você. Seja o que for que tenha acontecido, você continua sendo o meu pai".

Em virtude da reverência de seu filho e da expressão do seu amor, independentemente do que tenha acontecido na guerra e da culpa que ele tenha contraído, o representante do avô na constelação pode aproximar-se de suas vítimas.

Com a reverência do pai diante do avô, a representante da paciente já não se sente bem junto das vítimas. Agora ela já pode ser filha e manifestar o seu anseio infantil pelo pai. O pai está livre agora e pode apertar nos braços a representante de sua filha. Profundamente tocada pela visão do abraço entre seu marido e a representante da filha, a mãe da paciente se aproxima de ambos, e os pais envolvem em seus braços a aliviada representante de sua filha. Deixo que essa imagem atue por algum tempo na paciente e finalmente conduzo-a pessoalmente para a constelação. Ela dispensa a sua representante e se insinua nos braços de seus pais.

Como última intervenção proponho, tanto ao pai quanto à mãe, que digam à sua filha: "Eu fico, e me alegro se você também ficar". Eles choram e se abraçam por um longo tempo. Com essas imagens e com a recomendação de não falarem a respeito e deixarem que a constelação atue, eles voltam para casa.

Uma semana depois da constelação, recebo uma ligação da mãe. Ela conta que houve um relaxamento da situação. A relação entre mãe e filha melhorou consideravelmente. A filha continua recusando-se a comer junto da família, mas ganhou peso desde a constelação porque já toma com regularidade sucos de frutas e de legumes. Ela diz que quer viver e também promete aos pais cuidar da própria saúde, porém deseja continuar renunciando a alimentos sólidos. Se antes da constelação não havia mais contato entre o pai e a filha, agora existe uma discussão diária sobre comida e calorias. O que agrava o conflito entre pai e filha é que o pai é um cozinheiro profissional e dirige um restaurante de pratos finos, situado no prédio onde moram.

A descrição da situação atual parece absurda, e peço à mãe que venha com a filha ao meu consultório. Aí eu pergunto sobre outros acontecimentos, especialmente se a mãe pode explicar por que a filha reage ao pai com tanta raiva. Então a mãe se recorda de que seu marido era noivo quando ela o conheceu. Ele desfez o noivado por causa dela. Com isso se esclarece o lugar a que pertence a raiva da filha contra o pai. Quando se revela esse envolvimento com a noiva do pai, a filha sorri e seu rosto perde a dureza anterior. À minha pergunta, se agora tudo estava esclarecido, a filha sorri e diz: “Acho que sim!”.

Duas semanas depois dessa consulta a mãe me telefona para agradecer. Quando chegou em casa, ela contou a conversa ao marido. Desde então ele deixou de discutir com a filha e a rixa terminou. A mãe percebe que a filha está cuidando bem de si mesma, o que a deixa muito confiante. Cerca de três meses depois, a mãe me informa que a filha já está se alimentando regularmente.

5.3 Doença e o destino dos avós

Como foi explicado anteriormente, nas constelações observamos repetidas vezes relações mútuas entre a exclusão de membros importantes do sistema e o desenvolvimento de sintomas ou doenças.

Nesse particular, os impulsos de comportamento e as declarações dos representantes de doenças e de sintomas constelados frequentemente sinalizam a existência de uma conexão transgeracional entre doenças de filhos e netos e conflitos e traumas existencialmente vividos por seus avós e bisavós.

A saudade da pátria: “Isso me pertence, eu carrego isso!” (Criança com neurodermite)

Uma cliente conta que sua filha de um ano tem uma grave neurodermite. Um teste alérgico realizado durante sua permanência numa clínica apontou uma ligação entre uma alergia existente e a proteína do leite de vaca. Contudo, mesmo uma dieta rigorosa só produziu um pequeno alívio dos sintomas. A criança continua sendo diariamente enfaixada, pois se coça constantemente até sangrar.

A própria mãe sofre da doença intestinal de Crohn.

Começamos a constelação com representantes da filha e de sua doença. A cliente escolhe duas participantes do grupo como representantes e as posiciona de frente uma para a outra. As representantes sentem uma grande atração, quase um amor recíproco, ficam bem juntas e dão-se as mãos.

Como passo seguinte, peço à cliente que acrescente uma representante para si mesma e um representante para o pai da criança. O representante do pai é colocado um pouco afastado. Nessa situação ele se sente desamparado e incapaz de agir. A cliente posiciona sua própria representante perto da filha e voltada para ela. Fazendo isso, ela não nota que coloca sua própria representante entre o pai e a filha. Essa ordem dos representantes mostra que, para a mulher, a filha tem precedência sobre o marido. O impulso da representante da mãe, de acolher a criança e puxá-la para si, confirma a perturbação da ordem familiar e a exclusão do pai. Com isso, a criança não pode receber o afeto da mãe, e sua representante se esquiva da mãe e se afasta alguns passos, seguida de perto pela representante da doença.

Esses movimentos dos representantes permitem concluir que a chave e a força para uma solução não residem na geração dos pais da criança. A orientação exclusiva da cliente para sua filha e sua expressão carente indicam que a criança precisa representar alguém para a mãe. Assim me informo sobre a família de origem da cliente. Ela é a filha mais velha de seus pais. Seu pai é sérvio e sua mãe é croata. Como sétima filha de uma família pobre de camponeses croatas, a mãe da cliente aos 17 anos foi mandada com parentes para a Alemanha. Lá ela conheceu seu marido, o pai da cliente, e pouco tempo depois teve sua primeira filha.

Peço à cliente que coloque uma representante para sua mãe. Ela escolhe uma mulher e leva-a para perto de sua própria representante. A representante da avó não se sente bem com sua filha e afasta-se dela. A representante da neta fica muito feliz com o aparecimento da avó e procura aproximar-se dela, novamente seguida de perto pela representante da doença.

A continuação da inseparabilidade entre a criança e a doença é sinal de que o fator importante que condiciona o sintoma ainda não foi descoberto. Isso me leva a retroceder mais uma geração, e peço à cliente que introduza uma pessoa que represente a família de sua mãe. Ela escolhe uma mulher e a posiciona atrás da representante da avó. Esta começa a chorar de mansinho, vira-se lentamente e diz à pessoa que foi ali colocada: "Quero ficar com você, por favor me abrace!". Então a outra também chora, e ambas se abraçam.

Com lágrimas nos olhos a cliente diz: "Eu sei! Minha mãe sempre quis voltar".

A representante da filha segue o movimento de sua avó e pousa a cabeça em suas costas. Agora ela dá a impressão de estar feliz e satisfeita.

Pela primeira vez no decurso da constelação, a representante da filha e a representante da doença se separam. O verdadeiro conflito, o trauma que as ligava reside na avó.

Nesse ponto, coloca-se a questão de saber o que a cliente pode fazer por sua filha.

Dirijo-me a ela e digo: "A neurodermite de sua filha está relacionada com a sua doença do intestino. A solução para você e talvez também para a sua filha está no relacionamento com sua mãe. Você precisa deixá-la partir!". Com lágrimas nos olhos ela responde: "Eu sei, mas como posso fazer isso?".

Peço à cliente que se poste diante de sua mãe na constelação e lhe faça uma reverência. Ela se ajoelha diante da representante da mãe e inclina para a frente a parte superior do seu corpo. Apesar de toda a disponibilidade, percebe-se sua luta interior e sua tensão. Finalmente ela estende as mãos para a frente com as palmas voltadas para cima e lentamente curva-se sempre mais, até que sua testa toca o chão. A representante de sua filha que, por impulso próprio, colocou-se ao lado do representante do pai quando a mãe entrou na constelação, observa atentamente de longe o processo doloroso da mãe. Com a reverência de sua filha, a avó se volta para ela, afastando-se de sua mãe. Curva-se na direção da filha, toma-a nos braços e abraça-a por um longo tempo. Então a representante da neta respira profundamente e, com alívio, volta-se totalmente para o pai. Quando a cliente se desprende do abraço de sua mãe, esta lhe dá a entender que seu lugar é junto do marido e da filha.

Concluindo, pergunto ainda à representante da doença como ela se sente. Ela responde: "Agora já não sou necessária. Minha intenção foi sempre a de proteger a criança. Quando a 'bisavó' (a representante da família da avó) foi colocada, minha ligação com a filha da paciente foi interrompida. Quando a própria cliente entrou na constelação, eu ainda estava muito atenta para o que iria acontecer. Eu estava em posição de aguardar. Quando ela se inclinou, senti-me cada vez mais supérflua, até que finalmente não senti mais nada".

No dia seguinte, na rodada inicial, a paciente conta: "Não sei se alguém aqui sabe o que significa ter a doença de Crohn. Para mim significa, via de regra, passar toda manhã uma hora no banheiro, sentindo dores. Hoje de manhã durou apenas cinco minutos, não senti nenhuma dor e não tive sangue nas fezes".

O relato positivo da paciente confirma a dinâmica de relacionamento entre o paciente e sua mãe, que frequentemente observei na doença de Crohn.

Nessa constelação senti que a reverência era o ritual conveniente de solução, tanto para a filha quanto para a neta. Assim ela honra o destino e a dor da avó e também, para além dela, o destino de sua família e a dor de todos os que estão vinculados a esse destino. (Sobre a reverência profunda e inclinação, consultar também Schneider, J. R., 2007, p. 159 ss.)

A morte da bisavó e da criança no parto
(Paciente com cisto no ovário)

Num curso de formação para terapeutas, uma participante relata que três meses antes foi diagnosticado um cisto em seu ovário direito. Os médicos na clínica recomendam a remoção cirúrgica. A paciente pediu um tempo, pois espontaneamente não concordava com a intervenção.

Quando, assumindo o papel de representante, entro em sintonia com a paciente e, num segundo passo, entro em sintonia com o cisto, sinto-o como uma formação autônoma, sem ligação e sem contato com o corpo da paciente. Seguindo o pensamento de que os sintomas estão em conexão com temas ou pessoas excluídas, começo o diálogo com a paciente com estas palavras: "Minha imagem é que o primeiro passo para que o cisto possa retirar-se é que ele seja aceito". A paciente olha-me espantada e eu lhe conto uma história:

Há alguns anos tive uma experiência surpreendente. Minha filha, então com 6 anos, tinha uma verruga na palma da mão. Volta e meia ela se aproximava de mim e me mostrava a verruga que crescia sempre.

Inicialmente não a levei a sério. Quando a verruga cresceu, comecei a aplicar medicamentos homeopáticos e fitoterápicos, mas sem resultado. De vez em quando eu voltava a pensar numa remoção cirúrgica, mas não conseguia decidir-me a isso. Certa noite minha filha se aproximou de novo e me disse: "Olhe, papai, agora a verruga está realmente grande!" Tive de reconhecer que o momento adequado para uma cirurgia já tinha passado. A intervenção teria deixado uma grande cicatriz. Quando eu examinava a verruga, subitamente me veio este pensamento: Talvez aqui exista um tema proibido ou uma pessoa excluída. Imediatamente me veio uma frase, e eu a disse à minha filha: "Você pode dizer à verruga: 'Eu gosto de você, mesmo que você não esteja mais aí!'". Minha filha franziu a testa, deu uma risada cética na minha cara e disse a frase. Ainda no mesmo dia pareceu a todos nós que a verruga tinha diminuído, e para espanto geral ela desapareceu em dois dias.

A paciente não sabia o que pensar dessa história. Continuei a falar para o grupo e disse:

"Se está certa a afirmação de Bert Hellinger, de que é o amor que move o ser humano em profundidade, então ele atua e reina também por trás de um sintoma ou de uma doença. Pelas constelações sabemos que um *movimento da alma* em direção à solução só pode acontecer quando se expressa o amor ao representante da pessoa que foi desprezada ou excluída. O representante de um criminoso, por exemplo, somente pode reconciliar-se com suas vítimas numa constelação se ele não for julgado por sua própria família. Julgamentos negativos excluem e impedem os movimentos de solução nas constelações".

Depois desses esclarecimentos, volto-me para a paciente e lhe digo: "O cisto só pode mudar se for amado e reconhecido como tendo o seu lugar". Depois de uma pausa acrescento: "As constelações sugerem repetidamente que cistos no ovário estão associados a crianças prematuramente falecidas".

Essas palavras emocionam muito a paciente, que começa a chorar.

Depois de algum tempo ela se acalma e conta que na sua família há muitas crianças mortas. O acontecimento familiar que mais a comove é a morte de sua bisavó materna, que morreu no parto, juntamente com a criança.

Mal ela disse isso, suas pernas começam a tremer fortemente. Suas tentativas de controlar sua reação corporal falham. Eu a exorto a permitir a reação e a não lutar contra ela. Minha suposição é que essa reação do corpo representa a solução do trauma que adotara de sua falecida bisavó. Dou-lhe muito tempo, na suposição de que seu corpo voltará à calma quando ela deixar de se defender contra isso. Mas o tremor não para, e torna-se claro que falta algo essencial e outros passos são necessários.

Peço a uma participante que se disponha a fazer o papel da mãe da paciente e a coloco atrás da paciente, que está sentada ao meu lado. A seguir coloco representantes para o avô materno, para a sua mãe, a bisavó da paciente, e para a criança que morreu no parto, sendo que nem a paciente nem os representantes sabem quem eles estão representando.

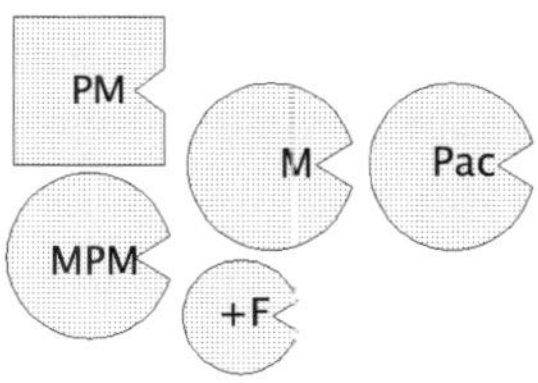

Pac - Paciente
M - Mãe
PM - Avô materno
MPM - Bisavó materna
+F - filha falecida

Quando a representante da bisavó pousa a mão direita no ombro da paciente, esta se acalma espontaneamente. Aliviada e relaxada, ela se encosta para trás. Depois de algum tempo exorto-a a virar-se para ver quem está atrás dela, e explico-lhe quem são as pessoas ali representadas. Vendo sua mãe ela a abraça, e olha com amor o seu avô, a bisavó e a criança falecida.

Cerca de dois meses depois, recebo a seguinte carta:

Caro Stephan,

Na última vez em que você esteve aqui, trabalhamos com o meu cisto no ovário direito, que precisava ser operado.

Quero comunicar-lhe que depois da constelação senti por algumas semanas um profundo amor e ligação com esse cisto. Comecei até mesmo a falar com ele.

Escrevo-lhe brevemente para contar-lhe que na semana passada voltei ao meu médico para fazer novos exames. O resultado é que meus ovários estão completamente livres. O cisto desapareceu.

Com gratidão,

F.

A morte da avó no nascimento do pai
"Querido papai, eu amo também a sua mãe!"
(Paciente com câncer dos ovários)

Durante as perguntas iniciais a paciente mostra pouco sentimento e exibe um ar crítico e amargurado. O interessante é que ela escolhe um homem para representar a sua doença. Isso poderia estar relacionado com o seu primeiro marido, que cometera suicídio há oito anos.

A paciente conta ainda que há dois anos voltou a se casar e quer muito ter um filho. Esse aspecto representa para a paciente de cerca de 35 anos um encargo adicional.

Na constelação da paciente e da doença, ambos os representantes trocam sorrisos, sentem-se fortemente ligados e reciprocamente atraídos.

Para não deixar de lado a possibilidade de uma ligação com o primeiro marido da paciente, peço a ela que introduza um representante para ele. Esse passo, porém, não traz nenhuma mudança. O representante do primeiro marido está totalmente ocupado consigo mesmo, e a representante da mulher não mostra interesse ou ligação com ele.

Assim, pergunto por acontecimentos especiais na família de origem da paciente. Durante esse questionamento ela se lembra, de repente, de que a "vovó" não é a mãe do seu pai, pois esta morreu no nascimento dele.

Possivelmente reside aqui a ligação com o sintoma. Nas famílias em que uma mulher morreu devido a um parto, muitas vezes reina um medo inconsciente da relação sexual e da gravidez. Talvez atue no caso presente uma lealdade inconsciente à avó.

Peço à paciente que introduza ainda um representante para seu pai e, num segundo passo, uma representante para a mãe dele. As reações dos representantes manifestam a dinâmica familiar que condiciona o processo da doença. O homem colocado para representar a doença na verdade está representando o pai da paciente. No momento em que este entra na constelação, interrompe-se a íntima ligação entre a representante da paciente e o representante da doença. Entretanto, o representante do pai não consegue olhar para sua mãe. Ele olha para a representante da paciente com uma expressão de amor e desejo, semelhante àquela anteriormente exibida pelo representante da doença. Isso é um sinal de que a paciente está representando para o pai a mãe dele.

Nesse ponto peço à paciente que tome o seu lugar na constelação e diga ao seu pai: "Em você eu amo também a sua mãe". Essa frase, que dissolve o envolvimento tanto do pai quanto da filha, toca o representante do pai até as lágrimas. O pai e a filha se abraçam longamente, enquanto a representante da avó olha alegremente para ambos.

Não tenho notícias sobre a ulterior evolução da doença da paciente.

O suicídio do avô: "Querida mamãe, agora eu aceito!"
(Paciente com perturbações do sono e sintomas digestivos)

Uma participante se queixa de perturbações do sono e de sintomas gastrointestinais. Ela relata, além disso, que aos 10 anos de idade foi vítima de abuso sexual por parte de um vizinho. Nessa época seus pais se separaram. Ela jamais contou a eles o que lhe sucedera.

Essas informações bastam para formar uma hipótese, e interrompo o relato da paciente.

Em muitas constelações de famílias de origem com vítimas de abuso sexual ficou claro que um estupro era basicamente a transferência de um incesto onde, em lugar do pai, aparece um perpetrador alheio ao núcleo familiar. Nessas constelações manifestou-se geralmente a mesma dinâmica presente nas famílias incestuosas: em virtude de uma ligação com a sua família de origem, a parceiros anteriores ou a filhos falecidos, a mãe não está livre em sua alma para a relação com seu marido, e a filha entra em seu lugar.

Distúrbios digestivos estão frequentemente associados a uma relação difícil com a mãe. Por trás de distúrbios do sono existe muitas vezes o medo ou a preocupação de que um membro da família vá embora ou morra enquanto a pessoa dorme. Assim ela vela inconscientemente para que nada de mau aconteça.

Minha suposição, no presente caso, é de que a mãe da paciente não está disponível como a criança deseja. Aqui reside talvez a chave para a cura da paciente ou para o alívio de seus sintomas na perspectiva do trabalho das constelações. Para testar essa hipótese proponho à paciente que constele a sua família de origem. Ela se declara de acordo e escolhe representantes para seu pai, sua mãe e para si própria.

A representante da mãe sente um peso no corpo e ausência de ligação com o marido e a filha. Ela se afasta de ambos e finalmente sai do círculo. Aí respira fundo e começa a sentir-se melhor.

Das demais perguntas à paciente verifica-se que o pai de sua mãe suicidou-se quando ela tinha 2 anos de idade. A mãe cresceu acreditando que seu padrasto era seu pai. Apenas quando se tornou adulta é que soube da morte do seu verdadeiro pai.

Essas informações da paciente explicam os movimentos e os sentimentos da representante de sua mãe na constelação. No nível profundo ela se sente atraída por seu falecido pai. Dirijo-me à paciente com estas palavras: "Minha imagem é que todos os sintomas se baseiam na mesma dinâmica. Existe uma pessoa que precisa ser incluída para que haja solução". Aqui faço uma pausa porque a paciente se afasta de mim e teimosamente fita o chão. "Sua mãe! A ação salutar aqui é harmonizar-se com a mãe e reconhecer o que ela carrega, concordar com o que aconteceu e recebê-la em si, com tudo o que lhe pertence".

A isso responde a mulher, com energia: "Isso eu não quero!". Eu me sintonizo com a declaração da paciente e, depois de uma longa pausa, digo-lhe, de acordo com o meu sentimento: "Não é verdade! – Num certo nível você não quer, eu também o percebo, mas isso é apenas uma parte da realidade. No fundo de sua alma eu percebo também um amor e um anseio pela mãe que lhe dá bastante força para carregar tudo isso por ela: a falta de sono, os problemas gastrointestinais e o abuso... tudo isso por amor à sua mãe".

A paciente me ouve calada, e depois dessas palavras ficamos sentados em silêncio por um longo tempo.

Para fazer com que ela entre em contato com esse amor, peço à representante da mãe que se coloque diante da paciente. Aguardo até que a paciente a encare, e então lhe proponho esta frase: "Querida mamãe, mesmo que você vá, você será sempre a minha mãe. Seja o que for que liga você e nos separa, agora eu respeito isso". Essas frases comovem muito a representante da mãe. Ela encara a filha com lágrimas e toma as suas mãos. Agora a paciente consegue manter o contato do olhar, chora também e ambas se abraçam. A filha olha para a mãe mais uma vez e sugiro a ela que lhe diga: "Querida mamãe, agora eu aceito – e agora tomo a vida, mesmo a esse preço!".

Lidando com resistências

Em aconselhamento ou em terapia deve-se tomar como princípio que toda "resistência" do paciente tem sua razão de ser e cumpre uma função. Assim eu a respeito, mas não me deixo intimidar por ela. Muitas vezes esbarramos com resistência quando os pacientes não querem as mesmas coisas que nós. Ou, para ser mais preciso, denominamos resistência o comportamento pelo qual nossos pacientes expressam que não querem o que julgamos ser certo. Podemos ver essa situação de uma outra maneira: que nós, como terapeutas, não avaliamos corretamente as possibilidades dos pacientes ou não conseguimos fazer com que assumam novas maneiras de pensar, sentir ou agir, mais aceitáveis em nossa opinião.

No caso presente lido com a teimosa resposta da paciente – "Mas eu não quero!" – dando-lhe uma interpretação não habitual do seu comportamento, confrontando-a com sua mãe e sugerindo-lhe frases que, segundo presumo, tocarão sua alma e possibilitarão a mudança da relação entre ambas.

Os pais adotivos assassinados:
"Se você quer viver, precisa deixar sua mãe ir embora!"
(Paciente com sintomas abdominais genéricos)

Um homem natural de Trieste, com cerca de 40 anos, padece "desde que tem lembrança" de sintomas abdominais inespecíficos. Não existe um diagnóstico clínico claro. Manifesta intolerância a diversos alimentos, e alguns médicos suspeitam que tenha a doença de Crohn. Com frequência seus sintomas são chamados de vegetativos ou de origem nervosa. Ele é o quarto filho vivo de seus pais, o "único" filho homem. Antes dele a mãe perdeu um filho no quinto mês de gravidez.

Quando faço as perguntas sinto de repente um peso incomum. Custa-me muito esforço manter a atenção e tenho a sensação de que isso consome algo de minha energia vital. Comunico ao paciente minha percepção e ele diz que se lembrou de dois fatos. O primeiro é que, quando menino, ele quase morreu. Acompanhado por amigos, ele encontrou no bosque uma granada da Segunda Guerra Mundial. Quando eles tentavam abri-la ela explodiu, ferindo-o gravemente. Ele passou várias semanas em coma no hospital. Um dos seus amigos perdeu um braço e, o que sempre incomodou o paciente, mais tarde suicidou-se, aos 19 anos. Até hoje o paciente não se livra da sensação de que o suicídio do amigo teve ligação com esse acidente.

O segundo acontecimento é o seguinte. Seus avós paternos tinham um bar que durante a guerra era frequentado por *partisans*. Certo dia os fascistas entraram no bar, sequestraram um morador da aldeia e o fuzilaram. Na aldeia correu o boato de que o pai do paciente, então com 14 anos, tinha traído o morador para proteger seus próprios pais.

Enquanto ouço o paciente, tento perceber qual desses acontecimentos me parece estar em ressonância com o seu sintoma, a fim de esclarecer qual sistema de relações precisa ser constelado. Como não consigo obter uma clara sensação a respeito, sugiro que o paciente coloque representantes para si mesmo e para seus pais.

Ele fica visivelmente espantado com a imagem que ele configurou espontaneamente de sua família. Os três representantes olham em diferentes direções, como se não tivessem ligação entre si.

O representante do paciente sente-se só, abandonado e perdido. A representante de sua mãe olha para o chão, e o representante de seu pai está com muita raiva. Como primeiro passo, peço ao paciente que introduza um representante para um *partisan*. Este, logo que é colocado em seu lugar pelo paciente, cai no chão. Contudo, nenhum dos outros representantes reage ou se sente tocado ou atingido. Pergunto-lhes o que sentem. O representante do pai diz apenas: "É bom que ele (*apontando para o partisan*) esteja morto, mas ele não é importante. Tenho uma raiva terrível... de tudo!". O representante da mãe continua a olhar fixamente para o chão e não mostra qualquer sentimento. Como esse passo aparentemente não traz progresso, proponho ao paciente que introduza um representante para o irmão falecido no quinto mês da gravidez e peço a ele que se deite no chão, diante da mãe. Esta olha transtornada para a criança morta, começa a gritar alto e enlouquece. O representante do pai não consegue suportar a gritaria histérica de sua mulher, toma-a pela mão e a conduz finalmente para diante do guerrilheiro morto. A representante da mãe cala-se imediatamente e olha para o morto com um olhar apavorado. Subitamente irrompe nela uma dor e ela começa a chorar do fundo do coração.

O paciente ao meu lado também chora e diz: "Agora sei o que isso significa. Os pais de minha mãe são originários de Danzig. Minha mãe foi mandada para a Itália num transporte de crianças. A família italiana que acolheu minha mãe escondia e apoiava os *partisans*. Quando minha mãe tinha 5 anos, seus pais de criação foram assassinados por soldados alemães".

Enquanto o paciente narra os acontecimentos, a representante da mãe se deita ao lado do guerrilheiro morto. Então ela se sente bem e se tranquiliza. Os outros representantes também relaxam. Somente no representante do paciente algo está sendo visivelmente trabalhado. Ele não sabe como se comportar. Por um lado, é atraído por sua mãe, por outro lado parece pressentir o que isso significa.

Deixo os representantes em seus lugares e volto-me para o paciente, encaro-o por um longo tempo e digo: "Minha imagem é que, se você quer viver, você precisa deixar que sua mãe se vá!". Ele contesta: "Minha mãe é tudo para mim; se ela desaparecer não sei para que eu viveria!". Em consonância com o ritmo corporal e a respiração do paciente eu repito lentamente e com determinação minhas palavras. Nisso pode-se ver como o paciente as deixa penetrar em sua alma. Com lágrimas nos olhos ele concorda.

Como última consequência, os filhos, se desejam viver, precisam deixar que seus pais se vão; isto é, os filhos precisam livrar-se do sentimento de culpa quando abandonam a lealdade a seus pais e a ligação infantil com eles, desse modo deixando de corresponder, talvez, a seus desejos e ideias. Isso é particularmente difícil para eles quando os pais projetam carências sobre os filhos, porque os seus próprios pais não estavam ou estão disponíveis da maneira como desejavam.

A morte da avó no nascimento de uma criança
(Epilepsia e enfermidade maníaco-depressiva do filho)

Uma paciente de cerca de 65 anos pede para fazer uma constelação para o filho de 43 anos, a pedido do médico que trata dele. Por causa de sua enfermidade maníaco-depressiva, ele não pode participar do grupo. Sofre de epilepsia desde os cinco meses de vida.

Os pais estão separados e o filho mora com o pai desde os 20 anos. Questionada sobre a causa da separação, a mulher responde: "Meu marido sempre me censurou, inclusive culpando-me pela epilepsia de nosso filho. Separei-me quando meu filho tinha 7 anos. Em seguida sua epilepsia melhorou muito e chegamos a dispensar os remédios. Aos 16 anos ele começou a manifestar o desejo de voltar a morar com o pai. Desde que está com ele, voltou a precisar de remédios".

Peço à paciente que coloque em cena representantes para seu marido, seu filho e para si própria. Ela posiciona os três representantes como vértices de um triângulo equilátero, todos olhando para fora, em diferentes direções. O representante do filho começa logo a sentir-se muito mal. Vira-se em direção aos seus pais mas estes permanecem na mesma posição.

Solicitada por mim a introduzir alguém que represente o sintoma do filho, a paciente escolhe uma mulher e coloca-a um pouco distante dos demais representantes, com o olhar voltado para o filho. Este fica imediatamente pior. Tem calafrios pelo corpo e faz um grande esforço para permanecer de pé. Tem-se a impressão de que a representante do sintoma tira do filho toda a sua força vital, pois ela se apresenta com uma forte energia e alegra-se com a visão do rapaz, embora ele esteja visivelmente mal.

Como ambos os pais olham para o chão, pergunto à paciente se ela teria perdido uma criança. Ela conta que seu primeiro filho nasceu morto no sétimo mês de gravidez. Quando ela introduz na constelação um representante para esse filho, a representante dela começa a chorar, aproxima-se do filho e abraça-o. O representante do pai, porém, fica rígido. O aparecimento do irmão e as reações dos pais não exercem qualquer influência sobre os representantes do filho e do sintoma. Como a rigidez do pai leva a presumir um trauma pessoal, peço informação sobre os acontecimentos na família dele. Sua mãe morreu no parto do seu irmão, quando o pai tinha dezoito meses de idade.

Essa informação traz luz à constelação. A suposição é de que a mulher posicionada pela paciente como representante do sintoma de seu filho, representa na realidade a mãe do pai do rapaz, que talvez esteja buscando no neto o seu próprio filho.

Para testar essa hipótese, peço à paciente que coloque em cena uma representante para essa avó da criança. Esse passo altera toda a constelação. A representante do sintoma do filho começa a retirar-se, passo a passo. A representante da paciente olha com muito amor para a sogra. Esta retribui o sentimento, aproxima-se e junta-se a ela e ao marido. O representante do filho sente-se claramente aliviado e olha com alegria para os seus pais. Tudo parece mudar para melhor, porém o representante do pai recusa resolutamente a aproximação de sua mãe. Em vez disso vira-se para o filho, que estremece e fica rígido ante a aproximação do pai.

Aqui se manifesta o que está por trás da ligação simbiótica entre o pai e o filho. Aparentemente o pai ainda não consegue suportar a morte de sua mãe.

A pergunta agora é esta: O que pode fazer a mãe nessa situação? Só lhe resta respeitar a dor do marido e incluir a mãe dele.

Sugiro à paciente que diga ao representante do seu marido: "Querido A., respeito o seu amor e também a sua dor. Porém, aconteça o que acontecer, a mãe que a gente tem é sempre a melhor!".

Como o marido, de acordo com o relato da paciente, transfere a raiva de sua mãe para a sua esposa, sugiro ainda que lhe diga: "Sua mãe para você, e eu para o nosso filho!".

Essa frase traz lágrimas aos olhos do representante do marido. Ele se vira e olha para sua mãe. Para evitar que se misturem aqui os sentimentos da mãe pelo outro filho, o irmão mais novo do marido, peço a um participante que represente esse irmão, colocando-se ao lado da mãe. Com isso, porém, a constelação não se altera. Proponho à mãe que diga: "Meu querido filho, sinto muito mas eu não pude ficar". Então o representante do pai sorri, sua mãe o abraça e o representante do filho, aliviado, volta-se para sua mãe.

A paciente está muito emocionada pelas reações dos representantes. Ela comenta que cessou uma forte pressão que há muitos anos sentia na zona do coração.

No momento em que quero terminar o trabalho, a avó solta seu filho do seu abraço, sinaliza-lhe que volte para sua mulher e seu filho e, de costas, afasta-se lentamente da constelação. A uma certa distância do que ocorre, ela se vira, deita-se no chão e fecha os olhos.

Infelizmente não tenho notícias posteriores sobre os efeitos dessa constelação. Minhas experiências anteriores com acessos epilépticos no trabalho com constelações não sugerem especialmente, como quadro de fundo, identificações de pacientes. Tais acessos poderiam ser vistos, de preferência, como tentativas para sair de situações de dilema. O dr. R. G. Hamer (1987) também descreve a crise epiléptica como uma reação de solução num "conflito pendente". Lembro-me de um menino de 11 anos cujos surtos foram diminuindo. Finalmente eles cessaram, depois que os pais superaram o conflito entre eles durante um seminário de constelações. A situação era semelhante ao exemplo descrito acima, na medida em que os surtos epilépticos desse menino só ocorriam na presença de sua mãe.

5.4 Doença e a exclusão de pessoas da família atual

As constelações revelam igualmente que as exclusões de membros do sistema atual e suas consequências também estão associadas a processos de doenças. Denomina-se aqui como sistema atual o grupo de pessoas que abrange todas as ligações relevantes de uma pessoa e os filhos nelas gerados, bem como as crianças acolhidas ou adotadas, juntamente com seus pais, os filhos que nasceram mortos ou foram deliberadamente abortados e também, às vezes, os espontaneamente abortados.

5.4.1 Crianças excluídas e crianças não acolhidas

Os exemplos de casos relatados a seguir mostram ligações entre processos de doenças nas famílias e crianças que não puderam ser aceitas, bem como as correspondentes abordagens de solução, na perspectiva do trabalho das constelações.

A filha deficiente
(Paciente com lúpus eritematoso)
Uma mulher sofre há treze anos de lúpus eritematoso, uma enfermidade autoimune dos tecidos dos vasos e ligamentos, que apresenta um rubor característico no rosto e inflamação das articulações. O primeiro surto da doença aconteceu durante o segundo casamento da mulher, pouco depois de terem adotado uma criança, por decisão dela e do marido, após quatro abortos espontâneos. A filha do primeiro casamento da paciente, por um descuido do médico que assistia o parto, ficou por muito tempo sem provisão suficiente de oxigênio. Em consequência, ficou seriamente deficiente e morreu com 4 anos de idade.

Começamos a constelação com dois representantes, um para a paciente e outro para a doença. Para a doença a paciente escolhe uma mulher e a coloca a uma certa distância de sua própria representante. A representante da doença sente necessidade de ficar bem perto da representante da paciente. Segue-a em todos os seus movimentos e procura aconchegar-se a ela, porém a representante da paciente a repele, afastando-a com crescente veemência.

Peço à paciente que introduza uma representante para sua primeira filha. Imediatamente ela se desfaz em lágrimas mas finalmente escolhe uma mulher jovem e a posiciona bem perto e ao lado de sua própria representante.

Para consternação da paciente, sua representante imediatamente se afasta, não suportando a proximidade da representante da criança. O movimento que se manifesta entre a mãe e a filha é idêntico, até em detalhes, ao que se manifestou entre a representante da paciente e a de sua doença. Manifestamente a representante da doença está no lugar da primeira filha da paciente.

Nesse ponto peço à paciente que escolha e coloque em cena um representante para o seu primeiro marido. Imediatamente manifesta-se um conflito entre o casal. Eles se encaram fixamente, como que enfeitiçados, e nenhum deles olha para a criança ou para a representante da doença. Esta quis retirar-se quando a representante da filha foi introduzida; agora, porém, sente-se de novo fortemente ligada à representante da paciente.

Dirijo-me à paciente e lhe digo: "Parece que a desgraça de sua filha separou vocês". A paciente confirma: "É verdade! Meu marido não conseguiu absolutamente lidar com isso. Ele também é médico e durante muitos anos moveu processo contra o médico que estava de plantão. Com isso, basicamente, fiquei sozinha com o destino de minha filha e com minha dor. Não houve mais nenhuma proximidade entre nós".

Como próximo passo, peço à representante da filha que se deite no chão, para simbolizar sua morte. A representante da paciente olha imediatamente para a filha, começa a chorar e senta-se ao lado dela. O representante do seu marido não pode suportar a visão e vira as costas para a mãe e a filha.

Só se pode superar o que a gente não lamenta. As experiências de muitas constelações mostram como a harmonia dos vivos com a morte e o morrer é importante para a paz, tanto dos mortos quanto dos sobreviventes. Enquanto o marido da paciente não se defrontar com o destino de sua filha, com o luto e a dor, será difícil para a criança, e consequentemente também para a paciente, encontrar a paz. As possibilidades da paciente são limitadas. O primeiro passo deve ser dado entre ela e o seu primeiro marido.

Portanto, informo-me sobre o nome do marido e proponho à representante da paciente que olhe para ele e diga: "Meu querido G., respeito a sua dor e a maneira como você a carrega!".

Quando o representante do marido ouve as palavras de sua mulher, ele se vira, olha primeiro para ela e depois para sua filha. Lágrimas rolam por suas faces e ele se volta para ambas. Nesse ponto dispenso a representante da paciente e faço com que a própria paciente tome o seu lugar, junto de sua filha. O representante do marido envolve a paciente em seus braços, e ambos choram por sua filha. Proponho ao marido que diga a ela: "Agora vamos carregar isso juntos". E a paciente confirma, com lágrimas: "Sim, vamos carregar isso juntos".

Durante esse processo, a representante da doença se sente cada vez mais supérflua e se retira passo a passo da constelação.

Quando um acontecimento grave acontece numa família, como a deficiência ou a perda de uma criança, a relação do casal é submetida a uma prova. Muitas vezes os parceiros não conseguem unir-se na dor e chorar juntos. Quando um dos parceiros se tranca em sua dor, a desgraça separa o casal. Quando, ao contrário, os parceiros conseguem carregar juntos o peso, isso atua unindo-os, e a relação pode crescer com isso.

Nesse contexto deve-se ponderar que muitas vezes há uma diferença entre os sentimentos do homem e da mulher e consequentemente entre suas formas de lidar com abortos espontâneos. As mulheres percebem sua maternidade bem mais cedo do que os homens, e a perda de uma criança na gravidez abala profundamente aquela que está se tornando mãe. Para o homem é muitas vezes difícil sentir isso, e assim a mulher fica frequentemente sozinha em sua dor.

O aborto espontâneo: "Agora vamos carregar isso juntos!"
(Paciente com ausências)

Uma mulher sofre há cerca de cinco anos com ausências que ocorrem a intervalos irregulares. Os exames neurológicos não apontaram resultados claros; possivelmente trata-se de uma forma leve de epilepsia.

Sem outras informações prévias, peço à paciente que coloque em cena representantes para si mesma e para o sintoma. Para este ela escolhe uma mulher. Na constelação ela se sente fortemente atraída pela representante da paciente. Sem se perturbar, busca proximidade e contato físico com ela, embora seja sempre repelida com um empurrão. Quando pergunto à representante do sintoma como se sente, ela responde: "Meu maior desejo é entrar dentro de sua barriga!". Essa declaração toca a paciente e a leva às lágrimas. Ela conta: "Há seis anos perdi meu primeiro filho. Foi uma época terrível para mim. Meu marido e eu vivíamos na Arábia Saudita, para onde ele foi transferido por sua empresa. Como ele tinha muito trabalho, eu costumava ficar muito tempo sozinha, e tinha pouco contato social. Pelo fim do quarto mês de gravidez meu marido precisou retornar à Europa por quatro meses. Não querendo correr riscos, decidi viajar com ele. Nesse período eu tive o aborto espontâneo".

Peço à paciente que introduza representantes para seu marido e para a criança que, pelo seu sentimento, era uma menina. As representantes do sintoma e da criança sentem-se como se fossem uma só e se aconchegam. A representante da paciente mostra-se fria e deseja estar só. O representante do marido procura ficar perto de sua mulher mas sente-se desamparado ante a rejeição dela.

Sugiro a ele que diga à sua mulher: "Querida K., agora vamos carregar isso juntos!". Então a representante da paciente ergue os olhos e o encara. Lentamente ela dá vazão aos seus sentimentos e finalmente sorri para ele. Depois de algum tempo ela olha na direção de sua filha e toma delicadamente a sua mão. O representante do marido chega mais perto e abraça ambas. Nesse momento a representante do sintoma se desprende e começa a retirar-se passo a passo.

A situação é diferente numa interrupção da gravidez. Nesse caso os pais não estão em posições comparáveis, pois mesmo que estejam de acordo quanto à decisão de abortar uma criança, é a mulher que, diante do médico, toma sozinha a última decisão e a executa. Em decorrência disso, uma interrupção da gravidez envolve um fator de separação na relação conjugal e, quando já existem filhos, também na família. Quando esse fator não é reconhecido, às vezes uma doença separa o casal.

A criança abortada
(Paciente com borreliose)

Um homem padece, há alguns anos, com dores de cabeça crônicas e fortes oscilações circulatórias que regularmente provocam desmaios.

O exame clínico acusa a presença de anticorpos de borrélias no sangue. Apesar de ter sido tratado duas vezes com antibióticos, o estado de saúde do paciente piora constantemente. Seu estado geral deteriorou-se muito, sente-se muito enfraquecido, precisa dormir muito e só conserva o seu emprego devido à tolerância do patrão. De um ano para cá o patrão proporciona-lhe um trabalho de tempo parcial com horário livre. Atualmente o paciente não tem condições de assumir uma carga maior de trabalho.

Na rodada de apresentação ele relata que é casado há cinco anos e não tem filhos. A pergunta sobre acontecimentos significativos na família de origem não aponta indicações apreciáveis em relação ao seu sintoma. Proponho começarmos a constelação com dois representantes, um para o paciente e outro para o seu sintoma.

O paciente escolhe um homem para representá-lo e uma mulher para o sintoma. Ele os posiciona voltados um para o outro, a uma pequena distância. Quando os representantes seguem os próprios impulsos, o representante do paciente dá um grande passo para trás, no que é seguido pela representante do sintoma. Esta comenta que fica triste quando ele se distancia; quando o paciente afasta-se mais um passo, ela o segue com determinação. A expressão do rosto e principalmente o comportamento infantilmente teimoso da representante do sintoma levam à suposição de que ela talvez represente uma criança na vida do paciente. Embora tenha sido informado, na rodada inicial, de que o paciente não tem filhos, faço a pergunta mais uma vez. Quando ele torna a negar, pergunto-lhe por crianças falecidas ou abortadas em sua família ou, talvez, de parceiras anteriores. A essa pergunta o paciente reage com fortes sintomas corporais. Gotas de suor aparecem em sua testa, ele empalidece e me diz que se trata de um dos acessos típicos de fraqueza que costumam assaltá-lo de repente. Ele ainda me pede que interrompa a constelação, e então cai desmaiado de sua cadeira no chão.

Com alguns leves tapas no rosto e um pouco de água fria ele logo recupera a consciência. Ainda deitado no chão ele balbucia: "Por favor não continue, não posso mais!".

Durante um intervalo do dia seguinte, o paciente me pede uma breve conversa em particular, e conta que uma parceira anterior dele fez um aborto. Respondo que aí talvez exista uma ligação, porém agora eu daria preferência a outros participantes que ainda não tinham constelado, e depois haveria outra oportunidade para ele, caso quisesse continuar o trabalho. No terceiro dia, pouco antes do final do curso, ele volta a procurar-me e informa: "O filho abortado não é de uma namorada anterior, mas de minha mulher". E logo acrescenta: "E em nenhuma hipótese eu quero perdê-la".

Depois desse intervalo eu trabalho com uma outra participante do grupo, cujo tema é sua relação conjugal. Ela também abortou uma criança do seu parceiro e desde então a convivência ficou difícil. O paciente de borreliose acompanha a constelação com extrema tensão. Nesse dia ele não se sente em condições de continuar o trabalho.

Duas semanas depois do curso o paciente solicita um atendimento particular no consultório. A constelação da última paciente sobre o tema do aborto o tocou muito. De repente ele tomou consciência de que os seus sintomas começaram pouco tempo depois do aborto de sua mulher.

No contexto da consulta particular esclareço ao paciente as consequências, frequentemente bem amplas, de uma interrupção da gravidez, baseado nas experiências repetidamente observadas nas constelações.

Nessa conversa o paciente fica especialmente tocado pelo exemplo de uma mulher de uns 35 anos que contou num curso de constelações que ela devia ser a "pessoa mais feliz do mundo" porque dentro de dois meses se casaria com "o homem de sua vida". Sem outras informações, pedi naquela ocasião à paciente que colocasse em cena representantes para si mesma e para o seu parceiro. Ela colocou ambos voltados um para o outro, a cerca de dois metros de distância. Estranhamente, sempre que o representante do homem queria aproximar-se da representante da cliente, esta sentia dores em todo o corpo, que só começavam a ceder quando o homem se afastava.

Ambos já tinham formado um casal por vários anos nos tempos de escola. Quando a mulher engravidou aos 17 anos, eles concordaram com o aborto da criança. Uns dois anos mais tarde separaram-se, e cada um seguiu o seu caminho. A mulher passou desde então por vários relacionamentos, o homem casou-se com uma colega da universidade, tornou-se pai duas vezes e deixou sua mulher depois de oito anos de casamento. Quando eles se reencontraram, muitos anos depois, seu amor se reacendeu e se juntaram de novo.

A uma observação da paciente, de que ela não poderia casar-se com esse homem, respondi naquela ocasião: "Talvez o amor de vocês seja bem-sucedido justamente quando ambos reconhecem com amor a distância de que você precisa".

Por meio dessas explicações o paciente em questão toma consciência de uma proporção constante entre a intensidade e a frequência de seus sintomas e o tempo que passa em companhia de sua mulher. Justamente nas férias os desmaios são mais frequentes. Até então ele pensava que isso era consequência do calor insuportável. Contudo, quando, por desejo dele, o casal passou as férias em uma região fria, a situação não melhorou. Pelos acertos de contas de seus vencimentos percebeu que suas faltas ao trabalho ocorriam com maior frequência às segundas-feiras, depois dos fins de semana. Geralmente ele precisava da segunda-feira para ficar só, pois assim se recuperava melhor. Finalmente precisou reconhecer que, quanto mais folga tinha em seu relacionamento, tanto melhor era o seu estado de saúde.

Possivelmente o paciente percebe que sua mulher, devido a uma ligação especial com a criança abortada, já não está tão livre para o relacionamento. Como ele, em suas palavras "em nenhuma hipótese quer perdê-la", o sintoma pode ser também uma tentativa inconsciente para envolvê-la e segurá-la.

Uma outra suposição que se apresenta é que o paciente vivenciou em sua família de origem uma perda de vinculação, devido a um trauma pessoal de separação ou a um enredamento familiar. Porém nenhuma das duas hipóteses livra-o da responsabilidade de respeitar a decisão de sua mulher. Assim pareceu-me conveniente, nessa situação, dirigir-me à sua parte adulta e inicialmente não retroceder à infância ou à família de origem.

O reconhecimento do fator de separação numa relação de casal poderia ser um primeiro passo para a solução, e é talvez um caminho viável para a reaproximação dos parceiros.

Nos exemplos de casos seguintes pode-se perceber como esses passos de solução podem alcançar êxito.

O respeito recíproco
(Enfermidade crônica da tireoide do marido)

Um casal inscreve-se conjuntamente para um seminário de constelações. Eles passam grandes dificuldades no casamento. O marido sofre, há cerca de três anos, de uma inflamação crônica da glândula tireoide.

Seus sintomas começaram cerca de um ano após o aborto de uma criança. Era a terceira gravidez da mulher num período de quatro anos, e ela sentia-se sem forças suficientes para mais uma criança.

Devido a uma crise aguda na doença do marido, ele precisou ser internado na véspera do início do curso e não pôde participar. A mulher, porém, fez questão de aproveitar a data marcada para a constelação, por sentir que a atual situação na relação do casal tornara-se insuportável para ela.

Começamos com a constelação da família atual, e a mulher escolhe representantes para seu marido, as duas filhas e para si mesma. Ela coloca a sua representante e o representante do marido voltados um para o outro, a uma grande distância. As representantes das filhas ficam lado a lado, mais ou menos à mesma distância dos pais. Todos os quatro representantes dão a impressão de estar como que petrificados. Mantêm a cabeça baixa e os olhares voltados para o chão parecem dirigir-se a um ponto no centro. À minha pergunta sobre crianças falecidas, a mulher fala do aborto da terceira criança. Peço-lhe que introduza um representante para essa criança. Ela escolhe um homem e o posiciona entre a representante dela e o representante do marido. Quando o representante da criança abortada toma o seu lugar na constelação, todos os representantes anteriormente colocados sentem-se melhor. Na constelação, até então congelada, penetra vida. Apenas o representante da criança abortada não se sente bem. Está lívido, suas pernas tremem, e em pouco tempo elas cedem e ele desaba, esgotado, no chão. Antes que a representante da mulher possa reagir, o representante do pai aproxima-se, puxa para si o filho que parece sem vida, ampara-o nos braços e olha para a mulher com uma expressão de censura.

A paciente não se surpreende com esse impulso e justifica-o pelo grande desejo que o marido tem de ter um filho.

Nesse ponto peço a ela que escolha um representante para a doença do seu marido e o coloque em cena. Ela escolhe um participante e coloca-o atrás do representante do marido, que está sentado no chão. À minha pergunta sobre como se sente, o representante da doença responde que está no lugar certo, em ligação com o homem. Sente-se bem e com boa energia. O representante do marido percebe-o mas não está interessado nele e afasta-se um pouco. Nisso ele puxa o filho abortado para mais perto de si, passando a dedicar-se inteiramente a ele.

A representante da mulher olha para ambos, sentindo-se desamparada e impotente. As filhas estão bem juntas, dão-se as mãos e comentam: "É bom estarmos juntas porque não sentimos nenhuma ligação com os nossos pais".

Volto-me para a paciente, sentada a meu lado no círculo de cadeiras dos participantes. Pergunto-lhe pelo nome do seu marido e exorto-a a dizer-lhe: "Querido H., respeito o seu amor e a sua dor, porém eu tive a última decisão, e a carrego. Eu sozinha!". Ouvindo as palavras de sua mulher, o homem ergue a cabeça, olha para ela, e peço à mulher que repita: "Querido H., respeito o seu amor e a sua dor, porém esse assunto é meu. Eu tive a última decisão, e a carrego... sozinha!". Quando o representante do marido concorda com um aceno de cabeça, sugiro-lhe estas palavras: "Querida I., agora respeito a sua decisão, com todas as consequências que ela tem para você e para mim, e também para nossas filhas". Com isso desfaz-se um pouco o fechamento do filho. Ele abre os olhos com interesse e agora olha para sua mãe.

Peço à paciente que ocupe o seu lugar na constelação e proponho ao representante da criança abortada que se sente no chão, diante de sua mãe, de modo a apoiar-se nela com as costas. A mãe coloca com cuidado suas mãos sobre a cabeça da criança, acariciando-lhe os cabelos.

O representante do marido se levanta e o representante de sua doença começa lentamente a retirar-se da constelação.

As filhas seguem atentamente o diálogo dos pais e sentem-se agora claramente melhor. Questionadas como se sentem, respondem que, devido ao respeito mútuo dos pais, recuperaram o seu respeito por eles. Sentem-se em contato positivo com a mãe e o pai, e também com o irmão abortado. Este ocupa um bom lugar junto da mãe, enquanto as filhas sentem-se agora um pouco mais próximas do pai. Contudo a doença dele no fundo ainda as preocupa um pouco.

A pergunta por acontecimentos na família de origem do marido revela que seus pais se separaram quando ele tinha 3 anos de idade. Depois da separação ele não teve mais contato com seu pai. Quando o procurou, já adulto, soube que o pai tinha falecido alguns anos antes.

Provavelmente o representante de sua doença estava representando o seu pai. Como ele mesmo não estava presente não fui adiante nessa questão.

Parece conveniente que a mulher carregue sozinha a responsabilidade pela decisão de interromper uma gravidez. É preciso reconhecer que a mulher tem aqui todas as possibilidades, e ele deve respeitar a sua decisão, seja ela qual for.

A situação é diferente quando o aborto ocorre sob coação ou intervenção violenta.

O aborto por coação
(Paciente com psicose do tipo esquizofrênica)

No contexto de um curso de formação, um médico me apresenta uma paciente de 20 anos. Poucas semanas depois de uma interrupção da gravidez provocada por sua mãe, a jovem, então com 17 anos, desenvolveu, de acordo com informações do médico, comportamentos psicóticos. Atualmente a paciente se apresenta estável e bem adaptada à medicação. Por recomendação do médico assistente, ela comparece ao curso de formação pela manhã, acompanhada de sua mãe. Num intervalo, depois de ter assistido duas constelações de outros participantes, a jovem me pede que trabalhe com ela. Os diálogos foram transcritos das gravações do seminário de formação.

Depois que tomo contato e entro em sintonia com a paciente, começo o diálogo.

TERAPEUTA: “Você é uma boa menina!”.

PACIENTE: “Obrigada”.

TERAPEUTA: “Boas meninas vão para o céu! (*Ela sorri.*) – Boas meninas muitas vezes ficam mal. (*Ela concorda, balançando a cabeça.*) Realmente você não é mais uma menina”.

PACIENTE: “Sou adulta!”.

TERAPEUTA: “Antes de tudo, você é mãe!” (*Ela concorda.*)

PACIENTE: “Estou aqui com minha mãe”.

TERAPEUTA: “Quando a mulher concebe uma criança, ela se torna mãe... não há escapatória”. (*Ela concorda.*)

PACIENTE: “Eu gostaria de constelar a mim e a minha criança que não nasceu”.

Depois de breve reflexão eu concordo.

TERAPEUTA: “É um menino ou uma menina?”.

PACIENTE: “Não sei, mas para mim é uma menina”.

TERAPEUTA: "Bem, então escolha dois representantes e coloque-os em cena".

A paciente escolhe duas mulheres e coloca uma diante da outra, a uma certa distância. Ambas se olham com muito amor e trocam sorrisos. Percebe-se a necessidade de se aproximarem, mas algo as detém.

Peço à paciente que acrescente à imagem da constelação uma representante para sua mãe. Ela escolhe uma representante e a posiciona com o olhar voltado para a criança abortada, exatamente no meio, entre a sua própria representante e a da criança.

Tanto a representante da paciente quanto a da criança olham para o chão com uma expressão resignada. A representante da mãe recua, com o punho cerrado, em direção à representante da filha e a empurra para trás lentamente e com determinação. A outra se deixa levar, até que a representante da criança começa a chorar mansamente. Nesse momento a representante da paciente cria coragem e quer aproximar-se da filha, mas a representante da mãe interpõe com energia o seu braço esticado, até que a representante da paciente desiste e desaba no chão, como morta. Então a representante da sua filha grita, chora amargamente e, transtornada, se afasta. A representante da mãe volta-se e olha com frieza e superioridade para a filha que jaz no chão. Depois de algum tempo, a representante da criança torna a virar-se e olha, à procura da mãe. Esta está deitada no chão, muito intranquila, e de olhos fechados começa a procurar alguma coisa. Com grande desespero procura pegar algo em torno de si em ritmo acelerado, girando sobre si mesma e move loucamente todo o seu corpo de um lado para o outro.

Quando a representante da mãe vê como a filha enlouquece, ela retrocede, passo a passo, e sem mostrar nenhum sentimento empurra com suas costas a representante da criança para fora do círculo.

Assim termina o movimento na constelação. Volto-me para a paciente sentada ao meu lado e lhe digo: "Creio que vimos tudo". A paciente reage imediatamente e pergunta: "O que acontece com minha filha?".

TERAPEUTA: "Você é a mãe dela! E você tem todas as possibilidades!".

PACIENTE: "Mas minha mãe não me deixa! Como ela (*aponta para sua representante*) pode levantar-se de novo?".

Sem responder, vou até a representante da mãe, tomo-a pelo braço, levo-a para fora do círculo e volto a sentar-me ao lado da paciente. Mal me sento, a representante da mãe vira-se de novo e com um olhar zangado me sinaliza que não quer isso. Com determinação aviso à representante que torne a virar-se. Ela fecha os punhos, bate com os pés no chão e bufando de raiva torna a virar-se.

Ficamos aguardando o que acontece. Então a representante da criança começa mansa e cuidadosamente a aproximar-se de sua mãe. Esta, como se percebesse o anseio de sua filha, vai criando vida e também começa a virar-se com olhos fechados e voltar-se para a sua filha. A representante da criança ajoelha-se ao lado de sua mãe deitada no chão, e quando ambas se tocam a representante da paciente abre os olhos e aperta a criança nos braços. Chorando amargamente, senta-se e começa a ninar a criança nos braços. A própria paciente olha com alegria a imagem cheia de paz, quando de repente a representante da mãe passo a passo volta para o círculo e aproxima-se da representante de sua filha. Esta recomeça imediatamente a respirar com dificuldade, e usa toda a sua força para afastar-se da mãe, com a criança nos braços.

Quando a mãe se volta e vê como sua filha se afasta com a criança nos braços, sua raiva se transforma numa profunda desesperança. Sem forças ela desaba sobre os joelhos e deita-se no chão, como se fosse morrer. A representante da paciente respira aliviada e volta a dedicar-se totalmente à sua criança.

Volto-me para a paciente: "Você gostaria de aproximar-se de sua filha?". Por um momento seu rosto se ilumina, mas responde: "Tenho medo!". Olho para a mãe dela, que comovida acompanhou tudo, e pergunto: "Ela pode?". Ela responde, friamente: "Sim!". Imediatamente a paciente diz: "Eu quero muito!". Como num rito sagrado, ela tira os sapatos cuidadosamente, vai até sua representante e solta de seus braços, com muito cuidado, a representante da criança, que nesse meio-tempo dá a impressão de ter adormecido. Chorando ela toma a representante da criança e a nina em seus braços.

Agora tomo pela mão a mãe da paciente e a introduzo também na constelação. Alternadamente ela olha para a sua representante deitada no chão e para sua filha, que com entrega e sem olhar para cima, com lágrimas nos olhos acaricia sua filha deitada em seu colo.

Lentamente levo a mãe para mais perto. Chorando ela abraça sua filha. Porém, quando esta percebe que sua mãe não está disposta a acolher também a criança, se solta do abraço da mãe e aperta a representante da criança firmemente contra si.

Volto-me para a paciente e lhe sugiro que encare a sua mãe e lhe diga: "Querida mamãe, olhe, esta é minha filha... sua neta!".

Pela primeira vez a mãe dá atenção à representante da criança abortada. Com isso sua filha pode olhar sem medo nos olhos da mãe. Sugiro então à mãe que diga à sua filha: "Sim, esta é minha neta, e agora respeito o seu amor por ela". Percebe-se que a mãe não está completamente livre, mas ela respira fundo e repete as palavras. Quando ela quer imediatamente abraçar de novo a filha, eu a impeço. Em vez disso, exorto-a a dizer à filha: "Eu respeito o seu amor, e agora eu me retiro". Com essas palavras eu a faço retroceder alguns passos, e a paciente respira aliviada.

Com isso termino o trabalho e dispenso os representantes da constelação.

Fiquei surpreso e impressionado pela forma como a paciente esteve presente durante o processo e como ela se envolveu de perto e adequadamente em todo o comovente processo, embora estivesse sob a ação de medicamentos. Pareceu-me que nesse processo a paciente, num prazo muito pequeno, deixou de ser a filha que era, tornando-se mulher e mãe. Infelizmente não disponho de informações sobre o desenvolvimento posterior da paciente.

O segredo conhecido por todos: "Você também faz parte!"
(Paciente com fibromialgia)

Uma mulher padece há cerca de cinco anos com fortes dores na coluna cervical. Como não foram constatadas alterações orgânicas, suspeita-se que se trate de fibromialgia.

Respondendo à minha pergunta, se o início dos sintomas foi precedido de alguma mudança em sua vida, a paciente informa que os sintomas começaram depois que seu marido a deixou. Ele foi trabalhar nos Estados Unidos e não voltou mais.

Como o trabalho acontece no contexto de um curso de formação, aproveito a afirmação da mulher para indicar que via de regra uma mulher não adoece por causa de um homem. A recíproca também é verdadeira!

Como os sentimentos em relação a um parceiro são muitas vezes idênticos aos sentimentos em relação à mãe, pergunto à paciente como é sua relação com sua mãe. Ela responde: "Creio que é boa".

A resposta não parece muito convincente e pergunto francamente: "Você é talvez a filha predileta do seu pai?". A paciente confirma com um sorriso, mas logo surgem lágrimas em seus olhos e ela diz: "Meu pai já faleceu! Mas está certo, eu era a sua filha favorita!". Peço ainda à paciente que me diga quantos irmãos tem, e ela responde: "Eu sou a segunda de cinco irmãos!" Interrogada sobre parceiros anteriores dos pais, ela diz apenas que eles já estavam juntos com 16 e 17 anos, e que a primeira criança nasceu quando a mãe tinha 18 anos.

Depois dessas informações proponho começar com a constelação da família de origem.

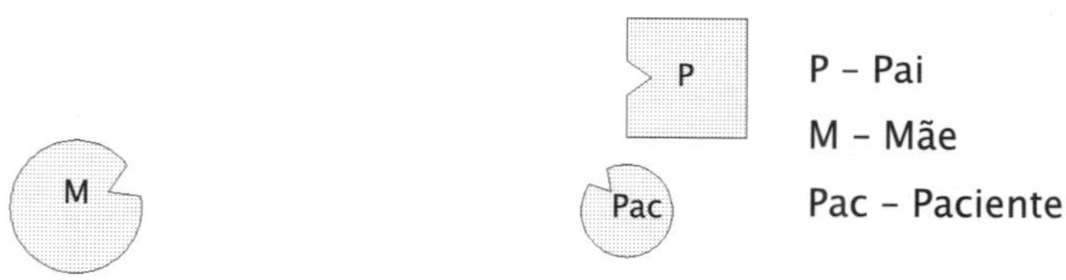

A representante da mãe começa a chorar. O representante do pai diz que está tranquilo mas não consegue se mover. A representante da paciente sente uma grande tristeza.

Quando peço aos representantes que cedam aos seus impulsos, a representante da paciente recua e a mãe caminha em direção ao marido. Este lhe dá o braço, mas nem assim ela se acalma.

Questionada se os pais perderam um filho, a paciente diz que um irmão dela nasceu morto no sexto mês de gravidez. A pedido meu, ela coloca um representante para essa criança ao lado da mãe, porém com isso nada muda para os demais representantes. Apenas a representante da paciente caminha finalmente para diante dos pais e cerra os punhos.

Manifestamente existe um tema que ainda não foi mencionado, e eu pergunto se existe algum segredo de família. Ao ouvir falar de segredo, a representante da paciente recua diante dos seus pais como se tivesse sido penosamente tocada e cola-se à direita do seu pai. Minha imagem é que sua intenção é proteger o pai. A paciente confirma que existe um segredo, mas é conhecido por todos: o pai tem uma filha com a irmã da própria esposa. A meia-irmã da paciente é três anos mais nova do que ela.

Peço à paciente que coloque em cena alguém para representá-la. Ela escolhe uma participante e a coloca diante de seus pais.

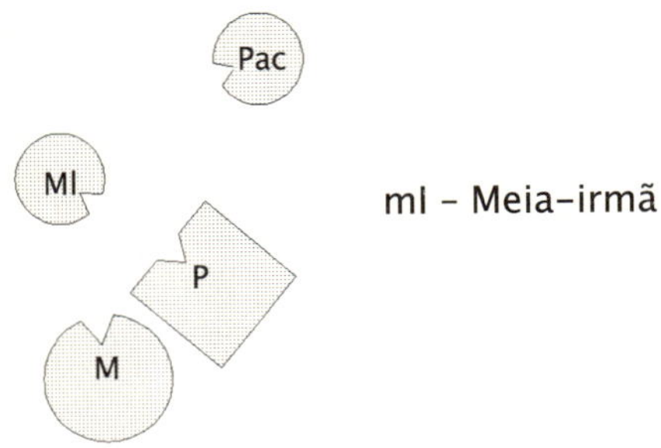

A representante da meia-irmã imediatamente recua, posta-se inicialmente ao lado da representante da paciente, porém mesmo aí não consegue ficar tranquila e afasta-se da família.

À minha pergunta, sobre como está sua meia-irmã, a paciente responde apenas: "Ela sofreu muito".

Nesse ponto peço ainda que uma representante da irmã da mãe entre na constelação. Isso leva às lágrimas a meia-irmã. Entretanto, quando sua mãe se afasta dela, ela se retira para um canto do recinto e chora.

Todos os representantes estão agora imóveis, ninguém dá atenção à meia-irmã que chora baixinho. Quando a paciente vê essa imagem da família, também aparecem lágrimas em seus olhos.

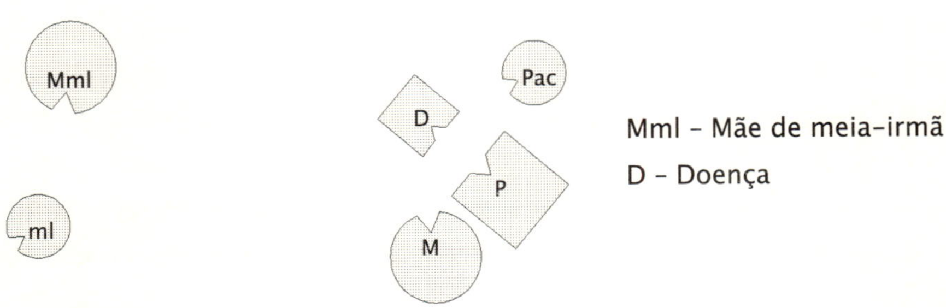

Depois que todos os representantes na constelação estão como que paralisados e não mostram nenhuma emoção ou compaixão, peço à paciente que coloque também um representante para a sua doença. Ela escolhe um homem e o coloca diante dos pais, no lugar onde sua representante expressou antes a sua raiva e onde ficou depois a representante da meia-irmã.

A mudança interessante com o aparecimento da doença é que a representante da paciente já consegue aproximar-se da sua meia-irmã. Ela se desprende do abraço de seu pai e se junta à meia-irmã, e ambas se abraçam.

Com isso vem à luz uma possível conexão sistêmica familiar da doença. Ela poderia ser uma compensação por um sentimento de culpa da paciente, pois somente depois do aparecimento da doença ela conseguiu expressar o amor pela meia-irmã.

Como solução proponho à paciente que diga aos representantes de seus pais: "Ela também faz parte! E eu lhe dou um lugar em meu coração como minha irmã caçula".

Depois que ela diz essas palavras aos seus pais, sugiro-lhe que as diga também à meia-irmã: "Você também faz parte! E agora lhe dou um lugar em meu coração como minha irmã caçula".

Dizendo essas palavras, a paciente não se deixa deter. Levanta-se, caminha até a representante da meia-irmã e elas se abraçam longamente.

Quando se desprendem do abraço, a meia-irmã toma a paciente pela mão e a conduz à presença do seu pai. Deixando-a aí, vai na direção de sua mãe. Esta toma a filha nos braços e abraça-a.

Questionada como se sente agora, a meia-irmã responde: "Tranquila, finalmente tranquila! Agora me sinto como uma filha".

Cerca de seis meses depois desse trabalho, a médica que recomendou a constelação à paciente informa que os sintomas, até então resistentes à terapia, melhoraram sensivelmente.

É digno de nota que os sintomas apareceram pouco depois que ela foi abandonada pelo marido. Isso lembra um acontecimento da família de origem da paciente. Com a geração da meia-irmã nasceu um vínculo entre o pai da paciente e a irmã da mãe, e surgiu um novo sistema familiar que tem precedência sobre o anterior.

5.4.2 Relação conjugal, doença e sintomas

Como já foi mencionado, as constelações sistêmicas com doentes sugerem que um homem não fica seriamente doente por causa de uma mulher e, inversamente, uma mulher não adoece por causa de um homem.

Na maioria dos casos são os "filhos" que, por amor a seus pais ou antepassados, ficam doentes. Profundamente carentes de proximidade, eles querem inconscientemente segui-los na morte, carregar algo por eles ou mesmo morrer em seu lugar. Eles também podem identificar-se inconscientemente com pessoas a quem seus pais se ligam mais fortemente ou a quem permitem uma proximidade maior.

Não obstante, as doenças e os sintomas têm sempre um papel significativo nas relações conjugais e podem cumprir importantes funções.

Como proteção contra uma proximidade excessiva ou como reconhecimento de ligações com parceiros anteriores ou com os pais, as doenças e os sintomas ajudam a regular e a calibrar a necessidade de distanciamento nas relações.

O não à mulher
(Paciente com síndrome nefrítica)

Um homem de cerca de 55 anos sofre desde os 40 anos de uma enfermidade crônica progressiva dos rins, com perda crescente da função renal. É casado e não tem filhos. À pergunta sobre a razão de não ter filhos, responde que sua atual mulher já tinha 38 anos quando a conheceu. Ela gostaria muito de ter um filho, porém "isso não deveria acontecer". Nos relacionamentos anteriores do paciente os filhos não foram cogitados por ele nem por suas parceiras.

Um tanto admirado pela indiferença emocional que o paciente manifesta ao falar de sua mulher e dos possíveis filhos, proponho-lhe começar com a situação atual. Ele escolhe representantes para si e para sua mulher, e posiciona-os lado a lado, como um casal. À minha pergunta sobre como ambos se sentem, o representante do marido logo responde: "Para mim está perto demais, meu coração está acelerado e estou suando muito. Preciso com urgência de mais distância". Como o representante está visivelmente mal, peço-lhe que siga o seu impulso, e ele afasta-se resolutamente três passos para o lado. A representante da mulher, admirada, sacode os ombros, mostrando não entender a reação do marido.

Em seguida peço ao paciente que introduza na constelação um representante para a sua doença. Ele escolhe um homem e lhe dá um lugar na constelação. Então o representante do paciente muda de posição, colocando-se de tal maneira que a doença fica exatamente entre ele e a sua mulher. Aí ele respira aliviado, visivelmente mais relaxado e informa: "Agora estou bem". O representante da doença observa: "Sinto-me aqui como uma criança".

O paciente mostra-se tocado pelo que se manifesta na constelação e dá a entender que não consegue compreender as reações do seu representante. Diante de sua confirmação de que nenhuma de suas parceiras anteriores engravidou, pergunto por acontecimentos em sua família de origem. Ele é o mais novo de sete filhos, o único que nasceu depois da guerra. Terminada a guerra, seu pai passou mais de dois anos como prisioneiro na Rússia. O irmão do paciente, quase vinte anos mais velho, envolveu-se com uma mulher de um campo de refugiados perto de sua aldeia natal. Ela engravidou e deu à luz um filho. Quando a mãe do paciente soube da gravidez, exclamou indignada: "Se alguém mais fizer isso comigo, eu me mato!". Quando nasceu o filho do irmão, este e sua mãe pagaram à mulher uma grande soma em dinheiro, com a condição de que ela não mencionasse quem era o pai da criança e que a mulher abandonasse a região, juntamente com o filho. Questionado sobre o estado atual do irmão, o paciente responde que ele morreu jovem. Não teve mais sorte com as mulheres, viveu só e caiu no vício da bebida.

Depois dessas informações peço ao paciente que introduza na constelação representantes para o seu irmão, a mulher refugiada e a criança. Com exceção do representante do paciente, nenhuma das outras pessoas olha para a criança. Esta, por sua vez, só se sente ligada ao representante da doença. Digo aos representantes que sigam os seus impulsos, mas ninguém ousa mudar de posição. Peço ao paciente que introduza também uma representante para sua mãe. Quando ela aparece, o representante do paciente fica rígido. Questionado como se sente, responde: "Na verdade eu não estava mal e tinha um bom contato com o representante da criança, porém agora só tenho olhos para a doença. Agora ela é a minha única ligação".

Depois dessa indicação volto-me para o paciente sentado ao meu lado e digo: "Olhe para sua mãe e diga: 'Querida mamãe, este é o seu neto, o filho do meu irmão, o meu sobrinho. Sua mãe e ele fazem parte da família... e ainda que não tenha sido possível para você, eu dou a eles um lugar no meu coração'". Então o representante do irmão se derrama em lágrimas, vai até seu filho e a mãe dele, abraça a ambos e chora. O representante da doença retira-se passo a passo, e o representante do paciente olha pela primeira vez para a própria esposa. Todo o grupo fica profundamente tocado pelos múltiplos efeitos produzidos por essas "simples" frases e manifestados pelas reações dos representantes.

A pergunta pela época do aparecimento de doenças ou da primeira manifestação dos sintomas revela frequentemente conexões essenciais para o trabalho da constelação. Muitas doenças aparecem ou pioram por ocasião das passagens essenciais nas fases da vida familiar (as chamadas *mudanças da vida*): por exemplo, quando o jovem começa a deixar a família de origem para casar-se e fundar sua própria família. Se ele ainda tem uma tarefa a cumprir em sua família de origem ou precisa representar alguém para seus pais, sua liberdade para configurar sua vida e suas relações fica reduzida, e ele se sente preso num conflito de lealdades entre seus pais e sua possível parceira.

Passagens semelhantes, importantes para a evolução de doenças ou sintomas nas fases da vida são o noivado, o casamento e o nascimento de um filho. Quando um sintoma se reforça por ocasião de uma dessas passagens, isso muitas vezes é sinal de que existe uma ligação entre a doença e a família de origem que ainda não foi resolvida.

Na relação conjugal a doença ou o sintoma pode atuar no sentido de separar ou também de unir.

A ligação à primeira esposa:
"Agora vejo o que você carrega!"
(Paciente com adenoma da próstata)

Um paciente de 70 anos sofre de hipertrofia benigna da próstata. Embora padeça há vários anos de perturbações do sono, precisando levantar-se umas sete vezes por noite, continua firmemente decidido a recusar uma cirurgia. Depois de apontar para os riscos médicos, disponho-me a fazer sua constelação e informo-me sobre a sua atual situação de vida.

A constelação foi gravada e os diálogos são, em parte, literalmente reproduzidos.

PACIENTE: "Sou aposentado. Minha mulher é muito mais jovem do que eu, ela tem 45 anos. Tenho seis netos do primeiro casamento".

TERAPEUTA: "Quando apareceram os sintomas?"

PACIENTE: "Há cerca de sete anos. Desde então foram aumentando progressivamente".

TERAPEUTA: "Houve nessa época alguma mudança em sua vida?"

PACIENTE: "Aposentei-me há dez anos. Há oito anos casei-me com minha atual esposa, mas já nos conhecíamos há vinte anos".

TERAPEUTA: "Então os seus sintomas apareceram cerca de um ano depois do casamento?"

PACIENTE: "Sim".

TERAPEUTA: "Você tem filhos do primeiro casamento?"

PACIENTE: "Sim, três".

TERAPEUTA: "Como está sua primeira mulher?"

PACIENTE: "Eu me casei ainda uma segunda vez; minha atual esposa é a terceira. Eu já a conhecia quando decidi casar-me com minha segunda esposa, por motivos que, pensando bem, não consegui compreender".

TERAPEUTA: "Existem filhos com a segunda mulher?"

PACIENTE: "Não".

TERAPEUTA: "Por que você se separou da primeira esposa?"

PACIENTE: "Eu tinha dificuldade de conviver com a sua permanente insatisfação. Eu mesmo fiz várias terapias e com isso mudei muito. Finalmente nos separamos e cada um foi para o seu lado. Partilhamos a tutela dos filhos e conseguimos resolver bem os assuntos deles.

TERAPEUTA: "Está certo. Comecemos com a situação presente, colocando representantes para você e para sua esposa atual".

O paciente escolhe os representantes e coloca a esposa à esquerda do marido. Eles se olham brevemente e trocam sorrisos. Pergunto-lhes como se sentem.

O representante do paciente comenta: "Tenho uma agradável sensação de calor e em relação à minha mulher. Olho com prazer para ela e sinto-me muito bem".

A representante da mulher corresponde ao sentimento do marido: "Tenho uma sensação semelhante. Também tenho uma sensação de calor, vejo-o mas também me sinto livre para olhar para a frente".

TERAPEUTA: "Isso parece muito bonito!".
PACIENTE (*sorri*): "Não é mesmo?".
TERAPEUTA: "Não me fio totalmente nessa paz. Por favor, coloque alguém para representar sua primeira mulher!".

O paciente escolhe uma representante e a coloca à direita do representante dele, a uma certa distância, olhando para o casal.

TERAPEUTA: "Alguma coisa mudou para vocês?".

O representante do paciente observa: "Gostaria de aproximar-me um pouco mais de minha primeira mulher. Agora ela me atrai mais do que a esposa atual". Dizendo isso, dá um passo na direção dela, ficando mais ou menos à mesma distância de ambas.

Voltando-me para o paciente, pergunto: "O que você acha disso?".

PACIENTE: "É interessante!".

Pergunto ainda à representante da atual esposa como ela se sente. Ela responde: "Quando vi a primeira esposa senti-me ainda mais próxima do meu marido. Mas quando ele se afastou de mim não foi bom. Meu olhar continua livre mas não me sinto bem quando olho para a primeira esposa".

A representante da primeira mulher informa: "Estou cambaleante e sinto que algo me puxa para baixo".

Nesse ponto desejo ver como as pessoas consteladas reagem ao sintoma do paciente, isto é, se o sintoma provoca mudanças nas reações dos outros representantes. Para isso peço ao representante do paciente que retorne à sua posição inicial ao lado da atual esposa, e peço ao paciente que introduza alguém para representar o seu sintoma. Ele escolhe um homem e posiciona-o diretamente voltado para o seu próprio representante.

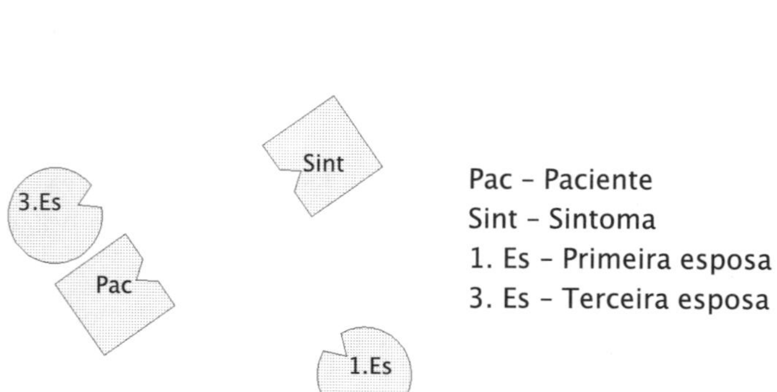

TERAPEUTA: "O que muda com isso para vocês?".

REPRESENTANTE DO PACIENTE: "Estou pensando se isso me incomoda ou não. De uma certa maneira eu me sentia melhor antes, quando ele não estava presente, mas não tenho a sensação de que o sintoma é ameaçador.

O que mudou é que não existe mais o impulso de me aproximar da primeira esposa. Voltei a ter a sensação quente e agradável em relação à minha atual esposa".

Volto-me para o próprio paciente: "Parece que com o sintoma é mais fácil para você ficar feliz com a atual esposa".

PACIENTE: "Minha primeira esposa me atrai muito. Quando me separei da minha segunda esposa, ela esperava que eu voltasse para ela".

TERAPEUTA: "Pela sua reação corporal quando a mencionei anteriormente na conversa, foi possível ver que algo está aberto entre vocês. Relacionamentos vivem da troca entre o dar e o receber. Quando um parceiro está menos ligado e, consequentemente, mais disponível que o outro, às vezes um sintoma cria a necessária distância. Assim, o seu sintoma não atua prejudicando o seu terceiro casamento, mas estabilizando-o".

PACIENTE: "Talvez exista alguma outra forma de estabilização!".

TERAPEUTA: "Bem, vejamos o que dizem os representantes. Como está a primeira esposa?"

REPRESENTANTE DA PRIMEIRA ESPOSA (*sorri*) "Para mim está bem. Isso me tira um peso das costas. Eu lhe concedo isso!". (*aponta para o representante do sintoma*)

TERAPEUTA (*para o paciente*): "Isso me dá a impressão de que você realmente não recebeu a bênção para ser feliz com sua atual esposa. Como se sente o representante do sintoma?".

REPRESENTANTE DO SINTOMA: "De vez em quando senti-me atraído para ficar mais perto. Enquanto ele precisar de mim estou aí!".

TERAPEUTA: "Como está o representante do paciente?".

REPRESENTANTE DO PACIENTE: "Bem, o sintoma absolutamente não me incomoda. Pelo contrário, volto a sentir-me muito bem com minha esposa. A sensação inicial de calor retornou. De fato, continuo a ver pelo canto dos olhos minha primeira esposa, mas já posso olhar em frente e ela não me incomoda mais".

Nesse ponto intervenho na constelação e peço à representante da primeira esposa que troque de lugar com o representante do sintoma.

Dessa maneira, a primeira esposa do paciente fica diante do olhar dele. Questionada como se sente nesse lugar, ela responde: "Estou muito magoada!" Quando me volto para o paciente, ele confirma: "Eu sei, e até hoje não foi possível mudar isso".

Sugiro-lhe que agora ocupe sua posição na constelação. Quando ele toma o seu lugar, a representante da primeira esposa começa a chorar. Quando o paciente diz: "Estou perplexo!", o representante do sintoma comenta: "Quando ele diz isso volto a ter uma agradável sensação de calor e a vontade de chegar mais perto".

Eu confirmo: "Isso faz sentido, pois no fundo você já era uma solução!".

À minha pergunta à representante da primeira esposa, se existe algo que o ex-marido possa fazer, ela comenta com um suspiro: "Ele já fez o bastante. Já não consigo olhar direito, sinto que fui deixada só". Isso torna claro que o peso que ela carrega provém de um outro lugar, provavelmente de sua família de origem.

Assim pergunto ao paciente o nome dela e lhe sugiro estas palavras: "Querida M., agora vejo o que você carrega e respeito isso". Quando ele diz essas palavras, a representante da esposa contesta: "Não acredito nele".

O paciente confirma, resignado: "É verdade, ela não vai acreditar em mim".

TERAPEUTA: "Vê-se que por trás dela atua muita coisa pesada, proveniente de sua família, e, no fundo, você não tem muito a ver com isso. Contudo, caso você não respeite isso, ela não vai liberá-lo. O que você sabe sobre a família dela?"

PACIENTE: "Os pais se divorciaram quando ela era pequena. O avô era uma pessoa excêntrica que aos 38 anos foi compulsoriamente aposentado e passou o resto da vida trabalhando numa pequena horta. Ela foi sempre muito ligada a ele".

TERAPEUTA: "Não vou investigar este assunto. O essencial é que, se você puder respeitar o que ela carrega, ela vai olhar para você. Isso é o que me parece possível no presente contexto".

PACIENTE: "Para mim está bem. Com isso desaparece uma insatisfação e uma desconsideração de vários anos. O fato de ela olhar para mim seria algo realmente novo".

Na manhã seguinte o paciente conta com satisfação que há muito tempo não passava uma noite tão tranquila, e que foi ao banheiro apenas três vezes, em vez das seis ou sete habituais.

Diferentemente dos dois exemplos anteriores, que abordaram sintomas numa relação conjugal, uma mulher de cerca de 55 anos, pouco depois de divorciar-se, desenvolveu uma alergia que tivera em sua infância por algum tempo. Ao separar-se do marido, a paciente voltou a sentir-se "livre" para representar, em relação à sua mãe, a mãe que esta havia perdido ao nascer. Quando se livrou dessa maternalização houve uma permanente regressão das reações alérgicas.

O exemplo seguinte atesta a disposição dos filhos para envolver e reter os seus pais com a ajuda de sua doença, mesmo que isso lhes custe a vida. (As citações no relato da constelação foram extraídas do relato da doença feito pela mãe e de quatro relatórios médicos feitos por ocasião das internações do filho.)

O divórcio: "Afinal, vocês se entendem melhor agora?".
(Doença de Crohn do filho)

Uma mulher, mãe de três filhos, comparece a um curso de constelações em busca de ajuda para um de seus filhos. O rapaz, agora adulto, padece há vários anos da doença de Crohn e frequentes surtos da doença que envolvem risco de morte. De acordo com o relato da mãe, o sofrimento do filho, então com 14 anos, começou com o divórcio dos pais. O pai abandonou a família para unir-se a uma mulher mais jovem, "renunciando ao lar e ao contato com os filhos".

Mais ou menos a partir dessa época, o filho parou de se desenvolver. Ele emagreceu trinta quilos e a puberdade não se iniciou. Durante muitos anos foram consultados médicos, sem que houvesse uma melhora real. As constantes dores de barriga não constaram nos diagnósticos.

Depois de três anos sem resultados permanentes, foi prescrita ao filho uma estação de tratamento. O médico ali residente suspeitou de um abscesso no abdômen e o filho foi encaminhado para uma clínica. Confirmado o diagnóstico, ele foi operado imediatamente.

O diagnóstico após a cirurgia menciona "um grande abscesso no psoas, estendendo-se do fígado até a coxa", causado por "uma doença de Crohn ocultamente perfurada, com fístulas intestinais e uma fístula na vesícula" (1º relatório médico, 1994).

Devido à dramática evolução do estado de saúde do filho, o pai retomou, pela primeira vez, o contato com a família. As tensões existentes entre o pai e a mãe passaram para segundo plano.

Com a frase do filho: "Finalmente vocês se entendem melhor agora?", o seu estado de saúde foi melhorando continuamente. A puberdade desenvolveu-se sem problemas e ele ganhou peso. Sua saúde foi se estabilizando nos anos seguintes. Entretanto, quando ocorreram situações de separação dentro da família, como o casamento e a mudança do pai, bem como a permanência de uma irmã no exterior durante um ano, voltaram a surgir abscessos menores no abdômen, que exigiram novas cirurgias.

Em 2002, com o fim de uma duradoura relação do filho com sua parceira na época, ocorreu uma nova situação dramática.

"A internação resultou do quadro clínico de um abscesso do tamanho de um punho no lado direito do abdômen, acompanhado de surtos de febre séptica. No contexto da revisão cirúrgica do abscesso da parede abdominal nota-se uma fístula da parede abdominal, pela qual também vaza um pouco de fezes" (2º relatório médico, 2002).

Consegue-se estabilizar o paciente e, depois de algumas semanas de internação na clínica, ele pôde voltar para casa. "Depois de uma avaliação com o clínico assistente, decidiu-se fazer uma terapia imunossupressiva de longa duração, inicialmente combinada com cortisona."

Em 2003, a mãe é informada sobre o método das constelações sistêmicas e, devido ao debilitado estado de saúde do filho, ela decide comparecer a um seminário num final de semana e fazer uma constelação para ele.

Esta revela que a mãe está envolvida com o seu pai, devido a uma identificação com uma parceira anterior dele. Por essa razão, não está realmente livre para a relação com seu marido. Na medida em que ela reconhece essa ligação com seu pai, consegue assumir sua parte de responsabilidade pelo "fracasso" de sua relação com o marido.

Consegue recolher a raiva, até então dominante, contra o marido, e assim consentir num movimento de aproximação do filho em relação ao pai.

Sugiro-lhe que diga ao representante do filho: "Meu querido filho, seja o que for que me prenda, serei sempre a sua mãe, e você será sempre o meu filho". Ao representante do filho peço que diga à mãe: "Querida mamãe, seja o que for que prenda você, e para onde quer que você se sinta atraída, eu consinto nisso".

De acordo com o relato da mãe, o estado de saúde do filho melhorou sensivelmente depois da constelação e ficou estável nos quatro anos seguintes. O relatório de um exame médico no ano de 2004 também confirma isso: "O paciente sente-se bem em seu estado geral. É um belo exemplo da grande influência que exerce sobre o intestino um estado de espírito tranquilo". "Desde a doença crônica inflamatória do intestino", o paciente se encontra em "completa e duradoura remissão dos sintomas" (3º relatório médico, 2004).

De acordo com os relatos de que dispomos da mãe, nessa época o filho transformou-se "numa pessoa completamente equilibrada e alegre". O contato entre a mãe e o filho tornou-se "cordialmente distanciado e espontâneo".

Depois de um relacionamento harmonioso durante vários anos, o filho casou-se na primavera de 2006.

O mais recente relatório médico também confirma que o paciente "continua em estado de duradoura remissão" (4º relatório médico, 2006).

Cerca de um ano depois do casamento ele é afetado, contudo, por uma nova "crise de sentido". Ele diz que precisa ter mais liberdade e afasta-se, cada vez mais, de todas as pessoas próximas.

Nessa época, extremamente difícil para ele, piora sensivelmente seu estado de saúde. Desenvolve-se um novo abscesso, e muito provavelmente ele precisará fazer uma nova cirurgia.

Muito preocupada com a saúde do filho e com o seu casamento, em 2008, a mãe decide participar de um novo seminário de constelações. Sem dar informações aos representantes, peço a ela que volte a constelar sua família atual com o pai, a mãe e o filho doente. Manifestam-se ligações e passos de solução semelhantes aos da constelação de 2003.

O relato da mãe sobre o efeito da constelação é eloquente:

Caro Stephan,

Parece um milagre. O abscesso do meu filho ficou muito menor "por si mesmo". Ele provavelmente não precisará voltar ao hospital. Hoje, por iniciativa própria, ele foi buscar a esposa no trabalho e convidou-a para jantar. Sua ajuda funcionou de novo.

Muito obrigada!

B.

O aspecto essencial nesse exemplo é como a mudança do comportamento e da perspectiva da mãe depois de sua participação num seminário de constelações provocou mais uma vez uma melhora nos sintomas de seu filho, sem que ela tenha lhe falado desse trabalho!

5.4.3 Doença e relação incestuosa

Quando numa relação conjugal, em virtude de outras ligações, surge um desequilíbrio na disponibilidade recíproca dos parceiros, algumas vezes um dos filhos se envolve numa relação incestuosa que pode levar à formação de um sintoma. Os seguintes exemplos de casos demonstram isso. Com os seus sintomas, as crianças sinalizam também, indiretamente, para o domínio dos temas relevantes na família.

O desejo de morrer: "Minha querida filha, eu fico".
(Cessa a menstruação da filha)

Uma mulher comparece a um seminário de constelações para doentes, pois há quatro anos as menstruações cessaram. A paciente separou-se do marido quando a filha tinha 3 anos. Agora ela vive com um novo parceiro, com quem tem um filho de 4 anos. Quando nasceu o meio-irmão, a filha tinha 15 anos. Alguns meses antes do seu nascimento cessaram as regras da moça, agora com 19 anos.

Na constelação do sistema atual – a mulher, os dois maridos, a filha e o filho –, manifesta-se a saudade que a paciente tem do pai que morreu quando ela tinha 4 anos de idade. A representante da paciente não toma conhecimento do primeiro marido, do segundo ou dos filhos. Somente quando é introduzido um representante de seu pai é que ela desperta para a vida e deseja ficar perto dele.

Devido a essa saudade da mãe em relação ao seu falecido pai, a filha se envolve numa dinâmica de abuso com o segundo marido da mãe. O nascimento do filho fortalece o vínculo da mãe com o seu novo parceiro, reforça a ligação e aumenta a pressão sobre a filha para que esta compense, substituindo a mãe. Provavelmente o corpo da menina suspende as regras como defesa, para sinalizar que ainda é uma criança.

A representante da filha sente-se muito aliviada com as frases que sua mãe diz ao avô: "Querido papai, agora respeito a sua vida e a sua morte. O mais importante eu já tenho e agora eu assumo. Eu assumo e respeito a minha vida, cuidando bem de mim. Embora sinta a sua falta, agora eu vou ficar, pelo tempo que puder, com o meu marido e os meus filhos". E o pai, para a filha: "Minha querida filha, eu fico!".

A promessa no leito de morte
(Paciente com persistente inflamação da vesícula)

Uma dinâmica familiar semelhante revelou-se num trabalho com uma paciente de cerca de 25 anos, que há nove anos sofre de uma inflamação reincidente da vesícula. Seu pai morreu de câncer quando ela tinha 6 anos de idade. A grave doença do pai prolongou-se por muitos meses, e sua esposa, a mãe da paciente, cuidava dele em casa com muito zelo pois, como ela dizia, ele era "o homem da sua vida". No leito de morte ela fez-lhe a promessa de permanecer fiel. Entretanto, oito anos depois da morte do marido, um outro homem entrou em sua vida. Quando os dois faziam planos de construir uma nova casa e casar-se, apareceram os sintomas da filha.

A constelação revelou que a mãe, casada agora pela segunda vez, no fundo da alma não estava livre para o novo parceiro. Quando, na constelação, o representante do segundo marido olhou para a representante da enteada, a paciente confirmou a existência dessa dinâmica, dizendo que sempre se sentia desconfortável quando ficava em casa sozinha com o seu padrasto, embora não houvesse uma razão externa que justificasse esse sentimento.

A representante do sintoma da paciente retirou-se da constelação quando a representante da paciente se afastou do espaço entre a mãe e o padrasto.

Sintomas crônicos da vesícula em mulheres são às vezes sinal de um "não" inconsciente a um homem. Para a solução não é importante saber, neste exemplo, até que ponto a paciente assumiu os sintomas em lugar de sua mãe ou para proteger-se contra o novo parceiro dela. A paciente sentiu um alívio em seus sintomas depois que reconheceu a ligação entre eles e o conflito inconsciente de sua mãe. Com uma reverência diante de sua mãe na constelação ela pôde expressar seu respeito e deixar com a mãe o que lhe pertencia.

Os exemplos seguintes dizem respeito a sintomas que surgiram ou se fortaleceram em decorrência de abusos sexuais.

O estupro: "Querida mamãe, foi difícil para mim".
(Paciente com afonia de origem psíquica)

Num seminário de formação uma paciente que sofre de uma rouquidão crônica que evolui até a perda total da voz solicita meu apoio. Para ela, que atua como terapeuta, esse sintoma, que já dura mais de vinte anos, representa um grande peso. Sem indagar por outras informações, peço à paciente que constele representantes para si mesma e para o seu sintoma.

Ambos se contemplam por algum tempo sem mostrar interesse mútuo. Questionados como se sentem, informam que praticamente não se sentem relacionados.

Entretanto, quando a paciente, atendendo à minha instrução, introduz representantes para seus pais, a representante da paciente e o sintoma passam a manifestar um crescente interesse recíproco. Por impulso próprio aproximam-se e abraçam-se. Por sua vez, a representante da mãe afasta-se de todos e não deseja contato com nenhuma das pessoas consteladas. O representante do pai olha para sua filha e começa a aproximar-se dela lentamente, com passos curtos. A representante da filha olha para o pai com desconfiança. Quanto mais ele se aproxima, tanto mais estreitamente ela se aconchega ao sintoma.

Uma relação erótica incestuosa fica cada vez mais visível. Quando menciono isso, a paciente relata que aos 17 anos foi estuprada por um vizinho. Ela não contou nada a respeito do estupro aos seus pais. Suponho que está aqui a ligação com o sintoma.

Essa constelação também confirma a observação de que um estupro muitas vezes significa a transferência de um incesto. Ele mostra a relação incestuosa entre pai e filha; o perpetrador é nesse caso o vizinho.

Se a filha contasse o que havia acontecido com ela, traria à luz essa dinâmica familiar e, consequentemente, seria forçada a reconhecer o envolvimento de sua mãe. Assim é mais fácil não falar do que se expor a essa dor e permitir que a mãe vá embora.

Nesse ponto eu interrompo a constelação, dispenso todos os representantes, exceto a representante da mãe, e peço a ela que venha para a frente da paciente.

De início, a paciente não consegue olhar para a mãe. Com a cabeça baixa, olha para o chão com uma expressão sombria. Finalmente peço-lhe que diga: "Querida mamãe, foi difícil para mim". Com hesitação ela levanta a cabeça e repete as palavras. A representante da mãe balança a cabeça, concordando. Lágrimas brotam de seus olhos e ela diz, por impulso próprio: "Sinto muito!". Proponho-lhe que diga à filha: "Agora vejo o que você carregou por mim, e assumo isso a partir de hoje". Então a paciente também começa a chorar, e a representante da mãe a toma nos braços. Ela abraça a filha por um longo tempo, e tem início o movimento de reconciliação.

Seis meses depois reencontro a paciente. Com satisfação ela relata que houve uma mudança em seu sintoma. Agora o bloqueio da fala só ocorre esporadicamente, em determinadas situações. Sua relação com a mãe melhorou muito. Peço-lhe que registre suas experiências num relato por escrito, e reproduzo aqui alguns trechos:

> Falar nunca foi fácil para mim. Sempre tive dificuldade para dizer o que queria, e desde criança minha voz falhava nessas ocasiões. De fato, essa dificuldade persiste, porém desde a constelação sinto como se houvesse uma ligação entre mim mesma e esse sintoma. Por meio da constelação entendi por que tenho esse sintoma. Eu não queria de maneira alguma ser um peso para minha mãe. Agora percebo que "não-conseguir-dizer-algo" faz parte de mim, algo que me pertence. A constelação permitiu-me obter um distanciamento, e agora posso olhar o meu sintoma com maior distância emocional. Com isso vou adquirindo, cada vez mais, a força para expressar o que sinto. É uma novidade para mim poder falar com frequência cada vez maior, sentindo-me bem com isso, e que minha voz possa soar e ser ouvida. Sou-lhe muito grata por isso!

O abuso sexual: "Agora deixo isso com você, com amor!" (Paciente com pesadelos)

Um homem de cerca de 75 anos comparece a um curso de constelações por recomendação de sua filha. Na rodada de apresentação ele conta que desde a infância tem todas as noites o mesmo pesadelo.

Quando ele tinha 9 anos, seu irmão, então com 19 anos, matou o pai com um tiro. Em seguida sua mãe internou-se numa clínica e entregou o irmão menor a um seminário de padres. Lá ele foi abusado sexualmente por um padre todas as noites. Aos 16 anos teve a força para deixar a congregação. Ele sente-se em paz com o seu passado, mas sonha toda noite com as vivências traumáticas no seminário.

Depois da apresentação dos participantes faz-se um intervalo. Em seguida, quando pergunto quem gostaria de trabalhar, ele é o primeiro a levantar a mão. Concordo em começar com ele e pergunto qual seria para ele um bom resultado desse trabalho. Ele responde: "Que cessem os pesadelos para que eu possa dormir em paz".

Peço-lhe que constele representantes para seu pai, sua mãe e para si próprio. A representante da mãe não sente ligação com o marido nem como o filho. Peço-lhe que siga o seu impulso. Ela caminha lentamente para fora do círculo dos participantes e finalmente deita-se no chão.

O paciente olha para mim, balança afirmativamente a cabeça e diz com um suspiro: "Sim, é isso mesmo".

Dou-lhe o tempo necessário para exprimir sua dor por esse fato, e finalmente lhe digo: "Agora vou propor-lhe uma coisa que provavelmente você não vai entender agora e também não precisa entender". Ele diz: "Eu confio em você".

Dispenso da constelação os representantes do paciente e do seu pai, peço à representante da mãe que se levante e trago-a de modo a ficar diante do paciente, a cerca de um metro de distância. Digo a ele: "Olhe nos olhos de sua mãe e diga: 'Querida mamãe, o que carreguei por você eu carreguei por amor, mas passou. Agora eu deixo com você, com amor'".

Quando o paciente diz essas palavras, ele cai numa espécie de transe, chora amargamente, cai de joelhos e curva-se até o chão diante de sua mãe. A representante da mãe quer erguê-lo mas eu lhe sinalizo que não interrompa o processo do filho.

Quando o paciente lentamente volta a si, faço a ela um sinal. Ela se aproxima dele, toma as mãos dele no chão e ele se ergue. Então se ajoelha diante de sua mãe e esta o abraça por um longo tempo.

Com toda evidência o paciente foi tomado por um movimento incontrolável, pois subitamente ele me olha interrogativamente e diz:

"Não sei o que me aconteceu". Dou-lhe a entender que ele não precisa entender nem recordar.

Na manhã seguinte ele chega irradiante ao grupo e diz, na rodada inicial: "Ainda continuo sem saber o que aconteceu aqui ontem, mas esta noite eu dormi esplendidamente. Foi a primeira noite sem pesadelos há vários anos".

Devido ao seu estilo muito franco e natural, os participantes gostam de escolhê-lo como representante e ele se dispõe de bom-grado. Contudo, na tarde do segundo dia, ele recusa a solicitação de uma participante, alegando que não gosta de estar sempre representando "esses homens maus". Aproveito o ensejo de sua declaração e lhe digo: "Talvez você seja solicitado a representá-los para que possa harmonizar-se com os homens maus de sua família". Essas palavras o tocam e o levam às lágrimas.

No terceiro dia ele é de novo escolhido por uma participante do grupo para representar o pai dela, que por toda a sua vida rejeitou o próprio pai por ter participado, como oficial nazista, do genocídio de judeus. Quando o paciente, como representante desse pai, se posta diante do pai dele na constelação, tem a sensação de que vai desmaiar. Sempre que abre os olhos, volta a cair em sua própria história e vê diante de si o irmão que matou seu pai. Quando, a meu convite, ele se inclina diante do perpetrador, uma paz profunda penetra em sua alma.

No final do curso ele diz, na rodada de conclusão: "Para mim é um enigma o que acontece aqui, mas sinto-me como que renascido e não creio que isso seja apenas o bom sono que tenho desde ontem, mas é o sentimento profundo de uma paz interior".

Em janeiro de 2008, a filha do paciente, no contexto de um curso de constelações, cumprimentou-me em nome do seu pai. Pedi-lhe que perguntasse ao pai se poderia dizer-me em poucas palavras se algo se modificara na vida dele depois da constelação. O paciente atendeu de boa vontade ao meu pedido, e reproduzo aqui integralmente suas palavras,

Caro Stephan!

Minha filha pediu-me que relatasse a você minhas impressões.

Na constelação de 1º de junho de 2006 eu tematizei as vivências pedófilas de minha juventude com um teólogo. Infelizmente não consigo recordar-me da constelação em si. Posso dizer, porém, com alguma segurança que esses acontecimentos desapareceram totalmente, desde então, do mundo de meus pensamentos!

Minhas cordiais saudações e, novamente, muito obrigado!

H.

Ao lidar terapeuticamente com incesto e abuso sexual, é importante testar em que medida a pessoa envolvida já tomou suficiente distância para defrontar-se com sua experiência. Enquanto ela permanecer presa pela indignação e pela censura, será difícil desenvolver um movimento liberador. Em ambos os exemplos descritos havia esse distanciamento, o que permitiu trabalhar neles de uma maneira totalmente voltada para a solução. Isso significa que se dê aos acontecimentos traumáticos o mínimo espaço possível, e que o pai ou os perpetradores não sejam envolvidos no processo de solução. Ouso questionar se o reconhecimento do envolvimento da mãe, que geralmente se revela na constelação da família de origem desses pacientes, é especialmente relevante para desenvolver uma atitude e tomar uma posição liberadora e salutar quanto ao modo de lidar com essas vivências extremamente perturbadoras.

Quando deliberadamente não incluímos os perpetradores no processo da solução, como aconteceu no presente caso, isso não significa que excluímos sua responsabilidade e sua culpa ou deixamos de percebê-las. A renúncia à sua inclusão nos processos da solução tem por único objetivo contribuir para a otimização e a condensação desses processos, de modo que o amor liberador da criança ocupe o primeiro plano.

5.5 Doença e a necessidade de compensar e expiar

"Sofrimento compartilhado é sofrimento dobrado."
Bert Hellinger

Além do anseio pela proximidade dos pais e da necessidade de pertencer, atua profundamente na alma um esforço transgeracional em busca de justiça e de compensação. Em vários processos de doenças o paciente obedece inconscientemente a essa necessidade, seja por expiação ou para aliviar seus sentimentos de culpa, seja ela real ou suposta.

Frequentemente é sentido como culpa algo que na verdade pertence ao destino e não depende de influências pessoais: por exemplo, a morte da mãe no nascimento de uma criança ou, como no exemplo seguinte, a morte de irmãos mais novos do paciente por incompatibilidade do fator Rh do sangue.

Incompatibilidade do fator Rh:
"Eu fico enquanto puder e depois irei também!"
(Paciente com síndrome de imunodeficiência – AIDS)

O paciente é um homem de cerca de 45 anos que há mais de vinte anos, por ocasião do consumo de drogas, foi contaminado pelo vírus HIV. De acordo com suas declarações, desde que recebeu o diagnóstico tem se esforçado muito para viver conscientemente e com saúde. Na maior parte do tempo ele está livre de sintomas, porém de tempos em tempos sobrevêm longas crises da doença, em que ele percebe a progressiva redução de sua vitalidade e de suas defesas. Atualmente ele sofre há três meses de uma infecção crônica das vias respiratórias que o deixa extremamente fraco, muito carente de energia e com um forte cansaço. Por essa razão ele só pode frequentar o grupo poucas horas por dia.

Depois do esclarecimento do quadro dos sintomas, peço-lhe que coloque um representante para si mesmo no interior do círculo das cadeiras. O representante ali posicionado sente fraqueza nas pernas e fixa o chão com um olhar indagador e intranquilo. Com expressão de terror, fixa o olhar, seguidas vezes, num certo lugar no chão, mas depois retorna a um incessante movimento de busca.

Quando comento que o representante me dá a impressão de ser um vivo olhando para vários mortos, o paciente confirma que é o único filho vivo de seus pais. Depois dele quatro irmãos nasceram mortos ou morreram pouco depois do nascimento, devido a uma incompatibilidade do fator Rh do sangue. Ouvindo isso, peço a quatro participantes do grupo que, representando essas crianças, se deitem no chão. Abranda-se o olhar do representante do paciente, até então transtornado. Ele se ajoelha no chão ao lado de seus irmãos e busca para si um lugar entre eles, procurando deitar-se de modo a manter contato físico com todos. Quando encontra sua posição, fecha os olhos com satisfação.

O paciente está muito comovido com essa visão e diz: "Sempre me senti culpado por viver e também, de certo modo, por ser corresponsável pela morte dos meus irmãos! Sempre penso que, se não fosse eu, meu irmão teria sobrevivido".

Proponho ao paciente que olhe para seus irmãos e lhes diga: "Eu guardo vocês na minha memória e no meu coração". E, depois de algum tempo: "Eu ainda fico aqui enquanto puder, e depois irei também!"

Quando o paciente repete as palavras, seu representante abre os olhos, senta-se e olha em torno de si. Ele repara que agora percebe os irmãos mortos de outra maneira. Antes não conseguia realmente olhar para eles; agora sente-se unido a eles, porém com menos envolvimento. Por fim, ele se levanta, dá alguns passos, afastando-se do círculo dos mortos, e olha para os participantes à sua volta. Sugiro-lhe que olhe de novo para seus irmãos e repita a frase: "Eu fico ainda enquanto me for permitido, e então irei também!"

Embora o paciente consiga dizer essa frase bem e com energia, seu representante ainda não se mostra totalmente aliviado e a imagem da constelação ainda parece incompleta. Por isso peço ao paciente que introduza representantes para os seus pais. A mãe acha excessivamente doloroso olhar para os filhos mortos. Apenas quando o representante do pai a enlaça com o braço ela ganha força para dirigir o olhar para eles. Com lágrimas nos olhos ajoelha-se lentamente, acaricia os cabelos dele e senta-se ao seu lado.

O paciente acompanha emocionado o doloroso processo de reconciliação de sua mãe. Por fim, sugiro-lhe que diga: "Querida mamãe, respeito o que você carrega e agora deixo isso com você". Com essas palavras do paciente, o seu representante recobra as cores do rosto, sente-se aliviado e recua mais alguns passos, afastando-se dos pais e dos irmãos mortos. O paciente concorda, aliviado, e encerramos a constelação.

Nessas situações ou em outras semelhantes não é fácil assumir a vida em face dos mortos ou do destino pesado de outros membros da família. Em alguns pacientes podemos identificar uma secreta felicidade na desgraça, no fracasso ou ainda na dor e no sofrimento que a doença lhes causa. Eventualmente, essa atitude se revela num rápido sorriso ou num tom estranhamente ligeiro quando o paciente fala dos seus sintomas.

Superficialmente, a expiação é vivida como um alívio, mas para onde ela conduz, na realidade? A quem serve essa forma de compensação? A expiação do culpado ou de quem se aproveitou da situação não traz alívio a quem sofre ou pagou por ela. O que é útil e libertador, em vez disso, é honrar o ocorrido, reconhecendo a culpa quando existe, olhando com compaixão para os que foram prejudicados ou mortos, e guardando luto por eles.

5.5.1 Doença e a culpa por ter sobrevivido

Uma necessidade de compensação no destino manifesta-se também em pessoas que sobreviveram a guerras, catástrofes naturais ou acidentes, pelo fato de terem sobrevivido enquanto outros morreram, ou por julgarem que não fizeram o bastante para salvá-los. As consequências anímicas e psicossomáticas da chamada síndrome de sobrevivência, tais como depressões, estados de angústia, distúrbios de concentração e memória, dores de cabeça crônicas, falta de sono, etc., são suficientemente conhecidas pela medicina psicossomática.

Menos conscientes são os vínculos de destino que atuam por várias gerações, em conexão com quadros crônicos de doenças e sintomas nas gerações dos filhos e dos netos, em decorrência da exclusão de acontecimentos traumáticos e de pessoas que pereceram ou foram prejudicadas por causa deles.

Os camaradas mortos na guerra:
"Querido papai, agora vejo o que você carrega!"
(Neurodermite das filhas)

A questão apresentada por uma participante num curso de constelações refere-se a suas filhas de 16, 14 e 11 anos. Todas as três, desde a primeira infância, sofrem de uma grave neurodermite. Isso também sugere, naturalmente, uma tendência constitucional. A resistência dos sintomas à terapia levou a paciente a comparecer a um curso de constelações para doentes.

Na família da paciente não há indicações de ocorrências especiais. Portanto começamos a constelação com cinco representantes para sua família atual.

A paciente coloca as representantes de suas filhas a uma grande distância do casal, como se não pertencessem à família. Ela própria fica surpresa com a imagem que configurou mas, depois de testá-la, acha que está correta.

Muito significativo é que as três representantes das filhas imediatamente começam a sentir coceira, e uma delas chega a sentir dores na pele. Os pais das meninas estão lado a lado, sentem-se unidos e manifestam pouca ligação com as representantes das filhas. Nenhum dos representantes manifesta necessidade de mudar de posição. A mãe sente falta do contato com as filhas, mas sente-se bem ao lado do marido.

Dessa maneira, a constelação não dá indicações sobre a presença de alguma das dinâmicas familiares que repetidamente são observadas na neurodermite, tais como um conflito entre os pais com envolvimento dos filhos ou identificação dos filhos com parceiros anteriores dos pais.

Nesse ponto fui estimulado pela lembrança de uma constelação que Bert Hellinger dirigiu num grupo em Glarus, na Suíça, em que um paciente atacado por uma severa neurodermite lembrou-se de uma avó que morrera num incêndio. Assim pergunto à paciente se alguma pessoa da família teria morrido num incêndio, mas ela não sabe de nada em relação a isso.

Um conhecido da paciente, originário de sua aldeia natal, que participa também do seminário, revela-se então de grande ajuda. Para minha surpresa, ele ficou muito tocado pela pergunta sobre um incêndio na família da paciente e pede para fazer uma comunicação.

Com o consentimento da paciente, relata que ele e o pai da paciente fazem parte de numa banda de música. Sempre que tocavam determinada marcha o pai dela começava a chorar, a ponto de obrigá-lo, às vezes, a interromper a execução. O tema da marcha são os camaradas queimados no fogo do combate. A mulher confirma que seu pai esteve na guerra na Rússia mas não falava sobre o assunto.

Depois dessa indicação peço à paciente que introduza na constelação um representante para o seu pai. Imediatamente as representantes das três filhas sentem-se atraídas pelo avô e colocam-se ao seu lado. Aí se sentem claramente melhor, e também o representante do avô acha agradável a proximidade das netas. Peço então a três outros participantes do grupo que se deitem no chão, representando os companheiros do avô mortos na guerra. Este não consegue suportar a visão dos camaradas mortos e se afasta. Por sua vez, as representantes das filhas olham fascinadas para os mortos e sentem-se atraídas por esses homens. Quando querem ceder a esse movimento eu intervenho, tomo pela mão o representante do avô e coloco-o entre suas netas e os companheiros. Ele os contempla longamente e ajoelha-se chorando ao seu lado. Acaricia o rosto de cada um, fecha os olhos deles e finalmente deita-se ao seu lado. Com isso as representantes das filhas sentem-se livres e aliviadas. Pela primeira vez conseguem aproximar-se dos seus pais. Quando a paciente vê isso, lágrimas brotam de seus olhos e ela comenta: "Eu sempre percebi que havia algum problema entre mim e minhas filhas, mas jamais teria pensado que isso tivesse a ver com o meu pai".

Proponho a ela que encare o representante de seu pai e lhe diga: "Querido papai, agora vejo o que você carrega, e respeito isso. Por favor, olhe com carinho para mim, para meu marido e nossas filhas". Ouvindo a voz da filha, o representante do pai, abre os olhos, ergue o corpo e lhe diz, por sugestão minha: "Minha querida filha, isso me pertence e eu vou carregá-lo".

Depois da constelação a representante da filha mais velha pede a palavra e diz: "Quando o avô tocou os seus camaradas, foi como se me tivesse tocado. Senti como se ele me acariciasse, e minha pele relaxou com isso".

Uns dois meses depois da constelação a paciente me telefona e diz que desde a constelação o seu pai se sente cada vez pior. Certa tarde, quando a família e os amigos estavam reunidos, ele não se conteve mais, pôs-se a chorar e começou a contar histórias da guerra. Na Rússia, durante a retirada, eles foram encurralados numa aldeia. Ele e três outros camaradas tinham abandonado a tropa e conseguiram fugir, mas todos os outros morreram em combate. A uma distância segura ele assistiu a toda a aldeia arder em chamas.

A médica do campo de concentração: "Respeitarei a sua dor cuidando bem de mim!" (Paciente com enxaqueca)

No contexto de um curso de formação, uma médica homeopata pede-me que trabalhe com ela. Desde criança sua vida foi marcada por severas dores de cabeça, que começaram com uma meningite em sua primeira infância. Todas as suas tentativas para obter alívio foram inúteis. A paciente é filha única e seus pais se separaram quando ela tinha 6 anos de idade.

Começamos o trabalho com a constelação de sua família de origem. A paciente escolhe representantes para si mesma, sua mãe e seu pai, constelando-os de acordo com suas relações recíprocas. A reação mais forte é a da representante da mãe. Calafrios percorrem o seu corpo, sente um peso enorme, angústia e terror.

Peço à paciente que introduza um representante para o seu sintoma. Ela escolhe uma mulher e a coloca atrás de sua própria representante. A representante do sintoma está bem, acha que está no lugar certo e pousa suas mãos nos ombros da representante da paciente.

De novo é a representante da mãe que reage da maneira mais clara à representante que foi acrescentada. Seu estado piora muito. Respira com dificuldade e custa-lhe um esforço cada vez maior permanecer de pé. Então peço informações sobre a história de sua família.

A mãe da paciente, segunda filha de uma família judia, nasceu em 1929 em Praga. Com a remoção do gueto, a família (o pai, a mãe e as duas filhas) foi deportada para um campo de concentração. De acordo com os dados incertos da paciente, com a ajuda de uma organização tcheca eles conseguiram fugir para a Ucrânia. Lá a família sobreviveu nos bosques, também com a ajuda de *partisans* russos.

Até aqui as informações são da paciente. Peço-lhe que coloque em cena representantes para os pais de sua mãe e, num segundo passo, um representante para as pessoas que foram importantes para a sobrevivência da mãe. Isso comove muito os representantes dos pais da mãe, e especialmente a representante da mãe fica visivelmente melhor. Todos os membros da família olham agradecidos para as pessoas cuja ajuda lhes permitiu sobreviver. Apenas a representante do sintoma não se altera com isso.

A própria paciente está muito tocada com o que vê na constelação e precisa de algum tempo para absorver isso. Contudo, como nada se alterou para a representante do sintoma, faço esta reflexão: "Creio que aqui ainda falta algo essencial. Falando francamente, não posso imaginar como foi possível a fuga do campo de concentração sem a ajuda de alemães!".

A paciente olha-me pensativamente até que seu rosto se ilumina e ela observa: "É verdade! Havia uma médica no campo de concentração que deve ter ajudado". Isso a paciente ouviu certa vez de sua tia, a irmã mais velha da mãe. Anos depois da guerra, ela procurou entrar em contato com aquela mulher e soube então que a fuga da família foi descoberta e a médica foi cruelmente torturada como punição por ter colaborado. Como por um milagre ela sobreviveu à tortura mas sofreu de graves sequelas para o resto da vida.

Peço à paciente que introduza uma representante para essa médica. Ela escolhe uma participante, olha longamente em seus olhos, começa a chorar e a conduz a um lugar na constelação. A representante da médica sente fortes dores de cabeça e na nuca, muito peso nas pernas e dores nos membros. Isso corresponde às sensações da representante da mãe. A paciente está agora muito comovida, e decido continuar a trabalhar diretamente com ela. Peço-lhe que ocupe o seu lugar na constelação e lhe proponho: "Olhe nos olhos dessa mulher e lhe diga: 'Devo-lhe minha vida e respeito o que você teve de sofrer. Você também faz parte de nós e eu lhe dou um lugar no meu coração'". Com muita dor ela repete as palavras sugeridas, e a representante da médica do campo de concentração responde, aliviada: "Isso é bom para mim! Agora posso respirar e também ficar melhor de pé".

A paciente observa: "Para mim isso é muito difícil, é quase insuportável, não consigo vê-la sofrendo".

Então a representante da médica responde, por impulso próprio: "Ver você viva me alegra e dá uma profunda paz". Com estas palavras elas se abraçam e se mantêm abraçadas por muito tempo.

Nesse momento, quando a paciente encontra a médica do campo de concentração com amor e sem queixa, a representante do sintoma começa a retirar-se da constelação.

A fome: "Quem nutre o sangue?"
(Paciente com anemia)

Uma mulher de meia-idade sofre há anos de uma grave anemia e toma regularmente comprimidos com ferro. A intervalos regulares recebe transfusões de sangue para compensar a permanente insuficiência de hemácias.

Quando ouço o diagnóstico da magra e pálida paciente, ocorre-me espontaneamente a pergunta: "Quem é que alimenta? Quem é o princípio nutriente?".

A paciente não entende a pergunta. Repito com uma voz lenta e clara: "Quem nutre o sangue?".

Como a paciente não consegue situar a pergunta, respondo: "A mãe!".

Quando ouve a palavra "mãe", a paciente luta para conter as lágrimas e diz: "Isso me deixa muito triste. E vejo imagens da guerra e de pessoas famintas. Nasci em Londres, pouco depois do final da guerra. Foi uma época terrível, uma pobreza indescritível. A fome na cidade era tão grande que meus pais me enviaram para a casa de parentes no campo, pois provavelmente temiam que eu não conseguisse sobreviver. Então, com 17 anos, ingressei num programa de intercâmbio escolar, e morei nos Estados Unidos durante um ano. Com 24 anos voltei aos Estados Unidos e aqui fiquei".

Interrompo a narrativa, escolho uma participante para representar sua mãe e coloco-a diante da paciente. Esta precisa de tempo para enfrentar o olhar de sua mãe, e quando lentamente consegue permitir uma ligação, repito a pergunta: "Quem alimenta?".

Então a paciente não consegue mais deter as lágrimas e com muita dor aproxima-se de sua mãe. Elas se abraçam longa e ternamente.

Depois de algum tempo ofereço-lhe esta frase: "Querida mamãe, obrigada! Obrigada por tudo o que você me deu. De você recebi a vida. Obrigada!".

O movimento de aproximação com a mãe foi bem-sucedido, porém a representante da mãe não tinha os pés firmes e olhava repetidamente para um lugar no chão, à direita e atrás de si.

Acompanhando o seu olhar, peço a três participantes do curso que representem pessoas que não sobreviveram à fome em Londres, colocando-se no lugar para onde a representante da mãe insiste em olhar.

Com a visão desses mortos a paciente mostra dificuldade de respirar e apoia-se mais firmemente em sua mãe. Por fim, sugiro-lhe que diga aos representantes dos mortos: "Lembro-me de vocês, e em reconhecimento a vocês vou comer o que me for oferecido".

De maneira surpreendente, com estas palavras a palidez desaparece do rosto da paciente e ela retoma a cor. Repito a pergunta inicial: "Quem alimenta o sangue?". Agora a paciente balança a cabeça em sinal de compreensão, olha-me agradecida e diz: "Minha mãe. E eu quase posso sentir o efeito que isso tem sobre meus ossos!"

Um ano depois desse trabalho reencontro a paciente num seminário de formação. Ela queria aprofundar suas experiências no trabalho com as constelações. Num intervalo ela me falou do efeito positivo desse breve trabalho de um ano antes. De bom grado atendeu ao meu pedido para registrar por escrito as suas experiências:

> O motivo que me levou a inscrever-me como paciente para uma constelação familiar foi a minha preocupação com o meu baixo número de glóbulos vermelhos. Os médicos diziam que isso era um possível indicador de uma futura leucemia. Anteriormente eu tinha perturbações alimentares. Inicialmente fui anoréxica e mais tarde tive bulimia. Minha mãe estava grávida de mim quando caíram as bombas em Londres, no final da guerra. Nasci pouco antes do fim da guerra. Dezoito meses depois nasceu meu irmão, e quase morri de desnutrição. Fui enviada à casa de parentes no campo porque lá havia mais alimento. Nesse tempo fiquei internada no hospital em estado grave, quando fiquei inconsciente sem que se soubesse por quê.
>
> O que me ficou na lembrança a respeito da constelação é que foi colocada diante de mim uma representante de minha mãe. Depois foram colocados também representantes de pessoas que morreram de fome durante a guerra. As impressões do trabalho terapêutico do seminário de constelações que me influenciaram de modo duradouro são:
>
> 1. A primeira frase, que estabeleceu de modo simples a relação entre sangue, nutrição (alimento) e a mãe. Essa frase trouxe para o primeiro plano meu tema básico com minha mãe.
> 2. Quando me sentei diante de minha mãe, pude perceber exatamente em todo o corpo a resistência, e ao mesmo tempo a necessidade de estar presente para ela.
> 3. Quando eu disse a frase “De você recebi a vida. Obrigada!”, pude perceber como a resistência se tornou menor e eu me senti mais leve.
> 4. O abraço e a sensação de ser segurada.
> 5. A frase para as pessoas que morreram de fome na guerra: “Eu recordo os seus sofrimentos”. Com essa frase pude acolher meus passados distúrbios alimentares como pertencentes a mim, e tive a sensação de “entrar em sintonia” com o peso da guerra, que causou tanta dor a três gerações da minha família. Reconheci em meus constantes problemas alimentares uma ligação entre o meu destino e o destino dos meus antepassados.

Desde a constelação aconteceram mudanças dramáticas na minha vida. Inicialmente as físicas: a quantidade dos meus glóbulos vermelhos está agora numa faixa normal. A densidade dos meus ossos também melhorou, e o diagnóstico baixou de osteoporose para osteopenia. Comecei também a comer sem restrições. Engordei, e muita gente comenta agora como eu estou bem. Sinto-me forte e cheia de energia. A relação com minha mãe se aprofundou e ficou mais íntima, com mais proximidade de ambas as partes. Sei que tenho um lugar no coração dela, assim como ela tem no meu. Sinto amor e respeito por ela. A relação com minhas filhas (agora no final dos 20 anos) ficou mais afetuosa. Sinto-me mais ligada a elas e ao mesmo tempo consigo lidar melhor com a distância. A relação com o meu marido também se aprofundou e meu trabalho profissional como psicoterapeuta começou a crescer, o que interpreto como um sinal de crescente vitalidade.

Minha mãe, em vista de completar 91 anos, passou nos últimos três meses por uma série de resfriados. Com isso ficou bem enfraquecida. Em nossas conversas ela me confiou que sua energia está baixando, e percebo que está se preparando para a morte. Durante esses três meses também passei muito mal, inicialmente com uma gripe gastrointestinal, um grave resfriado do qual, com muito custo, somente agora eu me recuperei. Certa noite despertei com câimbras muito dolorosas na perna, exatamente como minha mãe desperta à noite com câimbras por causa do estreitamento de suas artérias e veias. Desde esse tempo comecei a alimentar-me de um modo nada saudável – excesso de açúcar – apesar do parecer dos médicos de que corro um maior risco de ter diabetes ao envelhecer, pois tive altos índices de açúcar nas vezes em que fiquei grávida. O desejo de ficar mais próxima de minha mãe antes de sua morte aumentou, e voltei a sentir aflorar um ressentimento por coisas que aconteceram na minha puberdade.

Durante esse curso de constelações, de que participei como observadora, tornei-me consciente da ligação que existe entre o aparecimento de minhas doenças e minha preocupação de que minha mãe morra. Percebi que meu desejo por uma ligação mais estreita com ela e o renascimento do antigo ressentimento do tempo da puberdade eram uma regressão ao meu anseio infantil. De novo eu queria receber de minha mãe mais do que ela podia me dar. As frases da constelação de um outro paciente que me consolaram foram estas: "Querida mamãe, você é a mãe certa para mim" e "O que você me deu é o bastante, e o resto eu mesma faço". Vejo agora como a guerra a desgastou e quanta força e que coragem ela precisou para permanecer viva no meio de toda a morte que a cercava.

A constelação do ano passado ajudou-me a dizer um "sim" à minha mãe e a ser-lhe grata por ter me dado a vida. Esse fim de semana em que fui apenas uma silenciosa participante ajudou-me a aceitá-la realmente como ela é, e a conscientizar-me de que o que ela me deu é o bastante.

Em minha última visita eu disse à minha mãe que ela é para mim a melhor. Isso a tocou muito, e depois disso eu me senti liberada.

Estou profundamente agradecida. A constelação de um ano atrás e a participação nesse grupo mudaram minha vida, sob muitos pontos de vista, de uma forma salutar.

Cordialmente,

K.

O passado judeu: "Eu pertenço a vocês!".
(Paciente com diabetes tipo 2)

Num curso de constelações, um médico apresenta-me um homem de cerca de 55 anos que, desde os 25, um ano depois que seu pai morreu em decorrência de "efeitos tardios da guerra", desenvolveu diabetes.

O aspecto saudável do paciente dá a impressão de que ele se cuida bem. Questionado sobre a forma de vida, ele responde dizendo que "está bem consciente em relação à enfermidade".

Peço-lhe que constele representantes para seu pai, sua mãe e para si mesmo.

Na constelação o pai e a mãe olham para diferentes direções. Não se sentem conectados e não mostram interesse recíproco. O representante do paciente está entre eles e sente-se perdido. Como não se nota nenhum movimento na imagem configurada pelo paciente, proponho que ele introduza um representante para a sua doença.

Quem reage mais claramente ao novo representante é o pai. Isso sinaliza uma possível ligação entre a doença do paciente e acontecimentos ocorridos na família do pai. Trata-se de uma família judia e o pai foi o único da família que sobreviveu ao campo de concentração de Auschwitz.

Peço a alguns participantes que se disponham a representar os familiares do pai mortos em Auschwitz, a saber, seus pais e sua avó paterna, e os introduzo na constelação. O representante do pai não suporta a visão de seus pais assassinados, fica emocionado e aparta-se deles.

Nesse ponto peço ao próprio paciente que assuma o seu lugar na constelação. Com cuidado, ele olha para os ancestrais assassinados. Por impulso próprio, inclina-se profundamente diante deles, até o chão, como talvez já tenha presenciado em outras constelações, e finalmente se estira de bruços diante deles, com o rosto voltado para o chão e as mãos estendidas, com as palmas voltadas para cima. Assim fica por algum tempo e chora. Quando ergue o olhar, faço-o dizer: "Eu sou filho de vocês. Eu pertenço a vocês. E agora tomo a vida, mesmo a este preço". (Entende-se com isso o reconhecimento de sua origem judaica e a aceitação do destino do seu povo. Quando, nas perguntas iniciais, ele falou de suas raízes judaicas, ficou claro para mim que essa aceitação representava para ele um grande desafio.)

Ele continua deitado por algum tempo; em seguida levanta-se, abraça primeiro a avó, depois o avô e finalmente a bisavó.

Para muitos descendentes de sobreviventes é difícil tomar plenamente a própria vida. Eles se autolimitam porque, por uma inconsciente lealdade às vítimas, sentem-se culpados por estarem bem.

Um ano depois da constelação reencontro esse homem. Ele conta que seu teor de glicose melhorou constantemente desde a constelação. Depois de uns seis meses o seu médico pôde substituir as injeções de insulina por comprimidos, e mesmo estes foram progressivamente reduzidos à dose mínima.

Em constelações com diabéticos evidenciou-se repetidas vezes que eles não conseguem ou não se permitem receber nada de seus pais. Também neste exemplo a recepção por meio dos pais foi interrompida por várias gerações. Em muitos pacientes que adoeceram com diabetes, as constelações possibilitaram uma maneira melhor de lidar com a enfermidade e também o abrandamento das manifestações da doença.

No trabalho de constelações com pacientes de origem judaica, o reconhecimento de sua vinculação com o povo judeu como a uma comunidade de destino, tem-se revelado com muita frequência como um tema importante, inclusive quando o paciente não atribui maior significado à sua origem judaica. Diante do grande número de mortos, uma profunda aceitação e identificação com a identidade judaica causam angústia e podem levar a um inconsciente distanciamento e isolamento.

Lembro-me de ter presenciado essa dinâmica numa família cujo filho de 8 anos adoeceu de encefalite, como complicação de uma infecção por sarampo. Ainda não está esclarecido, e também não tem maior importância, em que medida esse aspecto foi importante para o alívio dos sintomas.

Seja o que for que tenha ajudado, é tocante o relato do pai, quatro anos depois da constelação:

Caro Stephan!

Como você se recorda, minha mulher e eu, juntamente com nosso filho, então com 8 anos, estivemos com você num curso de constelações. Estávamos desesperados, porque todos os médicos que consultamos não nos deram mais esperanças. A panencefalite esclerosante subaguda de nosso filho foi diagnosticada no hospital infantil Saint-Anna, em Viena, e confirmada por outras clínicas. Nessa época, Sami começou a ter convulsões periódicas e sua personalidade começou a mudar consideravelmente.

Quando participamos do seu grupo, Sami mal conseguia ficar de pé, e algumas semanas depois ele só se movimentava em cadeira de rodas e precisava ser atado com correias. Felizmente esse curso terrível da doença teve uma reversão positiva.

Sami vai completar em breve 12 anos. Já voltou a esquiar e a andar de bicicleta, está no quinto ano do ensino fundamental e todo dia toma o metrô para a escola. Quem não sabe o que houve, não pode acreditar no que aconteceu.

Sami continua a tomar, de seis em seis horas, uma medicação antiviral (Isoprinosin – Delimnum), que praticamente não provoca efeitos colaterais.

Seja como for, não sabemos o que provocou a mudança. Quando se considera o prognóstico desse tipo de encefalite na literatura médica, só se pode falar de um milagre. E rezamos diariamente para que continue como está.

Cordiais saudações,

G.

5.5.2 Culpa e expiação por comportamentos pessoais

Todo trabalho terapêutico tem por objetivo a reconciliação e a integração de temas e pessoas que foram excluídos. Devido ao medo de deixar de pertencer à nossa família, tendemos a rejeitar ou a excluir de nós muitas coisas que no fundo da alma sabemos que nos pertencem, por exemplo, alguma culpa pessoal por acidentes de automóvel ou por comportamentos desconsiderados e desrespeitosos.

No exemplo seguinte a ligação entre uma culpa e a doença não foi objeto de consideração.

A criança morta
(Paciente com esclerodermia)

Uma paciente de cerca de 55 anos, atraente e vestida segundo a moda jovem, participa de um curso de constelações.

Na rodada inicial a paciente ressalta que comparece ao curso por pressão de uma amiga que também está presente. Esta faz comigo um tratamento homeopático e já participou de um curso de constelações. Quanto à paciente, desconhece os métodos alternativos de cura e não teve até o momento experiências com psicoterapia. Em razão de sua evidente indecisão, proponho-lhe que assista primeiro algumas constelações de outros participantes e depois se apresente caso queira trabalhar com alguma questão. A paciente torna a frisar que só se inscreveu porque sua amiga a convenceu e se dispôs a acompanhá-la.

Na manhã do terceiro dia do curso ela se apresenta para um trabalho terapêutico e conta que há cerca de quinze anos sofre de esclerodermia, uma enfermidade autoimune dos vasos e do tecido conjuntivo que provoca um progressivo enrijecimento dos tecidos e consequente imobilidade, sobretudo das mãos. O acometimento do tecido conjuntivo dos órgãos internos no curso da doença, por acarretar forte limitação de sua funcionalidade, pode provocar a morte.

O esclarecimento da questão do paciente e a decisão subsequente, sobre se será feita uma constelação e, em caso afirmativo, quem ou o que será constelado constituem, a meu ver, a primeira condição decisiva para o sucesso de um processo terapêutico dotado de força. O método das constelações sistêmicas contém, a meu ver, um aspecto problemático pois, em princípio, tudo pode ser representado, e as constelações normalmente manifestam novas e impressionantes conexões. A questão básica é se o que se manifesta na constelação também ajuda o paciente no tocante ao seu problema.

Desde o primeiro contato não verbal com o paciente, procuro descobrir o acesso a todas essas questões. Entro em sintonia com o paciente da mesma maneira que um representante o faz. Sintonizo-me com a doença ou o sintoma e com os pais do paciente, e também construo uma imagem interior do possível resultado do trabalho.

O que sinto de especial, na situação com a mencionada paciente, é uma desconfortável pressão na zona do estômago durante o processo de sintonização. Inicialmente não percebo essa sensação como associada à paciente; contudo, como ela vai se agravando e se transforma num enjoo desconhecido para mim, resolvo testar a relação da paciente comigo. Para isso peço-lhe que escolha representantes para si e para mim. A paciente exibe inicialmente pouca disposição para cooperar e ressalta que seu desejo é constelar sua família de origem. Tranquilizo-a assegurando que poderemos fazer isso em seguida, mas antes julgo importante representar a nossa relação para ter certeza de que estou em posição de poder fazer o melhor por ela.

Ela escolhe os representantes e os conduz ao meio do círculo. Quando lhe peço que o faça com atenção e cuidado, ela coloca inicialmente a sua representante e depois o meu representante à sua direita, um pouco afastado.

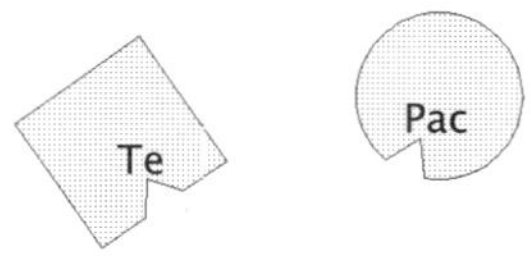

Pac - Paciente
Te - Terapeuta

Meu representante fixa o olhar no chão aos pés da mulher, torna-se cada vez mais pálido e leva a mão ao estômago. Queixa-se de pressão na cabeça e de um forte enjoo. A representante da paciente não se impressiona com os fortes sintomas do representante do terapeuta e olha com desinteresse e quase distraída pela janela.

Aparentemente o terapeuta está em contato com uma pessoa morta excluída pela paciente ou por sua família. Seguindo essa suposição, peço a um outro participante que se deite no chão, diante da representante da paciente. Meu representante respira visivelmente aliviado e pede para recuar alguns passos. Consinto, e ele vai se sentindo melhor à medida que se afasta da paciente. Então a representante da paciente se afasta completamente e permanece inalterável.

Voltando-me para a paciente, pergunto se ela tem algo a dizer sobre essas reações dos representantes. Ela responde que não entende o sentido da constelação e não tem explicação. Dou-lhe a entender que em sua família talvez exista uma pessoa morta que não está sendo considerada; pelas fortes reações do meu representante, poderia mesmo tratar-se de um homicídio.

A paciente apenas sacode a cabeça, e interrompemos a constelação nesse ponto.

Umas quatro semanas depois desse curso, numa consulta para tratamento homeopático, a mencionada amiga relata que, desde aquele fim de semana, a paciente não a deixou em paz até confidenciar-lhe que a criança que ela perdera possivelmente não teve uma morte natural. Era um típico bebê chorão e não conseguia dormir sem contato físico com a mãe. Certa manhã, quando ao colocar a criança para dormir, a mãe não suportou o choro continuado da criança sempre que ela se afastava, e então a envolveu com travesseiros. Como a criança se acalmou, ela pensou que tivesse adormecido. Depois de algum tempo, foi verificar a filha e notou que um travesseiro tinha deslizado totalmente para cima do rosto dela, e que ela estava inconsciente. Imediatamente chamou o serviço médico de emergência, mas a ajuda chegou tarde demais. Os médicos diagnosticaram morte súbita da criança, e ela nunca teve coragem de contar o que havia acontecido.

O paciente e o terapeuta na constelação

Quanto mais tempo eu trabalho com constelações sistêmicas, tanto mais atenção eu dedico, durante o processo terapêutico, às minhas próprias sensações e à relação terapêutica. Se anteriormente eu me concentrava mais no paciente e em seus temas, hoje focalizo muito mais o padrão da relação terapêutica. Principalmente no início do trabalho, além de ponderar como poderá estar o paciente depois do trabalho, preocupo-me com estas questões: "Como me sentirei depois deste trabalho terapêutico? Quanta energia vai me custar, e quanta energia e atenção o paciente está disposto a investir?" Esse procedimento leva-me a perceber, algumas vezes, que um trabalho terapêutico nesse momento não seria conveniente ou estimulante. Contudo, em vez de mandar o paciente de volta ao seu lugar sem que ele entenda e possivelmente frustrado, muitas vezes peço-lhe que escolha um representante para si mesmo e alguém para representar-me. Isso mostra como o paciente se vê em relação a mim, revela possíveis transferências e contratransferências, e informa sobre a atitude e a disponibilidade do paciente para a solução, bem como as minhas possibilidades como terapeuta.

Numa constelação desse tipo, um paciente com câncer da próstata colocou-me no lugar do seu pai, que tinha morrido com a mesma doença, mais ou menos com a mesma idade do paciente. Meu representante sentia-se extremamente indisposto nessa constelação, e só melhorou quando pedi ao paciente que colocasse em cena um representante para o seu pai. A atenção do representante do paciente voltou-se então imediatamente para o pai, e meu representante pôde retirar-se aliviado. Dessa maneira foi possível dissolver a transferência e dirigir o foco do paciente para a solução.

5.5.3 Doença, culpa e expiação em lugar de outros

Uma culpa não reconhecida e negada frequentemente produz efeitos através das gerações. Muitas doenças e muitos sintomas de descendentes estão associados a uma negação do destino das vítimas ou da culpa dos perpetradores. Exclusões na família provocam nas gerações subsequentes identificações com as vítimas ou com os perpetradores excluídos. Com os seus sintomas, filhos ou netos fazem lembrar os sofrimentos das vítimas, ou então assumem substitutivamente a culpa dos perpetradores e expiam por eles.

5.5.4 Doença e identificação com vítimas

Os judeus deportados: "Quem entra aqui não sai vivo".
(Paciente com claustrofobia)
No contexto de um seminário de constelações uma mulher conta que sempre teve medo de voar. Por duas vezes não conseguiu embarcar no avião quando tentava visitar sua filha nos Estados Unidos. Em ambas as ocasiões, reagiu com intensa palpitação na hora do embarque, esteve a ponto de desmaiar e tinha certeza de que, se entrasse no avião, não sairia com vida. Animada pelo relato de uma amiga sobre suas vivências num curso de constelações, ocorreu-lhe uma hipótese que seria confirmada em sua própria constelação.

No início da Segunda Guerra Mundial, o pai dela, que era professor, foi transferido de um distrito periférico para a zona central de Viena. No contexto dessa mudança de posição ele adquiriu um grande apartamento subvencionado pelo governo que até hoje pertence à família.

Na constelação da família de origem do paciente manifesta-se uma ligação entre o sintoma da paciente e a família judia que, antes de ser deportada, era dona da residência e morava ali. O sentimento adotado pelo paciente: "Quem entra aqui não sai vivo" ganhava, de repente, sentido dentro desse contexto mais amplo.

O representante do sintoma sente-se desnecessário no momento em que, por sugestão do terapeuta, a paciente se curva até o chão diante dos representantes da família judia que foi deportada, e reconhece o seu destino.

Eu mesmo participei dessa constelação, como representante de um dos familiares judeus. Lembro-me com emoção de como achei arrogante o sintoma da paciente, e como a raiva que eu sentia se transformou em afeto quando ela se inclinou diante de mim e de minha família.

De muitas maneiras os perpetradores evitam defrontar-se com o ocorrido. Isso se mostra nas constelações, quando os seus representantes muitas vezes evitam teimosamente olhar para as vítimas. Somente o amor de seus próprios familiares permite que finalmente se abrandem, aceitem sua culpa, voltem a ver o humano em si e nos outros e envolvam-se em processos de reconciliação. Para os familiares é importante que evitem julgamentos e acolham no coração as vítimas e os perpetradores, reconhecendo-os em pé de igualdade. Essa conduta é o tema do exemplo seguinte.

O pai entre os guerrilheiros:
"Seja o que for que tenha acontecido, você continua sendo o meu pai!" (Paciente com ataques de pânico)

Uma mulher sofre de ataques de pânico desde a sua juventude. É a mais velha de quatro irmãos. Depois de um breve esclarecimento de sua situação familiar, peço-lhe que coloque em cena representantes para si mesma e para o seu sintoma. Para representar o sintoma ela escolhe um homem.

O representante do sintoma sente-se forte e poderoso e se volta totalmente para a representante da paciente. Esta sente medo e procura em vão um lugar para esconder-se. Não sabendo para onde fugir, agacha-se e esconde o rosto entre as mãos. O representante do sintoma caminha com passos curtos em sua direção. Ela dá-lhe as costas e afasta-se para manter distância. Esses movimentos repetem-se várias vezes: ela tentando fugir do seu olhar e ele perseguindo-a imperturbavelmente.

Nesse ponto peço à paciente que introduza representantes para os seus pais. Quando é colocado o representante do pai, a situação muda. O representante do sintoma perde influência e importância e faz menção de retirar-se. Procura um lugar de onde possa observar bem o que ocorre. O medo da representante da paciente não muda, mas agora o seu objeto é o pai.

Interrogada sobre acontecimentos importantes na sua família de origem ou na família do pai, a paciente responde que seu pai, quando jovem, esteve na Itália como soldado no final da Segunda Guerra Mundial. Entretanto, ela não possui outras informações a respeito, porque o pai não fala desse tempo. Apenas numa conversa com amigos da família que tinham passado as férias na Toscana, o pai disse que não podia ir lá porque tinha vivenciado ali coisas terríveis. Dessa maneira, o período de permanência do pai na Itália era um verdadeiro tabu na família.

No contexto da guerrilha dos *partisans* na Itália houve muitos atos de retaliação dos nazistas contra civis. Por isso peço a outros cinco participantes que atuem como representantes na constelação, e formo com eles um grupo de homens, mulheres e crianças, sem informar-lhes quem eles estão representando. O representante do pai afasta-se imediatamente, o que traz um visível alívio à representante da paciente. Agora ela consegue respirar, levanta-se, retrocede alguns passos e afasta-se um pouco do que acontece.

Os representantes dos civis italianos se aglomeram, e agora o medo passou para eles. Dois representantes que estão na frente do grupo sentem-se cada vez pior. Seus rostos estão pálidos e parecem estar morrendo. Lentamente caem de joelhos e ficam agachados, numa posição semelhante à da filha no início do processo. O representante do pai vira-se cuidadosamente para eles e olha fixamente para a escultura formada diante de seus olhos pelos cinco representantes.

Muito tensa, a paciente contempla a constelação com atenção e finalmente me pede um esclarecimento. Descrevo-lhe brevemente a situação da guerra dos *partisans*, deixando também em aberto quem é que está sendo ali representado. Além disso, explico e comunico a ela também minha suposição de que o que condiciona seus ataques de pânico poderia ser uma identificação com vítimas do seu pai ou da sua tropa na guerra. Ela olha longamente para mim, com um ar de dúvida. Que efeitos essa declaração poderia causar na relação dela com o pai? O conflito é claramente perceptível.

Depois de algum tempo quebro o silêncio e digo a ela: "Olhe para o seu pai e lhe diga: 'Querido papai, seja o que for que tenha acontecido, eu o respeito. E seja o que for que tenha acontecido, você continua sendo o meu pai'". Essas frases abrandam a rigidez do pai e ele começa a chorar ante a visão das vítimas italianas. Ele passeia o olhar entre elas e a sua filha. Seu desespero é evidente.

O representante do sintoma, que vinha observando tudo com atenção, retira-se da constelação e volta para a sua cadeira. Minha atenção permanece com a paciente e a sua relação com o pai. Termino o trabalho com as frases: "Querido papai, o peso que eu carreguei por você eu carreguei com amor, porém agora passou. Agora respeito o peso que você carrega, e deixo isso com você".

Nos primeiros dias depois da constelação a paciente sente-se muito bem, até que se encontra com o pai no final da semana. Então ela percebe imediatamente que sua relação mudou de qualidade. Com isso fica insegura, sem saber como se comportar diante do pai. Para seu grande espanto o pai começa a falar da guerra. Isso, porém, lhe traz uma sobrecarga e ela arranja uma desculpa para terminar a visita. Na noite seguinte, volta a ter um ataque de pânico. Nos dias e semanas que se seguem, procura evitar o contato com o pai mas depois de alguns dias reconhece que isso não é a solução. Além disso, os ataques de pânico passam a ocorrer com muito mais frequência do que antes da constelação. Ela também tem a impressão de que agora o pai procura de um modo especial o contato com ela. Logo que ficam a sós ele começa a falar da guerra, e essa situação deixa-a extremamente tensa. Cerca de quatro semanas depois da constelação ela solicita uma consulta particular comigo.

No atendimento individual recapitulamos a constelação, passo a passo. O pai da paciente não conseguiu elaborar as vivências traumáticas da guerra. Cabe à filha aceitar o envolvimento do pai, provocados pelos traumas vividos, deixar com ele, com respeito e amor, o peso e a culpa e, não obstante, reconhecê-lo como seu pai.

A atitude saudável para os filhos é honrar os envolvimentos não resolvidos de seus pais. O respeito cria uma ligação entre pais e filhos num nível superior, com a superação dos fatores de separação resultantes dos traumas vividos.

A paciente marcou mais três consultas comigo, a intervalos de um mês, para apoiar seu processo de solução do problema. Progressivamente ela conseguiu estabelecer um saudável distanciamento em relação ao pai. Os ataques de pânico passaram a ocorrer mais raramente e, por conhecer o que os condiciona e a que lugar eles pertencem, a paciente tem tido menos medo durante os ataques e também antes deles. Quebrou-se um círculo vicioso, e ela consegue lidar com seu sintoma de maneira cada vez melhor.

Reconhecer os crimes dos pais e, não obstante, acolhê-los, amá-los e respeitá-los como pais exige muita força e energia. Somente alguns filhos conseguem essa complexa realização. Por isso, muitas vezes, as sequelas de uma culpa não reconhecida só aparecem claramente na geração dos netos.

O avô era vigilante num campo de concentração (Paciente viciado em heroína)

Um homem de cerca de 20 anos, dependente de heroína, vem consultar-me. Para livrar-se de seu vício ele está participando de um programa de substituição de drogas e solicita que eu o acompanhe com um tratamento homeopático de apoio. Nessa ocasião eu conhecia o trabalho das constelações há poucos meses apenas e ainda não utilizava essa abordagem. Contudo, tendo participado de vários seminários de constelações, minha maneira de ver os pacientes e seus sintomas já tinha mudado, pois já sabia da existência de possíveis ligações familiares. A aparência do paciente, com seus cabelos raspados, seu evidente estado de desnutrição, olheiras escuras e a mesma camisa azul-clara cheia de furos na segunda consulta, fazia-me lembrar imagens de internos num campo de concentração. No final da sessão, pergunto ao paciente se posso comunicar-lhe minha impressão. Ele consente e eu lhe digo: "Quando olho para você, lembro-me de imagens das vítimas do holocausto". Ele empalidece e pede-me para sentar-se de novo. Depois de algum tempo ele diz: "Existe na minha família algo que não pode ser dito. Meu avô foi um vigilante no campo de concentração de Dachau".

Digo a ele: "Parece que você se identificou com as vítimas de Dachau e dessa maneira traz à luz esse segredo protegido por sua família". Ele responde imediatamente: "Isso o meu irmão mais velho também fez. Ele tocava apaixonadamente numa banda de música Klezmer, e isso irritava muito o nosso pai que não tolerava a música judaica. Meu irmão também era viciado em heroína e morreu há dois anos com um 'tiro dourado!' [injeção letal de heroína]. Quando fala de seu irmão, não se pode deixar de notar o brilho em seus olhos.

A consulta seguinte foi cancelada por sua namorada. Ele voluntariamente se internou numa clínica particular e inesperadamente inscreveu-se num programa de desintoxicação. Mandou avisar-me que a associação com as vítimas do pai ainda o perseguia e, apesar de chocá-lo e angustiá-lo, ele percebia aí uma força para voltar a assumir a sua vida. Depois da desintoxicação ele quis marcar uma consulta, porém nunca mais tive notícias dele. O brilho em seus olhos quando falava do irmão morto perdura na minha memória até hoje.

5.5.5 Doença e identificação com perpetradores

O avô foi oficial nazista: "Ele carrega isso por você!"
(Filho com tumor no cérebro)

Num seminário de constelações para doentes chamou-me a atenção uma paciente que acompanhava com grande interesse todos os trabalhos dos outros participantes mas recusava-se terminantemente a atuar como representante quando solicitada por eles. No último dia, pouco antes do término do curso, ela se apresenta para trabalhar.

Questionada sobre seu problema, ela responde: "Estou aqui por causa do meu filho de 19 anos. Ele tem um tumor do tamanho de uma ameixa na ponte entre os hemisférios cerebrais, e não pode ser operado". À minha pergunta sobre o que dizem os médicos, ela responde: "Se o tumor continuar a crescer da mesma forma, meu filho só terá algumas semanas de vida".

Entrando em sintonia com a pessoa do filho, sinto uma profunda ligação com a paciente como "minha mãe". Há uma sensação de uma inquietante proximidade, e percebo que o filho carece de espaço para respirar e viver. Fica claro para mim que o filho carrega algo por sua mãe.

Em seguida a essa sensação, minha mente intervém imediatamente e me diz: "Quem vai se beneficiar se eu disser isso à mãe? Como será o resto de sua vida com essa frase, se o filho morrer?". Tropeço em meus pensamentos e fico horrorizado comigo mesmo, ao perceber subitamente que estou quase desistindo do filho.

Nos olhos da mãe reconheço o domínio que ela tem de si mesma e sua disposição de fazer pelo filho tudo o que estiver ao seu alcance. Isso me dá forças para dizer-lhe: "Minha imagem – e tudo bem para mim se não estiver correta – é que ele carrega esse problema por você". Para meu espanto a mulher acena afirmativamente com a cabeça, fixa o chão em silêncio por um momento, torna a encarar-me e responde, emocionada mas com uma voz muito contida: "Eu sei disso. Há dois dias eu sei disso!".

Seguem-se minutos de um comovido silêncio, e quando sinto que ela percebeu o mais importante e também sabe lidar com isso, pergunto: "Posso deixar assim?". Ela responde: "Sim!". Eu lhe digo: "Tudo de bom para você!". Ela balança a cabeça e retorna ao seu lugar.

Uns três meses depois desse curso ela me telefona e diz que gostaria de participar de um outro grupo. Como me recordo do seu nome, pergunto o que deseja. Ela diz: "Gostaria de constelar minha família de origem!". Pergunto sobre o seu filho. Ela não esperava que eu me lembrasse do seu caso e diz, para espanto meu: "No momento ele está surpreendentemente bem. Continua tomando cortisona, o tumor cresceu muito pouco e, dentro das atuais circunstâncias, todos estão satisfeitos, inclusive os médicos".

No grupo começamos o trabalho constelando a sua família atual. Aí se manifesta que o filho doente de câncer está representando o pai da paciente e, em lugar dele, dedica-se às suas vítimas. O avô participou, como oficial da polícia nazista, do assassinato de judeus poloneses.

Constelações com descendentes de vítimas e perpetradores sugerem unanimemente que entre os perpetradores e suas vítimas nasce um vínculo que, em intensidade e força, supera todos os vínculos familiares. Pertence à honra do perpetrador, além do reconhecimento de sua culpa, o reconhecimento dessa ligação com a vítima.

Para a paciente isso significa que ela precisa deixar que seu pai se vá. De agora em diante, quando olhar para o pai, precisará também ter as suas vítimas diante dos olhos. Assim poderá começar a atuar em sua alma um processo pelo qual a mãe poderá livrar o filho da identificação com o avô.

Infelizmente não estou informado sobre a posterior evolução da doença do filho.

A reverência a uma vítima
(Paciente com depressão e visões de cenas de violência)

No contexto de um seminário de constelações de três dias, um paciente de 43 anos relata a seguir sua experiência num processo que o livrou da identificação com um assassino:

Desde que eu me lembro, minha vida foi marcada por depressões e alimentada por sentimentos de culpa, baixa autoestima e dúvidas sobre mim mesmo. Também me perseguiam constantemente imagens de violência que desfilavam diante dos meus olhos como se fossem cenas de um filme. Como essa violência geralmente se dirigia contra mulheres e crianças, eu não me senti livre para me casar ou constituir uma família.

Ouvindo uma amiga falar sobre constelações familiares, meu interesse foi despertado e eu quis esclarecer, num aconselhamento telefônico, se essa forma de terapia seria conveniente para mim. Sem que eu falasse dos meus motivos, a conversa chegou ao meu assunto.

O terapeuta julgou que da minha parte seria um bom trabalho preliminar se, antes da minha participação no grupo, eu pudesse formular claramente o que queria obter e em que mudança da minha vida eu poderia reconhecer que o investimento valera a pena.

Logo comecei a pensar sobre o que eu desejava. Orgulhoso por poder exprimir em palavras minha necessidade, inscrevi-me para fazer a constelação. Entrei no grupo sem conhecimentos prévios. Tudo era novo para mim. Apesar disso, sentia que as constelações realizadas eram claras e corretas. Decidi esperar até a tarde do segundo dia para fazer a minha própria constelação. Quando chegou a minha vez senti um forte nervosismo. O terapeuta perguntou pela minha questão e respondi: “Não quero ser um homem mau”. Eu tinha levado meses para perceber e formular essa frase, e fiquei chocado quando o ouvi dizer: “Isso é uma necessidade geral e não um assunto pessoal”. Ele só trabalhava com questões concretas e pessoais.

Fiquei indignado e com raiva. Contudo, antes que eu pudesse expressar a minha indignação, ele continuou, num tom tranquilo: “Porém, sinto que você está dizendo isso a sério! E principalmente sinto a sua necessidade! Então proponho que constelemos a sua família de origem. Escolha representantes para seu pai, sua mãe e para você mesmo”. Concordei.

Os representantes da minha mãe e do meu pai foram logo encontrados, e também o meu representante ficou logo em seu lugar. Ele era um homem forte e corpulento, mas logo que entrou na constelação desabou sobre os joelhos e respirava com dificuldade. Somente quando a mãe se afastou, quase abandonando o círculo das cadeiras, é que o pobre sujeito ali no meio voltou a respirar. O "pai" ficou de lado, sem participação. Eu assistia surpreso ao que se passava, mas o sentimento que eu tinha me era familiar. Contudo, não entendia as conexões. Apenas quando entrei no lugar do meu representante e meu corpo se defendeu contra a pressão habitual que sempre sinto na presença dos meus pais, é que entendi a situação. O terapeuta continuou a trabalhar comigo, e lembro-me da situação e também de que eu devia curvar-me diante do meu pai. Minha coluna estava rígida como se preferisse quebrar-se a curvar-se.

Eu, uma criança sem mãe; meu pai, indiferente. Sim, eu conhecia essa história, e foi bom visualizar isso. Por fim, consegui colocar meus sentimentos em ordem e senti-me livre de autorrecriminações, porque as coisas são simplesmente assim.

Fui para casa e dormi tranquilo com a confirmação de uma situação que eu jamais teria me atrevido a expressar.

No dia seguinte, vesti-me de maneira estranha. Calças pretas de couro, botas pretas de motoqueiro, camisa de malha cor de sangue e um *pulôver* cinza de gola bem alta. Dirigi meu carro com um certo desinteresse para o último dia do curso de constelações. Como eu já tinha constelado, teria apenas que ficar sentado por algumas horas.

Depois de chegar e sentar-me, ouvi com espanto, na rodada da manhã, a participação dos colegas no meu trabalho da véspera. Minha constelação tinha tocado muitos outros participantes. Muitos estavam espantados por eu ter passado bem a noite. Seguramente aquilo não tinha sido fácil mas também não era algo novo para mim. Ao contrário, o que eu sentia era: Foi como foi, e hoje eu estou aqui. Eu superei isso.

As constelações começaram e foi a vez de um homem de uns 75 anos. Ele chorava por sua falecida irmã que durante a fuga caíra nas mãos dos russos. Subitamente fiquei muito triste e também fui sentindo uma crescente vontade de chorar. Mais uma vez imagens sangrentas das cenas de guerra invadiram meus pensamentos. Senti calor, muito calor, e tirei minhas botas. O senhor idoso chorava, e sua dor pressionou-me também a chorar. Percebi que eu estava chorando cada vez mais alto e não conseguia me controlar. Eu conhecia essas imagens, por intermédio de visitas a igrejas e meditações: mulheres torturadas e violentadas, crianças estripadas, homens empalados, e assim por diante. Mas por que vejo essas cenas aqui agora? Eu também não conseguia sair dali. Meus pés já não me levavam. Todo o recinto afundou com meus soluços. Algo me lançou ao chão. Então a alta voz do terapeuta ressoou em meus ouvidos. Só percebi que ele punha minhas mãos em torno dos pés de alguém. Mal os abracei, desfilaram pela minha consciência todas as imagens conhecidas de mulheres torturadas e violentadas, de homens e crianças assassinadas. Eu era um faraó bárbaro, um filho de príncipes gregos, um homem cruel... Eu conhecia essas imagens. Muitas vezes eu as tinha visto; em parte, também em lugares históricos – quando certa vez visitei uma pequena capela na Grécia onde havia imagens de torturas. Eu conhecia esses fatos. Eu estava presente – naquela época.

Depois de algum tempo passou essa torrente de imagens e tive a sensação de ter sido esvaziado. O homem cujas pernas eu abraçava cambaleou e caiu no chão. O terapeuta aproximou-se de mim, segurou-me e senti o seu coração bater. Pela primeira vez na minha vida ouvi conscientemente um coração bater.

Quando voltava para casa senti-me tremendamente aliviado. Então, de repente, muita coisa ficou clara para mim. Meu sentimento básico, que eu nunca me atrevi a enxergar, mas que determinou por muitos anos a minha vida: "Sou um assassino, um estuprador..." desapareceu, ou foi entendido. Há quatro anos, desde a participação no curso de constelações, com exceção de uma única vez, não tenho mais essas imagens. Até então elas constantemente me acompanhavam na vida.

Desde essa vivência desapareceu uma desconfiança básica diante da vida e tenho me sentido muito mais seguro em minha profissão de consultor de empresas. Para meus clientes tornou-se muito mais fácil confiar em mim.

Muito obrigado e saudações cordiais,

M.

O essencial no trabalho com as constelações não é a constelação em si. Alguns pacientes desejam fazê-la para sentirem que a deixaram para trás. Na realidade ela continua à sua frente pois, à semelhança de muitas outras abordagens da psicoterapia, o trabalho com as constelações sistêmicas serve para o enfrentamento e a integração dos aspectos da alma que foram excluídos e dissociados.

No exemplo mencionado não é preciso que se esclareça quem é o perpetrador na família do paciente e quem são suas vítimas. É significativa a concordância entre as impressões de violência do paciente e o provável destino da irmã do seu colega do grupo.

Como terapeuta, acompanhei a dor e os impulsos de movimento do paciente. Com um forte grito ele caíra sobre os joelhos. Como a postura dele correspondia a uma reverência profunda, coloquei diante dele um representante e pus as mãos do paciente sobre os pés desse representante.

Assim, por impulso próprio, o paciente realizou a reverência liberadora. Nessa posição ele permaneceu até acalmar-se.

Provavelmente não existe uma família alemã que tenha sido poupada das consequências da guerra e da época nazista, quer os seus membros tenham participado direta ou indiretamente dos crimes do regime nazista ou tenham sido vítimas da perseguição e do terror, ou ainda sofrido fome e carência devido às manobras de guerra, deportação, prisão etc., com a necessidade de elaborar essas perdas de diferentes maneiras. As consequências dessa época continuam a manifestar-se ainda hoje na geração dos netos e dos bisnetos. Percebemos que não somente muitas doenças psíquicas, como depressões e psicoses, bem como, muito provavelmente, um grande número de sintomas físicos estão associados a esses acontecimentos. Como predomina atualmente o modelo médico das doenças, e o seu tratamento raramente leva em conta os fatores contextuais responsáveis pela origem e persistência das doenças e dos sintomas, essas associações raramente são levadas em consideração e esclarecidas.

O amor que liberta
(Paciente com esclerose múltipla)

A culpa e a expiação assumidas em lugar de outra pessoa podem cessar às vezes, quando os descendentes conseguem defrontar-se simultaneamente com as vítimas e os perpetradores diante do que aconteceu, com amor e respeito, e dar a todos um lugar no seu coração.

Reproduzo a seguir o relato de uma paciente:

Em janeiro de 2004, aconselhada por meu terapeuta, procurei o senhor para fazer uma constelação familiar. Minha questão era a minha doença:

esclerose múltipla. Nessa época o diagnóstico já tinha sete anos, e a doença transcorria em surtos. Fisicamente eu estava relativamente bem mas minha alma clamava por ajuda.

No segundo dia do seminário apresentei-me para o trabalho. Falei de mim e de minha família de origem. Começamos o trabalho e escolhi representantes para minha mãe, meu pai e para mim. Minha representante afastou-se de minha mãe e olhava constantemente para o chão.

Em conversa com o senhor, contei-lhe que minha avó, por parte de mãe, enforcou-se. A razão desse ato eu não pude explicar porque nunca se falou a respeito desse assunto quando eu perguntava.

Então o senhor me disse que eu devia escolher alguém para representar minha avó, e que ela se deitasse no chão. Quando minha avó entrou na constelação, a minha representante ficou muito mal. Começou a chorar e só olhava para a avó. Caminhou lentamente em sua direção com a postura cada vez mais curvada. Chegando perto dela, permaneceu de pé e disse: "Gostaria de deitar-me ao lado dela".

O senhor concordou e olhou para mim, que estava sentada ao seu lado. Quando minha representante se deitou junto da avó, minha mãe se aproximou e ajoelhou também ao lado dela. Ao mesmo tempo comecei a tremer na cadeira dos pés à cabeça tão fortemente que o senhor me abraçou e segurou até que eu me acalmei de novo. Então o senhor explicou aos outros participantes o que essa imagem podia significar.

Na família de origem da minha mãe deve ter acontecido algo terrível. Provavelmente houve um crime. Como, porém, eu não sabia de nada e também não estava em condições de continuar o trabalho, o senhor o interrompeu nesse ponto. O senhor também me aconselhou a indagar em minha família e então, eventualmente, voltar.

Os dias seguintes em casa foram péssimos. Eu não conseguia dormir nem comer nem trabalhar. Não conseguia terminar essa constelação.

Uma semana depois tive outra consulta com meu terapeuta. Falei desse meu trabalho e do que eu sentia. Ele começou comigo uma espécie de terapia com palavras. Finalmente me induziu a continuar o trabalho e me apoiou em minhas sondagens na família de origem.

Então, em abril de 2004, procurei o senhor de novo como paciente e, devo confessar, com sentimentos muito confusos. Por um lado, estava um pouco alegre, mas por outro, sentia muito medo.

No segundo dia apresentei-me para trabalhar, mas dessa vez começamos de modo diferente. O senhor já sabia o que tinha ocorrido na última vez e, para minha surpresa, não me perguntou se eu tinha sabido de alguma coisa. Não, tive de colocar um representante para o senhor e outro para mim. Então o senhor perguntou ao seu representante se ele podia fazer algo por mim. Este respondeu: "Não, ela precisa fazer isso por si mesma". Devo dizer que fiquei ofendida e olhei perplexa para o senhor. Então ficamos sentados por algum tempo até que o senhor me disse: "Talvez ainda possamos fazer alguma coisa".

O senhor se levantou e escolheu duas pessoas, colocando uma delas do lado esquerdo da sala e a outra defronte a ela, do lado direito. Sem outras explicações, o senhor sentou-se de novo ao meu lado.

Os dois representantes se olharam longamente. Quando, depois de algum tempo, eles começaram a aproximar-se lentamente um do outro, tive a forte sensação de que eu precisava entrar no meio, senão meu coração se partiria.

O senhor me impediu de me levantar e meu coração acalmou-se de repente quando os dois representantes se deram as mãos e se olharam profundamente nos olhos.

De repente voltei a respirar, e o senhor explicou que havia colocado as duas pessoas representando um criminoso e uma vítima de minha família. Ambos ficaram em paz quando se encontraram com amor.

Sem dizer mais nada, o senhor me olhou ainda por algum tempo e finalmente me disse que, se eu quisesse, ainda poderia fazer algo por mim, mas só se eu realmente quisesse. Concordei, e o senhor pediu aos dois representantes, a vítima e o criminoso, que se colocassem lado a lado à minha frente.

Eles se enlaçaram com os braços. Embora tivesse um pouco de medo, tive de encará-los continuamente. Tive então uma sensação muito estranha. Por um lado, eles me davam pena e eu queria tocá-los, mas por outro, eu sentia muito medo e também raiva dos dois.

Quando o senhor me sugeriu que me aproximasse deles e os tocasse, inicialmente eu não consegui fazer isso. Apenas depois de pronunciar as palavras que o senhor me sugeriu: "Obrigada!" e "Eu respeito e honro o que aconteceu, e agora deixo isso com vocês!" eu consegui me levantar. Quando fiquei diante deles, tomaram cuidadosamente minha mão direita e a colocaram no coração de um dos representantes e depois minha mão esquerda no coração do outro. No momento em que consegui abrir o meu coração para ambos, o medo e a raiva desapareceram totalmente. Só consegui chorar e apertar os dois contra mim.

Essa sensação foi tão bonita e me aliviou tanto que nunca mais vou esquecê-la. Experimentei o que significa reconciliação e harmonia. De fato, foram poucas as palavras que me mostraram o caminho. Eu disse apenas: "Obrigada!" e "Eu respeito e honro o que houve, e deixo isso com vocês!". Tenho certeza de que com esse trabalho estou num bom caminho, porque pude ajudar não somente a mim mas também à minha filha mais velha. Agora ela sabe onde é o seu lugar. Nossa relação mudou muito, e para melhor.

Com grande alegria também posso dizer que desde esse trabalho, em abril de 2004, não tenho mais sintomas relacionados à esclerose múltipla.

Mais uma vez, meu cordial agradecimento.

Março de 2008

W.

Doença como proteção?: "Então vou matar a minha mulher!" (Paciente com esclerose múltipla)

Alguns anos antes de conhecer o trabalho com constelações familiares, tive no meu consultório de homeopatia uma experiência com um paciente de cerca de 45 anos que sofria de esclerose múltipla e estava totalmente paralisado da coluna cervical para baixo. Apesar do adiantado estado da doença, ele estava firmemente convencido de que se curaria, embora sua respiração já estivesse grandemente prejudicada, devido à paralisia dos músculos do peito. Animado por sua vontade extraordinariamente forte de curar-se, preocupei-me em saber, no contexto da primeira anamnese, o que ele pretendia fazer se ficasse curado.

Fiquei muito chocado quando ele disse, com a mesma convicção: "Vou matar minha mulher!". Ainda me lembro do alívio que senti quando ele deixou o meu consultório sem marcar uma nova consulta.

Também nas constelações de pacientes com esclerose múltipla manifesta-se, com muita frequência, uma identificação dos pacientes com perpetradores, à medida que os representantes dos pacientes exteriorizam, de modo mais ou menos concreto, impulsos homicidas.

A paralisia motivada pela doença poderia ser uma defesa para não ceder ao impulso para a violência.

Dinâmicas semelhantes se manifestam nas constelações de pacientes que sofrem de graves doenças reumáticas progressivas, ou em associação com compulsões e tiques. Esses comportamentos podem ser entendidos como um escape para ocultar o verdadeiro impulso e a culpa subjacente na família.

Nas constelações também atuam de modo liberador a revelação e o reconhecimento da culpa ou do crime, mesmo que não se saiba o que realmente aconteceu.

5.6 Doença e ocultação de acontecimentos relevantes no sistema

Em toda família existem segredos e temas que se tornaram tabus. Alguns deles servem para a conservação e a defesa de determinados familiares ou de toda a família.

Entretanto, quando são negados, silenciados ou esquecidos acontecimentos importantes do ponto de vista sistêmico, tais como a geração de uma criança, uma paternidade ou uma morte violenta, a ordem nesse sistema foi desrespeitada, com a exclusão de pessoas que fazem parte dele. Tais segredos, mesmo quando fortemente defendidos, acabam sendo revelados, pois serão expressos por meio de um comportamento ou de um sintoma dos filhos da família – se não na primeira geração, na seguinte. Tais indícios, porém, como mostra a experiência, frequentemente não são percebidos ou entendidos pela família e pelos profissionais consultados. O esclarecimento dessas ligações e a solução dos envolvimentos que estão associados a isso frequentemente não é possível sem ajuda externa. Nesse particular as constelações sistêmicas podem trazer uma contribuição essencial ao processo de solução.

A criança morta da avó: "Quem lhe contou isso?"
(Paciente com displasia do colo do útero)

Uma paciente com suspeita de metástases no colo do útero, reforçada por um exame clínico (colposcopia), coloca em cena, por sugestão minha, uma representante para si mesma e outra para a doença. A representante da doença é colocada logo atrás da representante da paciente. Elas se comportam como se fossem mãe e filha. Quando a representante da doença pousa os braços nos ombros da representante da paciente, esta apoia-se descontraidamente e deixa-se embalar. A paciente reconhece que essa é a imagem dela e de sua mãe, e consente que a representante da doença se transforme em representante da mãe, sem escolher uma nova representante para esse papel.

Embora ambas se sintam razoavelmente bem, dão a impressão de estarem desorientadas e sem força. Como o sintoma é de uma doença de mulheres, sugiro que seja colocada uma representante para a avó, por parte de mãe. Esta é colocada diante da paciente, a pouca distância de ambas. A atenção da representante da mãe volta-se imediatamente para ela. A avó, porém, não toma conhecimento da filha mas olha para o chão diante de si com uma expressão de tristeza. A representante da mãe não consegue aproximar-se dela, pois a avó se esquiva de todas as tentativas, afastando-se ainda mais.

Peço a uma participante que, como representante, se deite no chão diante da avó. Esta imediatamente começa a chorar e aproxima-se da representante deitada no chão, como se esta fosse uma criança pequena. Ao ver isso, a representante da mãe diz: "Agora está bem!", e alegremente retorna para junto de sua filha.

Num outro seminário de constelações, seis meses depois, a paciente procura-me durante um intervalo e pergunta: "Você se lembra de mim?" Tive de confessar que não. Ela continua: "Há uns seis meses fizemos uma constelação por causa de uma alteração no tecido do colo do meu útero. Devido à suspeita de câncer os médicos me recomendavam uma cirurgia imediata. Quando voltei para casa depois do seminário, perguntei à minha mãe se por acaso minha avó tinha perdido um filho. Minha mãe, espantada, me perguntou: "Quem lhe contou isso?".

Dois meses depois da constelação, um novo exame clínico constatou que as alterações dos tecidos no colo do útero tinham desaparecido. Além do trabalho da constelação, a paciente não fizera qualquer outro tratamento ou terapia nem introduzira mudanças em sua vida.

A doação do sêmen: "Este é o seu pai!"
(Filho com estados de medo e depressões)

Uma família comparece ao consultório com o filho de 12 anos. Os pais ressaltam o desempenho excepcional do filho na escola, porém há dois meses ele sofre de indisposições depressivas, que começaram espontaneamente depois de uma crise nervosa na escola. Desde então ele não consegue sair de casa sozinho. Fora de casa tem acessos de medo, acompanhados por forte palpitação e suores, a ponto de desmaiar. As depressões têm piorado constantemente e tudo o que lhe dava alegria deixou de ter importância para ele. Sua vida se reduz, cada vez mais, aos jogos eletrônicos e à Internet e ele manifesta, com uma frequência cada vez maior, o medo de enlouquecer.

Como a medicação com psicotrópicos não produziu o efeito desejado, os pais se informam sobre as possibilidades de um tratamento homeopático.

Aconselho, além disso, a participação num curso de constelações. Ao saber que sua presença ali não é necessária o jovem fica aliviado, porque até então a terapia girava em torno dele e tinha a sensação de ser responsável por tudo.

Os pais se dispõem a participar de um grupo. Começamos a constelação colocando três representantes: para o pai, a mãe e o filho. Inicialmente peço à mãe que configure a família e que os representantes anotem suas posições. Em seguida peço ao pai que faça o mesmo. As imagens são bem semelhantes. Em ambas as configurações o filho está entre os pais, separando o casal. Os representantes formam um semicírculo onde a mãe sempre ocupa o primeiro lugar, em seguida vem o filho, à sua esquerda, e finalmente o pai.

A representante da mãe sente-se mal nesse lugar, sem que saiba definir melhor o que sente. O representante do filho sente-se desorientado. O representante do pai não tem a sensação de pertencer à família, o que, aliás, curiosamente, tampouco deseja.

Na esperança de trazer mais clareza à constelação, peço à mãe que introduza um representante para o sintoma do filho. Ela escolhe um homem e o posiciona atrás do filho, a uma grande distância.

O representante do filho fica extremamente perturbado com isso. Sente medo, suas mãos suam e seu olhar inquisidor desloca-se cada vez mais rapidamente entre o representante do sintoma e o representante do pai. Tem-se a impressão de que ele enlouqueceu. De repente seu olhar vagueia até a paciente, de pé na constelação e ainda tocada pela forte reação do representante do filho, e com desespero na voz ele brada: “Você me enganou sobre o meu pai!”. Então seu olhar se volta para mim e ele repete, quase em prantos: “Ela me enganou sobre o meu pai!”.

Sem reagir às palavras do representante do filho, a paciente senta-se ao meu lado e fixa no chão um olhar sem expressão. Antes que eu a interrogue sobre o sentido dessa estranha frase, o marido pede a palavra e diz: “Talvez seja importante mencionar, eu não sou o pai do menino. Já estávamos casados há alguns anos e desejávamos uma criança, mas minha mulher não engravidava. Os exames médicos constataram que eu não posso gerar filhos. Como não queríamos renunciar a uma criança, decidimos recorrer a um banco de sêmen. Nosso filho não sabe nada disso!"

Respondo com voz tranquila: "Ele sabe disso! Se levo a sério o movimento dos representantes que se manifestam aqui, tenho de supor que ele sabe disso". O representante do filho confirma essa declaração, dizendo: "Quando o representante do sintoma foi colocado na constelação, eu já não sabia quem eu era. De repente eu não sabia qual dos dois era o meu pai, e senti-me particularmente enganado pela minha mãe".

À pergunta do "pai" (na verdade, do padrasto) da criança, sobre o que se poderia fazer agora, eu me aproximo de seu representante na constelação e faço-o dizer ao representante do filho, apontando para o representante do sintoma: "Este é o seu pai! E esta é a sua mãe! Ela e eu cuidamos de você! Mas ele é o seu pai!".

O representante do filho sorri e diz: "Está certo. Com isso eu posso viver".

Interessado, pergunto ainda ao representante do sintoma como ele se sente. Ele responde: "Não quero ter nada a ver com isso".

Ao representante do filho eu digo: "É assim!" Ele concorda, balançando a cabeça. Ao casal de paciente eu digo, para concluir: "Creio que isso é tudo o que eu posso fazer por vocês".

Cerca de dois meses depois da constelação recebo uma ligação do padrasto. Queria agradecer e contar que ficaram muito espantados quando voltaram para casa e encontraram o "filho" sensivelmente melhor. Dentro de poucas semanas ele "voltou ao normal". Isso deu a ele e à esposa a força para contar claramente ao "filho", num momento favorável, que o pai presumido não era seu verdadeiro pai. O filho reagiu de modo semelhante ao seu representante. A última notícia que ouvi deles é que o rapaz está bem.

As crianças são os seus pais e os reconhecem em si. Por isso não se pode enganá-las a respeito dos seus pais. Quando são mantidas em incerteza ou falsamente informadas sobre os seus pais verdadeiros, isso provoca nelas divisão e insegurança. Nesse caso, a criança vê os seus "pais" mas não se sente como seu filho(a), e geralmente busca inicialmente o que está errado em si mesmo(a) para justificar essa insegurança. O que se passa com uma criança quando, talvez ao completar 18 anos, vem a saber que o pai não é o seu pai, ou que foi adotada, ou ainda vem a saber disso mais cedo, por intermédio de outras pessoas?

Embora, por meio das constelações, muitos segredos sejam revelados, faço uma advertência para que não se abuse desse método com essa finalidade. Quando existe uma fundada suspeita quanto a uma paternidade, o verdadeiro esclarecimento só é fornecido pelo teste de paternidade. Enquanto o pai ou o filho tiver dúvidas, o amor não poderá fluir.

As consequências de uma "escapada"
(Paciente com sinusite)

A paciente alemã vive há dezoito anos em Barcelona e está casada com um espanhol. Eles têm um filho de 4 anos. Há muito tempo ela não tem certeza se deve ou não separar-se do marido e voltar para a Alemanha. Nessa situação tensa ela desenvolve uma infecção crônica dos seios maxilares e frontais, que vem resistindo à ingestão de vários antibióticos. Em 2 de janeiro de 2005, a paciente precisou ser operada porque a inflamação estendeu-se aos canais auditivos, com um sério risco de encefalite. A cirurgia e uma subsequente terapia intravenosa com penicilina impediram a progressão da enfermidade, sem que se obtivesse a cura. Em março de 2005, os sintomas voltam a agravar-se e a paciente comparece a um seminário de constelações em Barcelona, sentindo fortes dores de cabeça e uma crescente sensibilidade à luz.

Decidi fazer a constelação da doença, com a inclusão do conflito atual da paciente. Os sintomas regrediram duas horas depois da constelação, e a paciente enviou-me um agradecimento. Posteriormente pedi-lhe que escrevesse um relato pois já não me lembrava bem dos detalhes da constelação. Eis o relato da paciente:

A questão original que eu esperava esclarecer com a ajuda de uma constelação era se eu deveria ceder ao meu crescente desejo de retornar à Alemanha e, em caso afirmativo, como poderia dar esse passo. Devido a uma nova piora do meu estado de saúde, releguei minha intenção ao segundo plano. Assim, quando fui informada de um seminário de constelações para doentes, espontaneamente me inscrevi para ele. Durante a participação no grupo, piorou muito o meu estado físico, e minha questão ficou reduzida ao intenso desejo de curar-me, inclusive permanecendo na Espanha, se fosse preciso.

Antes de fazermos a constelação, descrevi inicialmente minha atual situação de vida e você me interrogou sobre acontecimentos especiais na minha família de origem. Tenho uma irmã mais nova e uma meia-irmã apenas um ano mais velha do que eu. Meu pai e minha mãe se conheceram muito jovens, foi o seu primeiro amor. Quando já tinham um relacionamento firme há vários anos, meu pai viajou com uns amigos, uns soldados americanos que depois da guerra ficaram estacionados perto de sua cidade. Foram passar o Natal na Suécia, onde dois dos americanos tinham namoradas firmes. Os soldados regressaram um dia antes do meu pai, e ele teve com uma das mulheres um "encontro" único que marcou o seu destino, porque nessa noite foi concebida a minha meia-irmã.

Quando meu pai soube da gravidez, não admitiu a ideia de que poderia ser o pai da criança. Achou natural presumir que o pai deveria ser o americano com quem a mulher se relacionava. Para ele sempre foi claro que devia permanecer com minha mãe. Sua "escapada" permaneceu em segredo até que minha meia-irmã, então com 36 anos, procurou o seu verdadeiro pai e o encontrou.

Desde então mantenho regularmente um bom contato com essa meia-irmã, embora não muito frequente, porque ela mora nos Estados Unidos e nós na Europa.

A constelação:

Em primeiro lugar, fui solicitada a escolher representantes para mim e para a doença. As representantes se rodeavam, mas minha representante manifestamente se afastava da doença e recusava contato com ela.

Depois de algum tempo você me pediu que acrescentasse representantes para a Espanha e a Alemanha. Minha representante se aproximou imediatamente da representante da Espanha e se apoiou nela pelas costas. Então a representante da doença deu três passos para trás. Você não confiou nessa retirada da doença, e precisei introduzir representantes para minha mãe e meu pai e ainda, em passos seguintes, para a mãe da minha meia-irmã e, finalmente, para minha meia-irmã.

A representante da minha mãe não sentia ligação com nenhuma das pessoas consteladas. Minha mãe tinha perdido o pai aos 2 anos de idade e sua representante parecia estar presa a esse trauma prematuro. O representante do meu pai não deixava transparecer seus sentimentos por ninguém e olhava para a imagem da constelação com um olhar desafiador. Minha meia-irmã e a mãe dela estavam com muita raiva dele.

Nesse ponto tive de entrar pessoalmente na constelação, e fui colocada a uma certa distância da minha meia-irmã. Imediatamente comecei a chorar, sentindo uma mistura de alívio e alegria ao vê-la, mas também uma grande tristeza por causa da longa ausência. Foi ainda colocada junto de nós uma representante da minha irmã mais nova, e você nos virou, afastando-nos do nosso pai, o que me proporcionou muito alívio. Eu tinha dado um lugar à minha meia-irmã, tomando o lugar do meu pai, por assim dizer, e assumido uma responsabilidade que cabia a ele. Percebi então que deveria abrir mão dessa responsabilidade e entregá-la ao meu pai, pois ele precisava carregar isso sozinho. Eu me virei várias vezes na direção dele, e imediatamente voltei a sentir a lealdade que me era familiar. Mesmo sabendo que o certo era afastar-me, era difícil para mim deixá-lo "só" com essa responsabilidade. Como imagem final lembro-me apenas de que nós, as três irmãs, ficamos juntas e com uma boa ligação, a uma certa distância do nosso pai e de costas para ele. Por trás, quanto me lembro, minha mãe, nosso pai e a representante da doença formavam um grupo separado que olhava com interesse. Já não me lembro onde ficaram os representantes da Espanha e da Alemanha. O que entretanto jamais esquecerei foi quando você disse que eu teria ido para a Espanha para salvar a minha vida e, caso a deixasse, deveria fazê-lo com uma profunda gratidão.

No mesmo dia minhas dores de cabeça cessaram e o meu nariz começou a escorrer. Assim continuou por umas duas semanas e depois disso fiquei de novo curada. Nessa época decidi voltar com o meu filho para a Alemanha. Combinei com meu marido um tempo de separação. Mantínhamos regularmente um bom contato e começamos a fazer uma terapia de casal. Hoje vivemos juntos na Alemanha e temos mais um filho. Durante essa gravidez houve um leve retorno da sinusite frontal e maxilar, que entretanto foi possível controlar com um tratamento homeopático.

Um resultado importante e duradouro para mim foi ter reconhecido, com a ajuda do seminário de constelações, que o meu difícil relacionamento com minha mãe decorre, entre outras causas, da minha lealdade para com o meu pai. Essa lealdade foi rompida no momento em que entrei na constelação e olhei nos olhos da minha meia-irmã. Sinto que foi importante e salutar para mim ter conseguido sem remorsos uma boa relação com minhas irmãs e ter podido deixar o peso com meus pais.

Somente dois anos depois da constelação vim a saber, de repente, que a história da minha meia-irmã começou na Espanha. Seis meses antes da viagem à Suécia, meu pai e seus amigos conheceram as suecas quando desfrutavam das férias de verão em Tossa, um lugar a apenas 80 km de Barcelona. Os dois americanos começaram então a namorá-las, e no Natal do mesmo ano meu pai viajou com eles para a Suécia. Será essa a origem do desejo de ir para a Espanha que eu senti desde menina?

"Meu pai transmitiu AIDS para minha mãe!"
(Filho com distúrbio de comportamento social)

Num curso de constelações uma mãe fala do seu filho de 12 anos, cujo comportamento chama a atenção. Na escola ele furta coisas dos colegas, frequentemente se mete em brigas e, quando advertido pelo seu comportamento, reage com agressividade ou total negação. Como as explosões de violência aumentam em frequência e intensidade, o corpo docente não está vendo outra solução a não ser expulsá-lo da escola e encaminhá-lo a uma instituição especializada.

Na constelação de sua família atual a paciente dá ao filho um lugar à direita da sua representante e coloca o pai da criança, um pouco mais afastado, à esquerda dela. Quando consideramos a posição das pessoas consteladas vemos que, na perspectiva do sentido horário, o filho, colocado à direita da mãe, ocupa o lugar principal e consequentemente recebe a prioridade.

Embora a ordem esteja perturbada, o filho não se sente mal nessa situação. Está empertigado, mostra-se forte e sente-se superior à sua mãe. Do pai ele não toma conhecimento. A representante da paciente expressa medo do filho, e o representante do pai não se sente em condições de agir. Em suas palavras, ele ocupa "um posto perdido".

Pela posição atribuída ao filho na constelação percebe-se que ele necessariamente representa alguém para sua mãe. Assim peço à paciente que introduza representantes para os seus pais. Ela os coloca em posição de confronto, atrás do filho e da sua própria representante. A mãe não dispensa ao marido um único olhar. Manifestamente existe um sério conflito entre eles.

Questionada se aconteceu alguma coisa entre os seus pais, a paciente responde: "Sim, mas não posso dizer!". O efeito dessa frase manifesta-se imediatamente na constelação. O representante do filho dá um passo para trás, de modo a ficar entre os pais de sua mãe, e raivosamente bate seguidas vezes com o pé no chão. Diante do olhar espantado da paciente eu lhe digo: "Como você pode ver, enquanto você protege o segredo, ele continua atuando em seu filho!". Então a paciente começa a chorar e conta: "Minha mãe está doente, meu pai lhe transmitiu AIDS". Questionada como ele se contaminou ela responde, com desprezo: "Prostitutas!".

Com isso o peso vem à luz. A pergunta que se coloca é esta: Que atitude a paciente pode tomar em relação aos seus pais, especialmente em relação ao pai, para que aquilo que, em sua imagem, separa os pais não continue atuando nela e em seus filhos de um modo nefasto?

O primeiro passo decisivo para a solução reside na relação da paciente com o pai.

Assim, detenho o processo da constelação nesse ponto e peço à paciente que olhe para o representante de seu pai. Ela precisa de algum tempo para poder olhar para ele. Quando consegue, proponho que lhe diga: "Seja o que for que tenha acontecido, você continua sendo o meu pai!" E, depois de uma pausa para respiração: "E o que há ou houve entre você e a mamãe, agora eu deixo também com vocês!".

Com essas frases da paciente, o representante do filho deixa a zona de tensão entre os seus avós e se volta para o representante do seu pai. Este bate amigavelmente em suas costas. O representante do filho está totalmente mudado e irradia a leveza de uma criança. A expressão alegre do filho dissolve a tensão da mãe. Para concluir, dou-lhe ainda uma dica: "Você ainda pode dizer para o seu filho: 'O pai que a gente tem é sempre o melhor!'". Meio hesitante, porém sorrindo, ela repete a frase.

O assassinato do pai: "Agora tomo a minha vida também por meio de você!" (Paciente com tireoidite de Hashimoto)

A tireoidite de Hashimoto é uma enfermidade autoimune que pode acarretar a degeneração do tecido da tireoide e provoca a morte quando não são administrados hormônios dessa glândula.

Uma mulher de cerca de 20 anos sofre, há poucos meses, de uma forma altamente progressiva dessa doença degenerativa. Repetidas vezes observei que doenças autoagressivas da tireoide estão associadas a crimes acontecidos na história da família. Quando chamo a atenção da paciente para essa observação, ela conta que há uma forte suspeita de que sua tia, a irmã mais velha de sua mãe, envenenou o próprio pai. Ela era farmacêutica, solteira, não tinha filhos e morava perto de seus pais. O avô morreu depois da ingestão de um prato de champignons, de que outras pessoas já haviam comido na véspera. A tia da paciente, que foi a última pessoa a vê-lo, suicidou-se poucos anos depois da morte dele.

Começamos a constelação com representantes da paciente e da doença. Ela escolhe duas mulheres e coloca a representante de sua doença atrás de sua própria representante. A representante da doença sente-se nitidamente poderosa, envolve em seus braços a representante da paciente e diz: "Ela me pertence!".

A representante da paciente não consegue escapar. Todas as tentativas de libertar-se do firme abraço aprisionador da doença fracassam. Parece que ela está entregue à doença. Peço à paciente que traga também representantes para seus pais e recomendo que o faça por etapas, para que se possa perceber a influência de cada um sobre o que ocorre na constelação. A introdução do representante do pai não provoca uma alteração essencial, e também ele não tem a sensação de que pode influenciar. A representante da mãe mostra-se muito tocada pela situação difícil da filha, mas sente-se igualmente impotente e sem poder para ajudá-la.

Então peço à paciente, como passo seguinte, que introduza uma representante para a sua tia, a irmã mais velha de sua mãe. Logo que é colocada em seu lugar, essa representante é tomada por uma grande agitação e não sente ligação com nenhuma das pessoas consteladas. Ela apenas sossega quando a paciente coloca na constelação um representante para o avô, pai da tia e de sua mãe.

Imediatamente ele se torna o ponto de referência da tia. Uma mistura de amor e ódio se manifesta entre ambos, que não se sentem como pai e filha mas como homem e mulher. Questionada se essa tia era a filha predileta do avô, a paciente confirma.

Assim sendo, peço à paciente que coloque uma representante para uma parceira anterior do avô. Sua entrada em cena modifica toda a constelação. Com passos lentos e a cabeça erguida, ela procura um lugar de onde possa ver todas as outras pessoas consteladas. Estas a contemplam extremamente tensas e não se atrevem a mover-se. Essa representante irradia um poder que atemoriza a todos. Em resposta aos olhares medrosos dos outros representantes, ela diz com uma voz clara e arrogante: "Tenho todos vocês em minhas mãos! Vocês todos me pertencem!".

Por um momento todos os representantes ficam paralisados. A primeira pessoa que começa a mover-se cuidadosamente é a representante da doença. Ela solta pela primeira vez a representante da paciente e, passo a passo, retira-se da constelação. A representante da paciente desaba no chão, esgotada, e sua mãe cuida dela, abraçando a filha que parece sem vida. Então a representante da tia desprende-se do seu pai, ajoelha-se diante das duas e acaricia amorosamente os cabelos da sobrinha. Todos esses movimentos são realizados com extrema delicadeza, e todos os representantes continuam com os olhos fixos na parceira anterior do avô.

O conflito que até então se desenvolvia entre a tia e o avô da paciente manifesta-se agora entre o avô e sua parceira anterior, que demonstra ter uma raiva assassina dele.

A suposição da paciente é que o encontro entre os dois aconteceu nos anos em que o avô serviu como soldado, durante a Segunda Guerra Mundial.

Nesse meio-tempo, a representante da doença afastou-se completamente da constelação. A representante da paciente continua deitada, como sem vida, nos braços da mãe. O poder sobre o que acontece continua nas mãos da suposta parceira do avô. Tem-se a impressão de que aqui estaria atuando uma maldição.

Para dar espaço ao que ainda poderia estar faltando, peço a um participante do grupo que entre na constelação representando "aquilo que está pendente entre os dois", e que se entregue aos seus impulsos e sentimentos. Ele se aproxima cuidadosamente da parceira do avô e senta-se aos pés dela. Então a raiva da representante se transforma numa imensa dor. Toda a sua atenção converge para o representante aos seus pés. Ela se ajoelha, toma-o nos braços e o embala como a uma criança. O representante do avô permanece rígido e depois de algum tempo vira as costas e se afasta.

Lentamente a representante da paciente começa a sentir-se melhor, porém continua sem forças para se levantar.

Coloco-me a tarefa de descobrir quem, entre as pessoas consteladas, poderia ajudar a paciente, e de quem ela poderia receber a força para dar o passo de volta para a vida. Talvez essa pessoa já esteja presente; se ainda falta, precisa ser introduzida. Meu olhar vagueia pela constelação e cai sobre a irmã da mãe.

Ela assumiu a raiva assassina da parceira anterior do seu pai que, como uma maldição, pesa sobre a família, e vingou-se dele em seu lugar. Essa identificação basicamente custou-lhe a vida, e esse fato precisa ser reconhecido e honrado.

Assim sendo, peço à representante da paciente que diga à tia: "Agora tomo a vida também por meio de você!". Quando a tia ouve as palavras de sua sobrinha, comove-se até as lágrimas. Sorri para a sobrinha e lhe diz: "Viva, minha filha, viva!". A representante da paciente sorri, e eu lhe sugiro que diga, para reforçar sua decisão de viver: "Sim, em sua honra agora eu vou viver!". Ambas se abraçam longamente e, quando se soltam, a representante da paciente se endireita e se afasta lentamente das pessoas consteladas. Ao chegar à beira do círculo das cadeiras, vira-se e olha para o futuro à sua frente. Os representantes do pai e da mãe se postam atrás dela, em sinal de apoio.

A representante da tia olha para eles com afeto, aparenta estar feliz e contente, levanta-se e posta-se ao lado do seu pai. Ambos se olham longamente e se abraçam.

A paciente contempla, um pouco esgotada mas descontraída, a imagem final da constelação e comenta: "Eu sempre ansiei por essa paz, e agora a levo comigo! Obrigada!".

A criança abortada
(Paciente grávida com tendência ao suicídio)

Uma mulher de cerca de 30 anos vem consultar-me e me pede um tratamento homeopático. É feliz no casamento, tem dois filhos de 5 e 3 anos, e espera agora um terceiro filho, no quarto mês de gravidez. Há umas quatro semanas está sofrendo depressões com muita agitação e estados de ansiedade, não consegue dormir e é cada vez mais frequentemente assaltada pela ideia de suicídio.

Começo o tratamento homeopático e ao mesmo tempo recomendo à paciente que participe de um seminário de constelações. Ela aceita de bom grado a minha recomendação pois os seus pensamentos de suicídio vão assumindo formas cada vez mais concretas.

Começamos a constelação colocando representantes para a paciente e para o seu sintoma. Como a configuração resultante não dá indicações que façam progredir, peço à paciente, num segundo passo, que coloque em cena representantes para seus pais.

Quando entra a representante da mãe, a representante do sintoma sente-se imediatamente atraída por ela e desprende-se da ligação que até agora mantinha com a paciente. Como a representante da mãe se afasta, ela a segue e, por fim, deita-se a seus pés como se fosse um bebê adormecido.

A paciente contesta todas as minhas suposições de que a representante do sintoma faz pensar numa criança falecida da mãe ou de sua família, alegando que tinha com sua mãe uma relação de total confiança e que, "se isso fosse verdade", ela saberia do fato. O que a paciente pode aceitar a partir da constelação é que o sintoma realmente pertence à sua mãe. Com uma reverência diante dela, sente-se livre de um peso, e a representante da mãe também se mostra disposta a cuidar do sintoma.

Visivelmente descontraída e confiante, a paciente deixa o grupo. Contudo, passada apenas uma semana, ela entra de novo em contato para informar-me que, depois de dois dias de melhora, seu estado voltou a agravar-se. Minha sugestão, de que sua mãe participe de um curso de constelações, é bem aceita por ela. Na constelação do sistema atual da mãe os representantes, sem informações prévias, mostram movimentos semelhantes aos da constelação da filha. A mãe confirma entre lágrimas o aborto do seu terceiro bebê. Quando ela acolhe essa criança no contexto da constelação, a representante da filha consegue livrar-se da necessidade de apoiar a mãe e, liberada, volta a dedicar-se ao marido e aos filhos.

Depois da constelação de sua mãe, a paciente fica um pouco melhor. Cerca de um mês depois, quando a paciente está no início do sétimo mês de gravidez, o marido me telefona desesperado. Sua mulher precisa ser constantemente vigiada. Foi marcada uma consulta urgente, como última tentativa antes de se procurar um psiquiatra.

Dou o meu consentimento e fico chocado com o aspecto e o estado da paciente. Depois de um breve esclarecimento da situação, fica logo patente que ela precisa de ajuda psiquiátrica. Não obstante, decido perguntar ainda à sua mãe pelo telefone se, devido à situação extremamente difícil, ela me libera da obrigação de manter segredo. Ela concorda, e com sua permissão conto à paciente o que eu sei.

A paciente fica chocada, mas o seu olhar desanuvia quando é informada sobre o aborto da mãe. A inquietação destrutiva, envolvendo a todos, muda-se espontaneamente num silêncio consternado. Quando o marido a abraça com cuidado ela se derrama em lágrimas. Ele a abraça por longo tempo e, quando ela se acalma, eles vão para casa. Desde aquele momento os pensamentos de suicídio e assassinato desaparecem.

A visita seguinte da paciente à sua mãe mostra-se difícil e ela resolve interromper por algum tempo o contato com a mãe.

Quando seu terceiro filho tem cerca de três meses, a paciente e sua mãe participam juntas de um curso de constelações. De novo constelamos a família de origem da paciente, sem fornecer informações prévias aos demais representantes. Manifesta-se mais uma vez a tendência da paciente a carregar o peso por sua mãe. No contexto dessa constelação ela consegue deixar esse peso com a mãe, aceitar as consequências da decisão dela e receber mais uma vez a sua vida por intermédio da mãe, junto com o reconhecimento do que ocorrera. No final do trabalho do grupo a mãe e a filha concordam em deixar esse tema em paz, e com uma relação positiva elas voltam para casa.

Essa e outras constelações mostraram como pode ser importante que as crianças abortadas também tenham o seu lugar na família, e questiona a suposição, anteriormente vigente entre vários consteladores, de que um aborto só diz respeito aos pais. Especialmente no trabalho com crianças cronicamente enfermas, as constelações de sintomas revelam com muita frequência a existência de uma ligação entre as doenças das crianças e irmãos ou meios-irmãos abortados. Uma interrupção da gravidez pode abalar toda a estrutura familiar e influenciar a relação dos filhos vivos com os pais.

5.7 Temas diversos

Além das conexões descritas até aqui, quero ainda chamar a atenção para outras influências e áreas com um potencial de causar doenças, com que às vezes deparamos no trabalho de constelações com doentes.

5.7.1 Maldição e bênção

"A maldição é a arma dos derrotados."
Provérbio dos massais

O povo massai distingue, no tocante à sua aplicação e aos seus efeitos, três tipos de maldições. Existe a "maldição inofensiva", cujo efeito passa logo depois de pronunciada. Corresponde antes à expressão imediata de uma raiva, sem intenção de causar dano. Com isso ela também é caracterizada como "sem valor e sem força".

As "maldições eficazes" compreendem a "maldição justificada" e a assim chamada "maldição que tudo destrói". A ambos os tipos atribuem-se forças que causam doenças através das gerações.

Pensei nos efeitos de uma maldição na constelação de um paciente que estava muito preocupado consigo mesmo e com seus filhos. Em sua família todos os homens, durante três gerações, morreram relativamente jovens por colapso cardíaco ou em acidentes. O bisavô do paciente esteve na Rússia como soldado do exército alemão na Segunda Guerra Mundial.

Colocamos representantes para o paciente, seu pai prematuramente falecido, os dois irmãos do pai que foram acidentados, o avô que morreu de colapso cardíaco e o bisavô. Quando os representantes se entregaram aos seus próprios impulsos, notou-se que todos se postaram a uma distância segura de um determinado ponto no chão.

Apenas o bisavô persistiu obstinadamente em seu lugar. Na percepção dos representantes havia um consenso de que uma mulher deveria deitar-se no centro do semicírculo formado por eles. O paciente escolheu uma participante, e pedi a ela que se deitasse no chão nesse lugar. Mal ela se deitara, comentou: "Seguramente eu não estou morta!". Levantou-se com energia e encarou os homens com um olhar zangado e cheio de raiva. A dureza implacável que a mulher irradiava fazia os homens tremer. Todos eles se sentiam enfeitiçados por ela.

Somente quando se reconheceu que nesse caso aconteceram coisas terríveis, e não apenas o bisavô mas todos os homens se inclinaram profundamente diante dela é que se abrandaram o rigor e a fixidez da representante da mulher. Uma incrível dor irrompeu dela que, soluçando, voltou a deitar-se. Lentamente foi se acalmando e afinal fechou os olhos.

O paciente acompanhava com a respiração suspensa o doloroso processo da representante. Quando ela se deitou inanimada no chão ele pediu para aproximar-se dela. Com lágrimas, ele também caiu de joelhos e curvou-se até o chão diante dela. Quando a representante o viu perto de si, pousou sua mão sobre a sua cabeça, abençoando-o, e acariciou seus cabelos. O paciente sentiu-se espontaneamente liberado de um "peso de cinquenta quilos".

Bert Hellinger (2002) descreve o possível efeito patogênico de uma maldição no contexto de uma neurodermite. Em constelações com pacientes que sofrem de neurodermite, encontra-se frequentemente uma associação com a raiva de um parceiro anterior de um dos pais. Seu ressentimento duradouro atua sobre a nova ligação como uma maldição que geralmente atinge os filhos em lugar do parceiro.

A reconciliação com o parceiro anterior pode ser salutar, na medida em que se respeitam a sua dor e o seu amor, e ele é solicitado a olhar com amizade para a criança doente, de modo que a maldição seja anulada e talvez mesmo se transforme em bênção.

O processo contra as bruxas
(Paciente com esquizofrenia paranoide e deficiência de atenção do filho)

Por recomendação de um médico, uma paciente de uns 45 anos e sua mãe comparecem a um seminário de constelações para doentes no México. Durante a primeira constelação de outra paciente, a filha é tomada por uma crescente agitação e prorrompe em altos gritos com sua mãe. Esta adverte a filha com veemência para que se acalme, porém no intervalo a filha não se deixa acalmar e grita de novo com a mãe, pedindo que ela desapareça.

Quando a voz da filha se altera e ela grita em pânico: "Desapareça, vovô! Me deixe em paz!" e a mãe tenta contê-la, a filha desfere golpes para todos os lados e defende-se com unhas e dentes contra o abraço da mãe. Como a mãe não sabe como lidar com a crescente agressão da filha, intervenho e abraço a paciente com firmeza, até que ela se acalma.

Depois do intervalo a filha permanece sentada em sua cadeira com uma expressão ausente. Começo o trabalho do grupo e dou aos participantes oportunidade para perguntas. Então ela escorrega da cadeira para o chão, engatinha para o meio do círculo das cadeiras, faz gestos de ameaça e bufa como um felino. A mãe fica paralisada com a visão do comportamento da filha.

Volto-me interrogativamente para o médico que trata da paciente. Este apenas dá de ombros, dando a entender que conheceu a paciente há poucos dias e que esse sintoma aparentemente psicótico também é novidade para ele. A paciente o tinha procurado devido a seus estados de medo, insônia e pesadelos.

Como é preciso agir, peço à mãe que se sente ao meu lado. Seu rosto está pálido como num choque. Antes que eu comece com as perguntas, a filha repara que sua mãe está sentada ao meu lado. Lentamente se aproxima de gatinhas até ajoelhar-se diante da mãe, bufa e de novo começa a gritar agressivamente: "Desapareça! Desapareça, vovô! Deixe-nos em paz!".

Pergunto à mãe sobre esse avô, mas ela não está em condições de responder. Então peço a um dos participantes que, representando o avô, ponha-se atrás da mãe que está sentada ao meu lado. A filha encara o homem e grita, com pânico selvagem: "Ele é o diabo! Desapareça, Satanás!".

Felizmente está presente minha colega e amiga Marianne Franke-Gricksch. Peço a ela que se coloque atrás do avô, representando o "diabo". Uma clara intuição me adverte de que não posso exigir de um mexicano que desempenhe esse papel. A mãe ao meu lado treme de medo e está totalmente paralisada. Para a filha, entretanto, a situação muda. O pânico e o horror somem do seu rosto, ela recupera traços humanos, começa a chorar e soluça: "Querido vovô! Querido vovô!". Então se levanta e abraça sua mãe e o representante do avô. Marianne a encara e ajeita os cabelos dela. Esgotada, a filha desaba no colo da mãe. Esta, ainda rígida de susto, reage mecanicamente e acaricia os cabelos dela sem levantar o olhar.

Depois que a mãe e a filha se recuperam termino o trabalho, dispenso os representantes e fazemos um intervalo.

Depois do intervalo Angelica Olvera, a organizadora do curso de formação, conta a seguinte história que lhe foi confiada por uma tia da paciente. O avô, pai da mãe, vivia por volta de 1880 numa pequena aldeia ao norte do país. Quando ele tinha 17 anos, uma moça foi queimada como feiticeira nessa aldeia. Na fogueira ela amaldiçoou toda a comunidade da aldeia. Houve um grande medo de que a maldição da

> mulher trouxesse desgraça a toda a aldeia, e correram boatos de que o avô tinha namorado essa mulher. Por medo de que também o matassem, o avô abandonou a aldeia e foi para a cidade. Sua fuga foi entendida como uma confirmação de que estava enfeitiçado por essa mulher, e ele não se atreveu a voltar à sua aldeia natal.

Uma médica que participava do curso e depois assumiu o tratamento da paciente, enviou-me, uns seis meses depois dessa constelação, um relato cujo teor quero reproduzir.

> A paciente está muito grata porque essa constelação mudou totalmente a sua vida. Agora ela pode dormir muito melhor e não tem mais pesadelos. As crises psicóticas não reapareceram com a mesma veemência; por essa razão, a família deixou de tratá-la como uma louca. O filho dela de 19 anos, que vive nos Estados Unidos, também melhorou muito depois dessa constelação. Em seu período escolar ele recebera tratamento em virtude da síndrome de deficiência de atenção. Desde a constelação de sua mãe melhoraram sensivelmente suas notas na escola profissional. Ele mesmo diz que agora consegue concentrar-se melhor e tem mais prazer na vida e nos estudos.

Um ano depois da constelação reencontro a paciente como participante de um curso no México. Muito contente ela vem falar comigo, conta que começou a trabalhar e agora está fazendo uma readaptação. De modo geral, está controlando a sua vida e sente-se muito bem.

Muitos problemas escolares de crianças estão associados, entre outras causas, a envolvimentos familiares. Quando as crianças carregam algo por seus pais, quando sentem até mesmo a necessidade de mantê-los vivos ou quando estão identificadas com pessoas excluídas da família, é difícil para elas permanecerem presentes, com toda energia e atenção, a si mesmos e às suas tarefas.

Em numerosas constelações para crianças que sofrem da síndrome de deficiência de atenção e hiperatividade, evidenciou-se com muita frequência uma identificação dessas crianças com pessoas excluídas da família. As crianças ficaram tranquilas depois que o falecido recebeu o seu lugar na família, foi chorado e recebeu a despedida.

5.7.2 O apego dos mortos

"Os mortos não estão ausentes, estão invisíveis."
Santo Agostinho

Às vezes, o comportamento dos representantes de membros da família que faleceram sinaliza que ainda estão apegados à vida e aos vivos. Frequentemente essas pessoas foram arrebatadas da vida de um modo súbito e inesperado, por exemplo, devido a um acidente, um parto ou um colapso cardíaco, de modo que não lhes foi possível despedir-se devidamente dos que ficaram.

Lembro-me da constelação de uma paciente que sofria há anos da Síndrome de Fadiga Crônica. Os sintomas se desenvolveram aproximadamente na mesma época em que seu filho, então com 18 anos, mudou-se para outra cidade para ficar perto do pai.

A paciente, que estava separada do marido, foi inicialmente tratada com antidepressivos, sem resultado. Ela encontrou algum alívio por meio de um tratamento muito dispendioso com compostos de vitaminas e anabolizantes, que lhe possibilitavam pelo menos algumas horas de atividade por dia.

Numa constelação familiar descobriu-se finalmente uma associação com o pai da paciente que, três anos antes do aparecimento dos sintomas, morreu em decorrência de um ataque cardíaco fulminante.

A paciente era a filha predileta do pai, e acabou ocupando o lugar da mãe que ele perdera aos 8 anos. Na constelação, o representante do pai, deitado no chão, não queria absolutamente soltar a filha. Ele a prendia com toda a sua atenção, de modo que a representante da paciente não conseguia desprender-se dele. Ele não queria aceitar que estava morto, e que com seu anseio estava impedindo a filha de viver.

Apenas quando pedi a uma participante que se deitasse ao lado dele como representante de sua falecida mãe é que ele tomou consciência do seu erro. Pôde então reconhecer o que tinha acontecido e despedir-se da filha e dos vivos.

Cerca de três meses depois dessa constelação a paciente começou a dispensar progressivamente os compostos de vitaminas e anabolizantes. Para sua grande alegria, a relação com seu filho também melhorou. Provavelmente ele havia precisado até então, na relação com a mãe, substituir o pai dela.

Muitas vezes, porém, os vivos também se apegam aos mortos. Em consequência, estes são perturbados em seu processo anímico de morrer e permanecem ligados aos vivos. Isso é sugerido pelas correspondentes sensações dos representantes, e despedidas que não puderam ser feitas em vida podem ser realizadas nas constelações, em processos muitas vezes comoventes. Nessa oportunidade podem ser dissolvidos os vínculos funestos. Então os mortos podem realmente morrer, e os vivos podem viver.

5.7.3 Diante da despedida e da morte

No trabalho com doentes com risco de morte convém, às vezes, incluir na constelação um representante para a morte. Algumas vezes, na constelação, a morte mostra uma estreita ligação com o paciente, fazendo supor que representa concretamente uma pessoa falecida. Outras vezes, ela se apresenta de modo impessoal, altivo e sem conexões.

"Quem tem a morte atrás de si pode viver tranquilo."
(Paciente com perigosas dilatações das carótidas)

De acordo com suas palavras, a paciente sofre de dilatações metabolicamente condicionadas de ambas as artérias do pescoço (aneurismas das carótidas). Com grande desespero ela pede para fazer uma constelação, pois está diante da decisão de fazer ou não uma cirurgia. O risco de morrer durante a operação, na avaliação dos médicos que tratam dela, é de cerca de 50%.

O esclarecimento da questão evidencia que não posso dar-lhe o apoio que ela espera para chegar a uma decisão.

Para tornar isso claro, conto-lhe a história de um médico famoso que fez um pacto com a morte. Quando fosse chamado para ver um paciente com risco de morte, ele veria a morte ao lado da cama do paciente. Se ela estivesse junto aos pés da cama, o médico ficaria sabendo que o paciente se curaria. Se, entretanto, ela ficasse ao lado da cabeceira, as horas do paciente estariam contadas e toda ajuda médica seria inútil. Certo dia, o médico foi chamado para atender a uma moça. Quando entrou no quarto viu a morte ao lado da cabeceira da jovem. Com pena dela, virou a cama. A moça sobreviveu, mas à noite a morte levou o médico em seu lugar.

A paciente parece ter entendido a moral da história, e depois de ponderar longamente eu lhe proponho que escolha representantes para si mesma e para a morte. Ela se dispõe a fazer esse trabalho e escolhe uma mulher para representá-la e um homem como representante da morte.

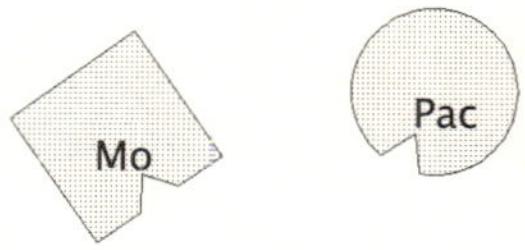

Pac - Paciente

Mo - Morte

A representante da paciente treme da cabeça aos pés. Por fim, ela toma uma decisão e volta-se. Diante da morte ela cerra os punhos e, com a cabeça erguida, dá um passo em sua direção, aparentemente disposta a lutar.

Questionado sobre como se sente, o representante da morte responde: "Não tenho um interesse especial por ela, apenas a observo. Também não farei nada, mas se ela vier, eu a levarei também!".

Depois dessa declaração, a representante da paciente dá mais um passo na direção do representante da morte.

A própria paciente parece desesperada com a reação de sua representante. Esta está agora diretamente diante da morte e a encara nos olhos. Diante da presença tranquila e inabalável da morte, o ânimo combativo da representante da paciente fraqueja e ela desiste. Começa a chorar e golpeia com os punhos o peito do representante da morte. Lentamente, cai de joelhos, bate nas pernas dele, curva-se mais profundamente e agora bate em seus pés, até que, esgotada pela dor, fica estirada no chão. O representante da morte permanece imperturbável e tranquilo, e deixa acontecer. De novo pergunto sobre o seu sentimento, e ele responde: "Não está na hora!".

Quando a representante da paciente ouve isso, endireita-se lentamente, olha para ele, e eu lhe sugiro que diga: "Agora eu concordo". Essa frase lhe dá forças para se levantar, e de novo ela encara por longo tempo a morte. Depois de algum tempo ela se volta. Delicadamente empurro a parte superior do seu corpo, de modo que ela apoie as suas costas no representante da morte. Este pousa uma mão em seu ombro.

Olhando essa imagem final, evoco uma frase de Bert Hellinger: "Quem tem a morte atrás de si, pode viver tranquilo". A representante da paciente concorda com um sorriso. Com isso terminamos o trabalho.

Cerca de seis meses depois desse trabalho, sou informado pela intérprete do curso de constelação que a paciente, depois de uma grave crise, está bem. Ela decidiu não fazer a cirurgia. A meu pedido ela me mandou o seguinte relato:

Caro Stephan,

Posso comunicar-lhe que a constelação de setembro de 2007 me ajudou muito. Eu estava muito desesperada por causa da difícil decisão, se deveria ou não fazer a cirurgia. Fosse qual fosse a minha decisão, eu estava com muito medo de morrer antes da hora. Hoje tenho a sensação e a certeza de que aceitarei a minha morte quando chegar a minha hora.

Penso que esse trabalho foi para mim o mais importante da minha vida, pois eu realmente tinha chegado ao meu limite. Depois dele caí inicialmente numa profunda depressão e questionei a maneira como estava vivendo. Entrei numa crise existencial que finalmente me levou a ver a minha vida com outros olhos.

Hoje eu me sinto realizada e percebo toda a intensidade da vida em mim para prosseguir o meu caminho. Cuido-me bem e reconheci como é importante aceitar a mim mesma e a minha doença com amor e respeito.

Algum tempo depois da constelação consultei mais quatro neurocirurgiões, e todos eles julgaram que uma cirurgia não era indicada, porque essa forma de intervenção só é realizada quando aparecem sintomas neurológicos que atestam a insuficiência de suprimento de sangue, ou quando o aneurisma continua a crescer. No meu caso, porém, todos os índices estão estáveis. De acordo com esses médicos, com uma cirurgia eu teria de contar com possíveis sequelas como, por exemplo, redução de mobilidade e perda da capacidade de ver e de recordar. Poderia, inclusive, custar-me a vida.

Sinto essa busca como minha salvação, e hoje me deixo conduzir mais pelos meus sentimentos e faço tudo aquilo que está de acordo com o que sinto. De algum modo, sinto-me muito perto da minha alma. Por isso estou mais segura, mais corajosa e em contato comigo mesma.

Comecei a executar meus planos pessoais e profissionais com o objetivo de realizar, no presente, tudo o que seja possível. Depois de vários anos, visitei pela primeira vez minha mãe em Iucatã, coisa que eu não tinha mais coragem de fazer, porque exige uma longa e cansativa viagem de ônibus. Tivemos um encontro muito reconciliador. Minha relação com ela sempre foi muito difícil. Resolvi organizar o tempo que me resta de vida de tal maneira que ele sirva para mim e para as pessoas ao meu redor.

Sou muito grata por essa ajuda.

G.

5.7.4 Doação e transplante de órgãos

Para muitos doentes com risco de morte, o transplante de um órgão é a única possibilidade de sobrevivência. O progresso da medicina moderna exige de cada indivíduo o questionamento pessoal e a formação da própria opinião. Constantemente encontramos nos cursos de constelações pacientes que, de diferentes maneiras, são afetados por esse tema.

"Querida mamãe, me abençoe, por favor!"
(Paciente com câncer no fígado)

Um paciente de cerca de 60 anos adoeceu com câncer. Questionado sobre o que propõem os médicos, ele responde: "Dizem que preciso de um transplante". Retruco: "E o que você pensa?"

PACIENTE: "Parece que o caminho é esse".

TERAPEUTA: "Como você se sente ao pensar nisso?"

PACIENTE: "Aceitei a ideia, mas não consigo pensar no momento em si".

TERAPEUTA: "O que você deseja de mim?"

PACIENTE: "Eu gostaria de estar bem preparado para o transplante".

TERAPEUTA: "Quem precisamos incluir na constelação para alcançar esse propósito?"

PACIENTE: "O tumor e minha mãe".

TERAPEUTA: "Nós só deveremos incluir o tumor na constelação se houver uma ligação familiar com o câncer. Se a questão for o transplante, não precisaremos de um representante para o tumor".

PACIENTE: "Sim, percebo isso e estou de acordo".

TERAPEUTA: "Portanto, quem precisamos colocar na constelação?"

PACIENTE (*chora*): "Meus filhos e as pessoas que me amam, para que me apoiem".

TERAPEUTA: "Seus filhos não podem fazer isso!"

PACIENTE: "Então peço que você trabalhe comigo, para que eu encontre a força de me decidir e carregar o que for preciso".

Em sua carência, tem-se a impressão de que o paciente é uma criança. Por isso informo-me sobre sua relação com a mãe.

PACIENTE: "Ela morreu quando eu tinha 12 anos".
TERAPEUTA (*depois de algum tempo*): "Caso você esteja de acordo, começaremos a constelação com dois representantes, um para você e outro para a morte".
PACIENTE: "Estou de acordo!".

O paciente escolhe dois homens; primeiro dá um lugar ao seu próprio representante e em seguida coloca atrás dele o representante da morte, voltado para o lado direito. O representante do paciente estremece quando a morte é colocada atrás dele. Procura fugir, dando um passo para a frente e evitando voltar-se. Questionado sobre como se sente, responde: "Não consigo olhar para ele".

O representante da morte comenta: "Estou muito tranquilo. Eu o vejo. Ele não me olha mas estou aqui".

Volto-me para o paciente e digo: "Um dos aspectos difíceis de um transplante é que quem decide fazê-lo está de algum modo esperando a morte de alguém. Ele quer continuar vivo porque outra pessoa morre. Nas constelações manifesta-se sempre uma ligação entre o doador e o receptor do órgão. Consequentemente, quem deseja receber um órgão precisa defrontar-se com a morte: com sua própria, com a do doador e, no seu caso particular, também com a morte da sua mãe. Coloque uma representante para ela".

O paciente escolhe uma representante e a coloca entre o seu próprio representante e o representante da morte. De novo um arrepio percorre o corpo do seu representante. Da mesma maneira, não consegue olhar para a mãe e afasta-se dela alguns passos. Quando o paciente vê o movimento do seu representante, é tomado por uma profunda dor.

A representante da mãe aproxima-se lentamente dele (não do representante, mas do próprio paciente), abraça-o até que ele se deixa afundar em seus braços. Assim ele finalmente se acalma.

Nesse meio-tempo, o representante da morte, que seguira a representante da mãe, coloca-se ao lado dela e olha para o paciente com amor e compaixão. Pergunto ao paciente se ele sabe que pessoa da família a morte está representando. Ele acena afirmativamente e diz:

"É o meu irmão mais velho. Ele morreu pouco depois de nascer e minha mãe me deu o nome dele".

Com isso fica claro em que situação o paciente está aprisionado. Sua mãe não conseguiu defrontar-se com a morte do seu primeiro filho, e o paciente precisa representar para ela o irmão mais velho. Com a ajuda do transplante, ele novamente sobreviverá porque outra pessoa morreu. Desse modo, não é de admirar que ele não consiga decidir-se.

Para a solução da dinâmica do seu sistema familiar, proponho-lhe que diga à sua mãe: "Querida mamãe, o que eu carreguei por você eu carreguei por amor, porém agora passou. Por favor, abençoe-me se agora eu cuido de mim... apenas de mim!"

A representante da mãe faz um aceno afirmativo com a cabeça e diz: "Meu querido filho, agora vejo o que você carregou por mim. E agora eu assumo isso". O paciente respira aliviado, olha para o seu irmão e os três se abraçam. Nesse ponto terminamos a constelação.

É digno de nota que "o descumprimento da prescrição de tomar a medicação imunossupressiva depois da rejeição crônica do órgão doado é a segunda causa mais frequente da perda do transplante" (Kiss e outros, 2005).

Seja qual for a origem desse fato, é bem possível que os envolvimentos familiares tenham também nesses casos uma importância fundamental.

Um colega que me encaminhou uma paciente para uma constelação, transmitiu-me o comentário que ela fez cerca de três anos depois da realização do transplante. A paciente declarou: "Se eu não tivesse feito a constelação na fase preparatória do transplante, acredito que não conseguiria manter o fígado transplantado".

A paciente sofria de fígado policístico, uma deformação congênita do fígado, nesse caso originária da família do pai. Essa deformação provoca, depois de vários anos, devido a uma progressiva formação de cistos, a morte por insuficiência hepática. Para reduzir ao mínimo os efeitos da insuficiência, a paciente levava uma vida regrada, e estava em tratamento integral até que o agravamento dos sintomas exigiu um transplante.

Como a paciente já se ocupava há anos com doação e transplante de órgãos, esse assunto não foi objeto de questionamento no curso. O tema que ela apresentou foi o seu relacionamento sempre difícil, tanto com o pai quanto com a mãe.

Na constelação de sua família de origem, a representante da paciente sentiu-se atraída pela irmã mais velha do seu pai, que morreu aos 2 anos, vitimada por um acidente. Fazendo uma reverência ao pai e aos pais dele que não suportaram a dor da morte da filha, a paciente pôde retirar-se respeitosamente do campo da família do pai e assumir um lugar ao lado de sua mãe, onde ela sentiu uma alegria que até então desconhecia.

O exemplo seguinte permite pressentir como se unem as pessoas quando carregam juntas um destino pesado e, ao inverso, como a família se divide quando não consegue fazer isso.

"Querido papai, eu deixo isso com você"
(Paciente com acessos de vertigem)
Esta constelação, realizada durante um seminário de formação, foi gravada, e os diálogos são reproduzidos textualmente.

PACIENTE: "Há três anos sofro de acessos de vertigem. Às vezes as crises são tão fortes que só consigo ficar deitada. Quando me deito, tenho a sensação de que vou morrer".
TERAPEUTA: "Alguma coisa aconteceu antes disso?".
PACIENTE: "Desde que conheço as constelações familiares, tenho a impressão de que essas vertigens podem estar associadas à morte do meu pai, que morreu de leucemia há três anos".
TERAPEUTA: "Ele ficou doente por muito tempo?"
PACIENTE: "Ele teve anemia por muitos anos, e finalmente se manifestou a leucemia".
TERAPEUTA: "Quantos filhos vocês são?".
PACIENTE: "Somos três irmãs; eu sou a do meio".
TERAPEUTA: "Coloque alguém para representar seu pai e alguém para representar você".

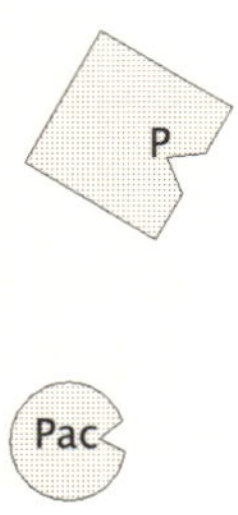

Pac - Paciente (2ª filha)
P - Pai

TERAPEUTA: "Onde você colocaria sua mãe?".
PACIENTE: "Ao lado do pai".
TERAPEUTA: "Como está o pai?".
REPRESENTANTE DO PAI: "Não quero ver nada!".
TERAPEUTA: "O que mais aconteceu em sua família de origem?".
PACIENTE: "Minha irmã mais nova teve uma filha cujas vias biliares não estavam completamente formadas. Por causa desse defeito no fígado, ela precisou de um transplante para sobreviver. Foi um tempo muito difícil para todos nós. Nas semanas que se seguiram ao transplante meu pai desenvolveu uma anemia. Minha sobrinha morreu com nove meses; não conseguiu manter o órgão recebido".
TERAPEUTA: "Conte-me mais alguma coisa sobre o seu pai".
PACIENTE: "Ele era diplomata, um homem de negócios bem-sucedido. Um irmão dele suicidou-se".
TERAPEUTA: "O que aconteceu na família de sua mãe?".
PACIENTE: "Essa é uma família muito complicada. Há muitos segredos, casos de homossexualismo, vício do jogo e incesto".
TERAPEUTA: "Coloque alguém que represente a sua mãe, e também representantes para as suas irmãs".

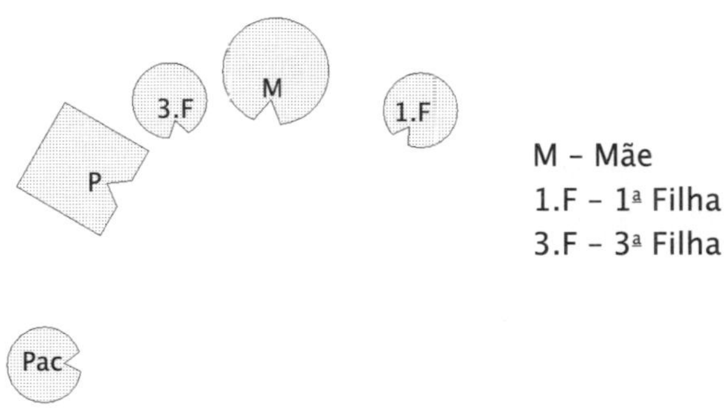

TERAPEUTA: "Como está a representante da paciente?".
REPRESENTANTE DA PACIENTE: "Minhas pernas tremem. Não tenho coragem de olhar para minha irmã menor e não consigo mover-me".
TERAPEUTA: "Aqui confluem muitas coisas que podem ser importantes. Contudo, minha atenção se concentra especialmente no transplante. Pergunto-me o que se passa na alma de uma família nessa situação. Vivemos numa época com essas possibilidades. Nós as criamos,

mas talvez elas também produzam na alma um efeito que inicialmente não podemos entender. O que se passa num transplante? Pelo fato de que uma pessoa morre, uma outra provavelmente pode e deve viver. A condição para a vida de um é que um outro morra. Esse é o acontecimento mais atual na história da família, e a constelação mostra uma ligação especial entre a sua irmã mais nova e o seu pai. Tem-se a impressão de que ela era sua filha predileta".

A paciente balança a cabeça afirmativamente e diz: "É verdade, ela sempre foi!"

Nesse ponto cresce em mim a suposição de que a paciente talvez carregue algo pelo pai, pelo anseio de estar perto dele. A razão disso é que o pai, devido ao seu envolvimento, só está parcialmente disponível, o que se revela pelo fato de que a irmã mais nova precisa representar alguém para ele, talvez o irmão dele. Para testar essa hipótese fico atento aos movimentos dos representantes em relação ao transplante.

Peço à paciente que coloque ainda uma representante para a filha falecida de sua irmã. Quando esta é levada ao centro da constelação, suas pernas fraquejam e ela cai ao chão. Todas as pessoas consteladas sentem a entrada dessa representante como um choque, e todo o sistema dá a impressão de estar congelado. Quando coloco um representante da criança doadora, deitado ao lado da representante da falecida sobrinha da paciente, toda a família se afasta, com exceção da representante da paciente. Ela está muito comovida, ajoelha-se ao lado das duas crianças mortas e segura suas mãos.

Questionado sobre como se sente, o representante da criança doadora responde: "Estou bem, não sinto que eu faça parte desse grande sistema. Minha atenção se volta para esta criança ao meu lado. Aqui eu me sinto bem!"

A representante da paciente diz: "Não consigo tirar os olhos da criança doadora. Na verdade, desejaria me aproximar de minha mãe mas não posso".

Nesse momento o representante do pai pede a palavra e diz: "Não posso mais carregar este peso, ele pesa muito em meus ombros. Tudo isso é uma tragédia, e sempre me volta esta frase: 'O que vocês foram fazer!'".

A paciente esclarece: "Para financiar o transplante fizemos uma campanha de doações. Como meu pai ficou muito envergonhado com isso, eu assumi a organização da campanha, e recolhemos o dinheiro em minha casa".

Devido à complexidade dos possíveis fatores condicionantes, resolvo concentrar-me na relação dela com o pai. O anseio pelo pai é evidente, juntamente com a disposição de carregar o peso por ele.

Tomo pela mão a representante da paciente, afastando-a alguns passos do que se passa na constelação e lhe digo: "Aqui você nada pode fazer. Se você quiser viver, precisa abandonar o passado, com respeito e amor por aquilo que está separando a família. É um processo doloroso, mas com isso você não impedirá o movimento liberador!".

A representante da paciente confirma: "Sim, isso é muito bom. No fundo sei que é o certo a se fazer".

Agora peço ao representante do pai que se coloque diante da paciente. Questionado se gostaria de dizer algo à filha, ele responde: "Esse peso é meu, eu vou carregá-lo, somente eu!". A paciente chora e proponho que diga a ele: "Querido papai, seja o que for que você está carregando, eu respeito isso, e agora o deixo com você!". O pai responde: "Obrigado!", e eu ainda lhe sugiro estas frases: "Agora vejo o que você carregou por mim. Agora eu assumo isso".

Um ano depois desse trabalho, a paciente me informa que está sensivelmente melhor e se dispõe a fazer um relato de suas lembranças, que reproduzo aqui.

Caro Stephan,

No ano passado fiz uma constelação com você. O tema eram as minhas vertigens. O diagnóstico oficial dizia: "vertigens provocadas por desgastes na coluna cervical". Quero comunicar-lhe que estou muito melhor, e depois da constelação não tive mais crises fortes de vertigens.

A constelação mostrou que tudo dizia respeito à minha relação com meu pai. O contexto maior foi um transplante de fígado que precisou ser feito na minha sobrinha, a primeira filha da minha irmã mais nova. O transplante aconteceu há dezoito anos. O seu alto custo exigiu a participação de toda a família. Decidimos repartir os custos e, além disso, recolher doações em dinheiro. Isso envergonhou muito o meu pai, mas ele sabia que não havia outra possibilidade. Por isso ele me pediu que organizasse a campanha, e minha casa foi a sede de tudo. Eu concordei, apesar de ter sido, também para mim, uma situação muito pesada.

O transplante foi realizado, porém minha sobrinha não sobreviveu. O fígado doado desenvolveu uma necrose. Sabíamos que ele proveio de uma criança africana. Tudo isso foi muito doloroso.

Nessa época meu pai adoeceu com uma anemia da qual não se recuperou mais. Quinze anos depois, ela se transformou em leucemia e meu pai morreu em um mês. Depois de sua morte começaram os meus ataques de vertigem.

A constelação me mostrou que eu assumi outras coisas, além da preocupação financeira. Meu pai jamais conseguiu superar a morte da neta. Na constelação colocamos também a criança doadora, e a minha representante foi a única da família a olhar para ela. Pudemos ver que minha representante assumiu uma atitude protetora em relação às crianças falecidas. Tanto minha mãe quanto meu pai não conseguiam olhar para elas.

Nesse ponto você fez uma intervenção, afastando a minha representante do que ocorria. Isso produziu algumas mudanças nos outros representantes. Eu mesma senti com isso um grande alívio.

Você colocou diante de mim o representante do meu pai. Ele me estendeu a mão, e eu disse a ele: "Querido papai, seja o que for que você esteja carregando, eu respeito isso e agora o deixo com você". Para minha admiração, ele respondeu espontaneamente: "Obrigado!", e nós nos abraçamos.

Desde então não tive mais vertigens e, quando pressinto a volta do sintoma, visualizo a imagem do meu pai e repito em silêncio as palavras, e tudo cessa. Às vezes, quando me deito para dormir, sinto como se a cama se movesse um pouco. Então me deixo embalar, não me fecho contra isso e tudo passa de novo.

Faz agora mais de um ano desde a constelação, e estou passando bem. Agradeço-lhe muito. Jamais me teria ocorrido associar os ataques de vertigem a esses acontecimentos.

Espero que essa informação seja útil para você e para os seus colegas em seu trabalho, e também contribua para ajudar outras pessoas.

G.

5.7.5 Doenças hereditárias

Com muita frequência comparecem às constelações pacientes com doenças hereditárias. Seu destino muitas vezes os coloca em conflito com o progenitor de quem herdaram a doença. Nesses casos o terapeuta pode interferir positivamente, colocando diante do paciente representantes de seus pais. Em face de seus pais, o paciente é forçado a reconhecer que sua luta com o pai ou com a mãe acarreta mais peso e fraqueza, tanto para ele quanto para seus pais, e é instado a aceitar a sua vida, mesmo a esse preço.

5.7.6 Doenças iatrogênicas e erros médicos

Pacientes que sofrem em decorrência de procedimentos falhos de médicos têm, por razões compreensíveis, a tendência de responsabilizá-los por seus sintomas. Contudo, como se mostra no exemplo da família com o filho deficiente, enquanto a atenção se volta para o médico, ela se afasta do questionamento dos próprios temas familiares. Recriminações e processos amarram, impedindo a atuação de forças salutares e de recursos familiares. Por outro lado, as pessoas ganham força quando resistem à necessidade de buscar uma compensação e, apesar da dor, defrontam-se com a parte de responsabilidade que possivelmente lhes cabe pelo ocorrido.

A cirurgia dos olhos

Nesse particular, a participação num curso de constelações emocionou muito um homem de cerca de 40 anos quando reconheceu, numa constelação, que seu filho de 5 anos representava para ele o pai que durante toda a vida ele condenara e desprezara por causa de suas convicções nazistas. Tendo-se alistado voluntariamente para a frente de combate, o pai foi atingido por uma granada e ficou cego de um olho.

Não se sabe ao certo se, e em que medida, envolvimentos familiares têm influência sobre golpes do destino que se repetem em certas famílias por várias gerações. É digno de atenção, porém, que o filho do paciente, devido a uma intervenção cirúrgica falha, perdeu a visão do olho direito, tal como o avô. A operação do olho esquerdo, realizada duas semanas antes, transcorreu sem complicações.

O que emocionou muito o cliente foi o fato de que, em sua juventude, ele jurara várias vezes que tiraria a própria vida antes de tornar-se igual ao pai.

5.7.7 Reservas sobre a interpretação das constelações de sintomas "Toda interpretação é falsa."

No contexto de um workshop sobre o tema "Cura e autocura", o dr. Serge King, um xamã do Havaí, resumiu assim, em sua perspectiva, as possibilidades para um efeito de cura: "Você deve mudar o foco, ou então mudar o quadro de referência". Essa declaração refere-se à força efetiva das imagens interiores e das frases que envolvem a crença. O fato de que elas marcam nossa vida e também nossa saúde não cria problemas quando são corretas. Entretanto, nossas imagens interiores são, em sua maioria, erradas ou, pelo menos, incompletas.

Uma das metas do trabalho terapêutico é corrigir as imagens que limitam a vida e a saúde do paciente, de modo a ampliar as suas possibilidades e o espaço de que ele dispõe para agir.

O exemplo seguinte descreve o efeito recíproco de um trabalho de constelação.

"Isso me pertence, e eu cuidarei disso!"
(Paciente com perda de voz de origem psíquica)

Uma mulher sofre com uma rouquidão progressiva, com perda de voz cada vez mais frequente. O exame clínico constata uma inflamação crônica da laringe que tem resistido a todos os tratamentos convencionais. Questionada por mim sobre se faz alguma suposição a respeito da origem dos sintomas, a paciente responde: "Há uma parte em mim que não quer falar!" Pergunto-lhe em seguida: "Imagine-se numa situação em que você perde a voz. A quem você diria alguma coisa se pudesse falar sem problemas?".

Ela responde espontaneamente: "Ao meu filho!".

TERAPEUTA: "O que há com ele?".

PACIENTE: "Há oito anos foi diagnosticado como portador de uma esquizofrenia paranoide!".

TERAPEUTA: "Talvez exista aqui uma conexão e vocês dois estejam ligados, com os seus respectivos sintomas, a um acontecimento da história familiar".

A paciente contesta: "Não, a esquizofrenia do meu filho vem da família do pai dele!" (*Geralmente se vê o que basicamente se gostaria de ver!*) "O pai do meu filho, meu primeiro marido, também se dispõe a trabalhar com isso. Ele se inscreveu há poucas semanas para fazer um curso de constelações."

TERAPEUTA: "Voltemos um passo atrás: O que você diria ao seu filho se você pudesse falar sem problemas?".

A paciente responde: "Eu diria: "Tome os seus remédios".

Tenho a sensação de que a paciente se esquiva, com essa resposta. Assim, tento sintonizar-me com o filho como se estivesse numa conversa, tentando perceber a frase que no fundo move a mãe, mas não pode ser dita. A frase que percebo é a seguinte: "Ainda que eu vá, você fique!".

Quando a pronuncio, a paciente confirma imediatamente: "É claro que prefiro que eu morra, e não ele!".

TERAPEUTA: "Então você estaria disposta a sacrificar-se por ele?".

PACIENTE: "Com certeza!".

TERAPEUTA: "Se a esquizofrenia está associada a um acontecimento na família do pai dele, sua ideia de que, com o seu sacrifício, poderia mudar o destino do filho, é contraditória e arrogante. Assim essa atitude não é salutar para você nem para o seu filho nem para o primeiro marido. Se você estiver de acordo, vamos constelar a situação".

A paciente se declara disposta e eu lhe peço outras informações.

TERAPEUTA: "Além do seu filho, você tem outros filhos com o seu primeiro marido?".

PACIENTE: "Uma filha mais velha".

TERAPEUTA: "Bem, comecemos com três representantes: para você, seu primeiro marido e seu filho".

A paciente posiciona os representantes em suas inter-relações. O representante do filho começa imediatamente a girar, como se procurasse alguma coisa. Em suas palavras, ele se sente tocado por uma força maior, à qual é forçado a entregar-se. O representante do pai acompanha os movimentos do filho com um olhar preocupado. A representante da mãe se afasta do filho. Questionada sobre como se sente, ela responde: "Na verdade, eu queria ir embora mas não consigo".

Peço à paciente que coloque um representante para a esquizofrenia do filho. O homem escolhido por ela é levado para o centro do sistema configurado e imediatamente cai ao chão. Cessa o movimento giratório do representante do filho e ele contempla o homem deitado no chão com um olhar fixo e como que enfeitiçado.

Então peço à paciente que acrescente um representante para o seu sintoma, a perda da voz. Ela escolhe uma mulher e a coloca atrás do representante da esquizofrenia que está deitado no chão. Sem dirigir um olhar para o homem deitado no chão à sua frente, a representante do sintoma da paciente leva ambas as mãos ao pescoço como se quisesse estrangular-se, começa incessantemente a engolir e luta para respirar.

Curiosamente, nesse momento a representante da paciente aproxima-se do seu primeiro marido e, sem que eu peça, curva-se diante dele. Esse gesto proporciona um grande alívio à representante do sintoma. Agora ela já pode respirar, olha para o representante da esquizofrenia no chão à sua frente e deita-se ao seu lado.

O representante do filho contempla os dois e está a ponto de voltar-se para o seu pai quando a representante do sintoma se senta no chão e diz: "Eu bem que gostaria de ficar deitada aqui e me sinto muito ligada, mas não encontro paz".

O representante do filho reage, dizendo: "Ela (a representante do sintoma) me perturba. Eu queria ficar com meu pai, já teria me aproximado dele mas não consigo. Ela me impede".

A representante do sintoma observa: "Eu não faço parte disso. Este lugar pertence a uma outra pessoa".

O representante do filho retruca: "Então eu vou para lá!", mas a representante do sintoma diz: "Isso eu não vou permitir!".

Nesse ponto interrompo o diálogo entre os representantes e pergunto ao representante da esquizofrenia como se sente. Ele sorri, volta-se para a representante do sintoma e diz: "Estou pensando, durante todo esse tempo: 'Diga, sim! Você sabe!'. Minha ligação mais forte é com a representante da perda da voz. Também busco minha paz mas não a encontro".

Para testar a paciente, digo-lhe: "Estou sempre me perguntando: Por quem o filho está carregando isso?".

Ela responde imediatamente: "Eu já disse: por seu pai!".

Revido: "Não estou tão certo. E agora vou fazer um teste!".

Para isso peço à representante da paciente que diga ao seu primeiro marido: "Isso me pertence! E agora eu vou cuidar disso!". Quando ela diz essas palavras, o representante da esquizofrenia relaxa. O representante do filho vai em direção ao pai, e a representante do sintoma diz: "Agora eu posso me deitar ali de novo. Ou melhor, vou retirar-me".

Quando o representante do primeiro marido vira as costas, pergunto-lhe o que se passa. Ele responde: "Não quero mais olhar para lá. Sou responsabilizado por algo que não me diz respeito!".

Digo ao grupo: "Pudemos ver desde o início da constelação que a dinâmica familiar por trás da esquizofrenia não se origina na família do pai. O representante do pai não tinha dificuldade em olhar para o filho doente. Quem não conseguia isso era a mãe! Com isso ficou claro que ela ou a sua família não podia ver ou aceitar essa situação". De passagem, pergunto à paciente: "Quando é que você começou a pensar que isso vem da família do pai?".

PACIENTE: "Há um ano, quando fiz a constelação para o meu filho!".

TERAPEUTA: "E há quanto tempo você tem problemas com a voz?"

PACIENTE (*refletindo*): "Há mais ou menos o mesmo tempo... Então isso vem do meu ramo familiar?".

TERAPEUTA: "Parece que há uma relação!".

PACIENTE: "Todos os membros da minha família têm problemas de culpa!".

Em vez de aceitar o convite para ocupar-me com esse tema da família, chamo a paciente à sua responsabilidade.

TERAPEUTA: "Diga ao seu marido: "Isso me pertence, e agora vou cuidar disso!".

Depois que ela diz isso, o representante do primeiro marido se aproxima do seu filho e o abraça. A representante da paciente ajoelha-se diante do representante da esquizofrenia, chora e pousa a cabeça em seu colo, e este a enlaça com o braço. Assim ficam ambos durante um momento, até que a representante da paciente se solta. Ambos parecem estar em paz, e a representante da paciente volta-se para o seu primeiro marido, em seguida para mim e diz: "Gostaria de dizer ao meu marido que sinto muito por tê-lo responsabilizado!".

Eu concordo, mas peço à própria paciente que entre na constelação. Ela se dirige primeiro ao representante da esquizofrenia, olha em seus olhos e o abraça. Quando se acalma, olha para o seu marido e para o seu filho e diz: "Eu fico muito feliz quando vejo você nos braços do seu pai!".

Com essas palavras da mãe, o representante do filho fica radiante. Pela primeira vez ele se manifesta como um jovem despreocupado.

Alguns anos depois dessa constelação encontro a paciente num congresso. Peço-lhe que descreva em poucas linhas como se desenvolveu o seu processo depois do trabalho da constelação.

Lembro-me de ter dito a você que a esquizofrenia do meu filho provinha da família do pai dele. Fiquei profundamente chocada com a sua afirmação, de que poderiam também ter ocorrido em minha família acontecimentos que tivessem relação com a doença do meu filho. Eu não estava preparada para aceitar essa conexão e posso dizer que tive uma grande resistência contra essa hipótese.

Contudo, no decurso da constelação tive de reconhecer que o representante do meu filho ficou manifestamente melhor logo que admiti essa possibilidade, e sobretudo quando segui os passos de solução que você sugeriu.

Depois desse trabalho com minha constelação consegui ir reconhecendo uma possível influência da minha família sobre a doença do meu filho e assumir a minha parte de responsabilidade nisso. Recomecei a fazer investigações em minha família e obtive novas informações sobre a família da minha mãe. A mãe dela morreu quando ela tinha 12 anos de idade. Com a morte da minha avó, minha mãe foi separada dos seus irmãos e, talvez o mais importante, fui informada de uma possível culpa do meu avô pela participação num assassinato.

Estimulada pela constelação, animei e apoiei o meu filho a manter mais contato com seu pai. Agora eles se encontram regularmente e curtem muito isso. Isso parece fazer bem ao meu filho, pois no momento ele está visivelmente melhor da sua doença.

Curiosamente, a paciente em seu relato não diz uma única palavra sobre o sintoma que originalmente motivou a sua participação no curso de constelações para doentes. Nos cursos de formação que dirigi na área da radiestesia médica, despertou-me a atenção, por parte dos participantes, que geralmente suas percepções são corretas mas suas interpretações são erradas.

Os processos de percepção dos representantes na constelação, que geralmente são impressionantes, podem conduzir o terapeuta, como também os pacientes, a suposições possivelmente precárias. Aqui o terapeuta precisa ter, na minha opinião, uma grande precaução e reserva, e prestar muita atenção à maneira como o paciente interpreta o que acontece na constelação, e como recebe as intervenções e declarações do terapeuta.

6

Considerações finais

"Deus faz nascer igualmente o sol sobre bons e maus,
e faz chover sobre justos e injustos."
(Evangelho de S. Mateus 5.44)

Estou consciente de que neste livro foi feita uma escolha específica de exemplos de casos. Essa escolha orientou-se, de modo especial, na medida em que, sem ter exigido, recebi relatos posteriores dos pacientes. Haveria também muita coisa a relatar sobre outras ocorrências com doenças na perspectiva do trabalho com as constelações.

Para ressaltar a individualidade dos processos de trabalho, renunciei deliberadamente a estabelecer uma correspondência entre as dinâmicas familiares frequentemente observadas e determinados quadros de doenças. O objetivo deste livro foi despertar a atenção para as possibilidades de aplicação e especialmente para o potencial do trabalho das constelações sistêmicas com pessoas doentes. Esse potencial, entretanto, só pode ser desenvolvido num procedimento individual com cada paciente. Embora em muitos processos de doenças ou sintomas se manifestem dinâmicas familiares idênticas ou semelhantes, os passos para a solução são diferentes para cada paciente. A arte do terapeuta consiste, por um lado, em conscientizar o paciente das imagens interiores, atitudes e afirmações de crenças que o fazem adoecer ou o levam a persistir nas doenças e nos sintomas existentes; por outro lado, por meio do processo terapêutico, ela também consiste em fazer com que o paciente entre em contato com realidades que o levem a mudar de atitude, ajudando-o, talvez, a obter o alívio ou mesmo a cura dos sintomas. Assim como a homeopatia utiliza o remédio correspondente (o semelhante), aqui também vale o ditado: "Quem não acerta o alvo, perde-se".

Solução significa, portanto, para mim: tornar-se livre para um primeiro passo. Mudança, contudo, significa mobilidade. Isso vale também para o terapeuta. Ele precisa evitar que as experiências acumuladas se transformem em teorias; do contrário, perde-se o que há de saudável nessas experiências. Pois a experiência atua de modo salutar por intermédio da essência do terapeuta, não por meio do seu saber.

Como atestam os exemplos, muitas doenças estão associadas ao destino de familiares excluídos. O sofrimento e as dores causadas pelas doenças exigem o reconhecimento e a reintegração das pessoas a quem se negou o pertencimento, bem como dos acontecimentos traumáticos que não foram admitidos.

Essa integração é frequentemente uma condição para o processo de solução com os pais e pelos pais, assim como pela família. Ela exige que se supere a consciência que reina na família e faz distinções e separações entre o bom e o mau. Exige ainda que se evitem julgamentos e avaliações excludentes, e que se reconheça que todos, independentemente do que sejam e do que tenham feito, possuem o mesmo direito de pertencer. Essa atitude que inclui tudo é vivenciada no fundo da alma como pacífica e salutar.

7

Perspectiva

"... e começa com o fim."
R. M. Rilke

Se, no final deste livro, cabe ao autor desejar algo, seria que a medicina, em sua maneira de olhar a pessoa doente, leve devidamente em conta a perspectiva multigeracional da terapia familiar sistêmica quanto à origem das doenças e à persistência dos sintomas, e que o trabalho de constelações com doentes ganhe o lugar e o valor que, no meu modo de ver, ele merece dentro dessa abordagem.

Além disso, alimento o desejo de que os conhecimentos e as luzes resultantes do trabalho de constelações com doentes se difundam e conduzam a uma compreensão mais ampla da saúde e da doença na sociedade.

Como seria bom se as nossas crianças aprendessem na escola essas conexões, e se a dietética, como doutrina das medidas que contribuem para a saúde do corpo e da alma, recuperasse sua importância original!

O trabalho das constelações pode ser considerado como um método, mas ele é também uma doutrina sobre as relações humanas, uma filosofia de vida, uma atitude de vida e uma forma de vida.

Posfácio

Esta conversa se deu em 6 de março de 2010, no Instituto Esalen, em Big Sur (Califórnia), com Stephen Hausner. Dela também participaram Judith Hemming, Nancy Lunney Wheeler, Deborah Ullman e Gordon Wheeler, em uma entrevista inspirada pelo livro *Mesmo que Custe Minha Vida* e por uma série de *workshops*, conduzidos (separadamente) por Judith e Stephan pouco antes da conversa em Esalen. As falas literais sofreram ligeiras edições para que se pudessem eliminar pausas e repetições e, em certos pontos, acrescentar uma palavra esclarecedora, compreendida implicitamente na situação ao vivo.

GORDON: Bem, se posso começar, as perguntas que devem interessar nossos leitores em primeiro lugar são: em que consiste esse trabalho? Qual é o trabalho das constelações? O que ele significa em uma frase? O que ele significa em um parágrafo? Sem contar a história e a teoria; enfim, tudo isso é muito interessante. Em primeiro lugar, penso que o leitor interessado, principalmente o leitor psicoterapeuta, quer saber o que se passa naquela sala. O que vocês fazem lá e quais são os objetivos?

STEPHAN: Acho que só posso dizer o que é esse trabalho a partir da minha perspectiva, porque ele ainda não foi bem definido. Nem por uma associação de constelações a pergunta é respondida: "Qual é o trabalho da constelação?". Claro que podemos descrevê-lo. Existe um método para montar uma constelação, que já foi um pouco explicado no livro e especifica como ela é usada. Quero dizer, a escolha dos representantes etc. Portanto, a pergunta passa a ser: "O que é uma constelação?". Do meu ponto de vista, ela é a exteriorização de um processo interno. Levando em conta que ainda não sabemos o que estamos fazendo na constelação, o que acontece quando escolhemos uma pessoa para ser o pai e o colocamos ali? É difícil falar disso, sabe? Mas o que podemos verificar é que o que os representantes expressam geralmente tem um efeito profundo no cliente. A pessoa se mostra profundamente comovida, e isso desencadeia um processo interno relacionado ao que ela consegue ver e sentir no processo da constelação. De modo geral, isso leva a um processo emocional profundo. Da minha perspectiva, quando faço esse trabalho, eu diria que, em primeiro lugar, oriento-me pelo cliente e por perguntas, ou seja, foco na situação do cliente.

Portanto, para mim, a fase da entrevista é muito importante; ela culmina na articulação do que deve ser feito. Nessa etapa, tento chegar a uma espécie de acordo com o cliente. Qual seria a pergunta adequada que levaria a uma constelação que, por sua vez, poderia mostrar uma solução para essa mesma pergunta? Meu diálogo com o cliente tem o objetivo de descobrir isso. Do meu ponto de vista, é responsabilidade do facilitador desvendar qual é a pergunta apropriada e, assim, definir os elementos a serem usados para se obter a clarificação. Lembro-me de Bert Hellinger dizendo que, quando o facilitador tem uma hipótese, ele não pode fazer o trabalho. Pois eu descobri que, sem hipótese, não posso trabalhar. Faço a entrevista para obter a hipótese e tento usá-la para mostrar ao cliente se ela pode ser confirmada ou precisa ser trocada, sempre ciente de que, como terapeuta, também exerço grande influência, talvez até a principal influência no processo em andamento. Este é um ponto muito delicado: a influência do facilitador. Meu papel.

GORDON: Seus constructos.

STEPHAN: Meus constructos. Enfim, para mim, isso mostra mais ou menos como começa uma constelação, explorando uma hipótese. E o interessante é que geralmente essas hipóteses são confirmadas. É muito comum que os próprios representantes forneçam novos aspectos ou mostrem que o sistema criado em torno do problema até o momento precisa ser ampliado. Sempre tento começar com o mínimo de recursos, ou seja, tento perceber quais são os representantes realmente necessários para o início do trabalho. Portanto, há várias maneiras de começar. Deu para ter uma ideia?

GORDON: Ah, sim, muitas ideias. O que penso é que estamos aqui sentados com dois mestres desse trabalho, você e Judith Hemming, e claro que as pessoas profundamente envolvidas na real criação dessa tradição em evolução, com esses níveis de conhecimento, começarão essa história pelo meio.

Dito isso, há muita coisa que quero perguntar a vocês e examinar mais a fundo. Provavelmente vocês sentem a mesma coisa. Ao mesmo tempo, tenho a impressão de que, se eu voltar para a posição do leitor ingênuo, ainda não saberei o que são as constelações. São um procedimento ou processo para observar sistemas, é o que vemos. Por onde começamos? Claro que vocês estão falando com nós quatro. Sabem que conhecemos bem o trabalho. Mas se fossem dizer algo para orientar o novo estudante, como fizeram na quarta-feira à noite, o que seria?

STEPHAN: Bem, se eu quisesse explicar o trabalho para um paciente ou estudante, a ideia básica seria a transpersonalidade da doença.

DEBORAH: Transpersonalidade.

STEPHAN: A doença não é um fenômeno pessoal e individual. Portanto, fazer uma constelação no que diz respeito à doença e à saúde é um modo de descobrir qual a função da doença no sistema familiar do cliente, o que ela pode representar nesse sistema e o que é excluído e precisa ser incluído para que a ela possa desaparecer. De certa forma, vemos a doença ou o surgimento dos sintomas também como um teste para criar um equilíbrio dentro de um sistema familiar. Ou podemos vê-la como uma possível expressão de um desequilíbrio que está sendo compensado.

GORDON: Então, de certa forma, o sistema "estaria funcionando melhor" – não sei se é o que você diria... Em outras palavras, o sistema estaria mais estável com a doença do que sem ela, tal como se encontra nesse momento?

STEPHAN: É o que observamos com frequência. Geralmente começo com representantes para o paciente e a doença, e às vezes os dois têm uma forte ligação. Sentem-se unidos. Outras vezes, essa ligação não existe. Quando ela está presente, quando você amplia o sistema e inclui os pais ou outros membros da família, percebe que a conexão entre a doença e o paciente enfraquece. Por outro lado, quando não há essa forte ligação e você inclui os pais ou outros membros da família, a conexão se fortalece ainda mais. Isso sugere que a doença, de certa forma, é mais fácil para o paciente que sua relação com familiares próximos.

E às vezes, algum tempo depois, tiro o representante da doença para ver o que provoca a perturbação no sistema, o que acontece se a doença não estiver nele. Isso costuma indicar a dinâmica, entende? De certa forma, foi o que vimos na quarta-feira à noite, primeiro tirando a doença e depois trazendo-a de volta; depois, de repente o cliente se sentiu melhor, mesmo com essa doença ameaçadora.

DEBORAH: Pergunto-me agora se é importante identificar algumas das ordens invisíveis, uma vez que estamos formulando os pressupostos que você apresenta para fazer o trabalho. Você acha isso importante? Em outras palavras, nesse trabalho há uma sensação de que existem certos pressupostos sobre a direção do fluxo do amor, sobre o equilíbrio e a direção do apoio. Você diria que essas coisas são relevantes na sua maneira de responder a um problema apresentado por um cliente?

STEPHAN: Sim. Você está se referindo ao que Hellinger descreve como as "ordens do amor" nos sistemas humanos. Por exemplo, o novo sistema familiar é preferível ao antigo, o que significa que nosso primeiro dever de cuidar passa para a geração seguinte. Portanto, quando isso não é respeitado, é comum vermos crianças reagirem com alguma doença. Enfim, como ensinam todos os tipos de medicina tradicional, existe uma relação entre ordem e saúde.

DEBORAH: Quando observo o trabalho de vocês e, em especial, o *seu* trabalho, realmente fico impressionada com seu domínio do ritmo e do silêncio para estabelecer a relação com o cliente desde o início ou com um paciente com quem esteja trabalhando. Eu gostaria de saber um pouco mais sobre o silêncio.

STEPHAN: Bem, na verdade, é muito simples. Um dos princípios desse trabalho é que só dou um passo quando tenho certeza de que ele é necessário. Talvez ele traga novas informações ou indique uma solução. Enquanto eu não tiver certeza, não faço nada. Claro que, intrinsecamente, tento jogar com o sistema, usando a percepção de como a dinâmica do sistema muda. Por exemplo, imagino trazer o avô, tentando sentir a influência dele, relacionada ao problema do cliente. Isso remonta ao meu treinamento em cinesiologia, ao período de testes. Com essa percepção, costumo saber de antemão o que acontece no sistema se incluirmos essa pessoa.

GORDON: Isso porque você está lendo seu próprio corpo?
STEPHAN: Sim, estou lendo meu corpo.
GORDON: É a impressão que temos ao observar seu trabalho. Você constela apenas algumas pessoas e diz: "A perturbação está aqui, não *aqui*". E penso que se trata de uma intuição fundamentada em algo que não necessariamente é visível para mim. E você está revelando isso.
STEPHAN: Bem, aprendi homeopatia com meu sogro. Ele nos ensinou a analisar os distúrbios no corpo do paciente e os remédios para equilibrar a energia no corpo. Desse modo, posso sentir de imediato se há uma ressonância, por exemplo, entre o remédio e o corpo do paciente. Essa detecção me ajuda a descobrir que caminho devo seguir quando o cliente fala de membros da família ou de eventos significativos. Por exemplo, quando você vê na constelação que deve ter havido uma perda na família, e o cliente diz: "Perdi meu irmão com tal idade, e minha mãe perdeu o pai quando era criança". A partir dessa espécie de detecção ou análise interna, posso distinguir qual é a mais importante. Isso acontece em silêncio, porque não quero incluir um representante desnecessário. Portanto, voltando ao que significa esse princípio, só dou um passo quando for absolutamente necessário por questões de clareza ou para descobrir alguma coisa.
GORDON: Achei engraçado porque você perguntou o que acontece nos silêncios, e Stephan respondeu: "É muito simples". *Risos.*

É simples, desde que você tenha dez anos de prática.
NANCY: Você disse que faz uma análise. Mas o que usa para colocá-la em prática?
STEPHAN: Meu corpo.
NANCY: Só o seu corpo?
STEPHAN: Meu corpo. Ele reage quando surge um estresse. Sinto o estresse no corpo. E percebo se é algo que se resolverá por si só após algum tempo, se eu tiver paciência, ou se precisarei, por exemplo, de um terceiro elemento.
GORDON: Acabo de me lembrar de que você falou sobre querer fazer homeopatia, mas sem os remédios.
STEPHAN: Exatamente. De certo modo, a ideia é basicamente essa.
NANCY: Então, quando você conclui que o problema vem da família da mãe, e não da família do pai, o que está sentindo, literalmente, é o corpo dizer: "Isso vem da mãe, não do pai".

STEPHAN: Bem, como você sabe, eu entro no tema quando o cliente e eu fazemos um acordo sobre a questão a ser trabalhada. Em seguida, de alguma forma projeto ou imagino a mãe na relação com esse problema, assim posso sentir qual é a reação. Talvez eu detecte um medo se formando, e esse medo é perceptível. Depois, projeto o pai. Se nada acontecer em nenhuma direção, sinto ou sei que o pai não é importante.

GORDON: Você está dizendo que é como se houvesse uma constelação explícita em andamento, que você facilita, mas também há uma constelação oculta...

STEPHAN: Há cerca de cem constelações acontecendo dentro de mim, verificando todas as possibilidades.

GORDON: Acredito que todos nós temos essas intuições e esse tipo de conhecimento sobre os sistemas humanos dos quais fazemos parte ou que nos cercam.

STEPHAN: Exatamente.

GORDON: Não tenho necessariamente acesso a esse conhecimento do mesmo modo que você. As pessoas que não o abordam com aquele senso claro da cinesiologia interna – se é que se pode chamá-la assim – fazem algo análogo, como você disse um pouco antes: "Se não encontro, procuro na constelação".

STEPHAN: Muitos facilitadores trabalham com tentativa e erro.

DEBORAH: É assim que você trabalha com hipóteses.

GORDON: Você faz isso também?

STEPHAN: Sim. Tenho uma espécie de pré-seleção.

GORDON: É o que quero dizer quando falo de uma fase oculta: algo feito internamente.

STEPHAN: Sim, faço-a internamente.

DEBORAH: Eu gostaria de ouvir Judith a esse respeito, porque vejo você fazer muita coisa que também parece emergir do silêncio. Pergunto-me se você diria que também usa seu corpo como informação ou...

JUDITH: Olhe, eu estava pensando em algumas diferenças entre mim e o Stephan. E o foco do Stephan é muito mais a doença. Por causa do grande número de pessoas que vem trabalhar comigo, eu diria que minha linha é um pouco diferente. Provavelmente vejo os sistemas de um jeito mais amplo, não apenas considerando a importância da ligação com os pais, por exemplo, mas também avaliando o impacto de todos os aspectos dos sistemas, o modo como outros sistemas se conectam, e assim por diante. Penso que não uso meu corpo como você descreve. Sinto como se fizesse algo mais visual. Uso a entrevista para ver a constelação e observar para onde a energia anímica da pessoa deseja ir e do que precisa para que isso aconteça. Portanto, reúno os elementos que possam ser necessários para o movimento recomeçar. Meu medidor não é tanto a doença nem a saúde, mas a estase e o movimento, talvez por eu não trabalhar muito com a doença. Trabalho mais com a "imobilidade".

STEPHAN: Mais com...?

JUDITH: A imobilidade. Não ser capaz de se mexer. E acho absolutamente fascinante que você esteja obtendo ciclos de *feedback* tão claros. Desconfio que estou muito mais voltada à filosofia. Uso a filosofia e toda a estrutura de percepção de uma forma muito ativa, como algo que quero compartilhar com as pessoas; quero envolvê-las nessa estrutura, ensiná-las. É uma jornada na qual minha função de ensinar talvez seja mais ativa que a sua. Por não ter a precisão desse conhecimento do corpo, acabo usando outra metodologia. Não tenho certeza do que mais poderia estar por trás de algumas de nossas diferenças.

GORDON: Bem, vocês sabem que existe uma expressão popular no inglês americano atual que é "as dez mil horas". É a ideia de quanto tempo leva até você ter o domínio de algo, como tocar violino. Mas claro que cada um de vocês já tem dez mil horas em constelações. E Judith, suas dez mil horas antes da constelação eram na educação, não na medicina.

JUDITH: Sim.

GORDON: E as suas, Stephan, eram na cura e na medicina. Portanto, faz sentido.

STEPHAN: Na verdade, não vejo muita diferença porque, por um lado, é claro que estou mais focado na doença, mas, por outro, não me interesso por ela. Tenho muito interesse pela questão da imobilidade e do movimento, pois, antes de todo sintoma, a imobilidade e o movimento são condições para a mudança. Esses termos, "constelação de doença" ou "sintoma", não são meus. Uso o sintoma para iniciar um processo, mas como venho da medicina holística, não estou muito interessado nos sintomas. Portanto, de certa forma, também quero saber para onde vai a energia retida e como ela pode ser posta em movimento. Enquanto houver flexibilidade em nosso corpo, ele será capaz de manter o equilíbrio; isso significa que ocorrerá a autocura. O trauma ou a sensação de sufocamento indicam que não conseguimos nos mover ou reagir.

JUDITH: Fico pensando como você consegue ensinar sua metodologia a outras pessoas. Parece muito, muito difícil.

STEPHAN: É como andar de bicicleta ou esquiar: depois que você aprende, é muito simples, mas o processo de aprendizado não é fácil e exige tempo e prática até que se adquira segurança.

JUDITH: Você é, então, um especialista único.

STEPHAN: Tento descobrir os conceitos da prática. Penso que, como regra geral, eu teria de integrar uma maneira de aprender esse teste. Há muitas, sabe? Temos a abordagem da cinesiologia ou também podemos seguir o caminho da radioestesia. Estou certo de que todo bom facilitador que usa massagem recorre a ela porque é um instinto básico que todos nós temos e utilizamos.

NANCY: Bem, sinto-me muito honrada ao ouvir isso, e é claro que vocês estão certos. Mas parte da razão pela qual estamos lançando este livro é descobrir como destrinchar essas coisas que conhecemos para podermos compreendê-las melhor e transmiti-las.

DEBORAH: Quero me ater a algo que Judith mencionou e que ouvi você citar também: a imagem que você tem em mente do que será a constelação. Ouvi você dizer a um cliente que existe uma imagem verdadeira da família. Uma imagem atemporal. É isso mesmo?

STEPHAN: Bem, "verdadeira" não é a palavra ideal, pois não se trata de verdade. É algo atemporal no sentido de como você se sente relacionado. Recentemente, assisti a Marianne Franke-Griksch desenvolvendo esse trabalho, e ela não faz mais constelações. Ou melhor, não deixa o cliente fazer uma constelação. Quando vi isso, comecei a fazer o mesmo. Ela apenas pergunta: "Quer pedir a alguém para representar seu pai?". E a pessoa se levanta e, após alguns instantes, tenta encontrar sua posição. Funciona, e o cliente não precisa fazer uma constelação; o campo está ali. Mas, às vezes, eu gostaria de ver como o cliente se vê em relação à doença, aos pais ou a outros membros da família: seria uma constelação em nosso sentido habitual. Isso nos dá informações adicionais, mas às vezes penso que também é útil usar esse modo mais simples de trabalhar, simplesmente deixando a pessoa se levantar e procurar sua posição.

GORDON: Sabemos que os grupos humanos têm muita sensibilidade para perceber uns aos outros, como no saguão de um teatro ou caminhando em meio à multidão no horário de pico de uma cidade grande. Sabemos que grupos humanos organizam a si próprios com base nesse tipo de conhecimento inerente. Portanto, há um saber em andamento do qual todas as pessoas participam e ao qual todas têm acesso. Esse saber acontece, mas não temos uma linguagem apropriada nem uma teoria bem articulada para ele, mas todos nós estamos cientes de que ele acontece. Participamos dele constantemente. Podemos usá-lo mesmo dentro de um carro, no trânsito, quando interpretamos as intenções dos outros por meio de sinais sutis, pelo modo como dirigem o veículo. Ou então descendo a rua: raramente esbarro em alguém. Tudo isso está envolvido, mesmo que tenhamos dificuldade para reduzir a palavras esse conhecimento inerente.

STEPHAN: De volta à sua questão, penso que quando você pergunta o que é uma constelação, não há uma resposta, a menos que possamos incluir diversos níveis.

Por um lado, é a exteriorização de um processo interno e, ao mesmo tempo, a imagem de um cliente mostrando como ele se sente relacionado. Você pode trabalhar com o modo como o cliente vê a si mesmo em relação à doença ou a outros membros da família, mas também há o aspecto dos representantes tendo acesso a algo presente; e isso traz informações adicionais que às vezes vão muito longe, mostrando dados dos quais ninguém na sala estava ciente. Portanto, o cliente carrega conhecimento no corpo ou na aura, que é um corpo expandido.

NANCY: Isso acontece muito.

STEPHAN: Em nossas pesquisas, descobrimos que a quantidade de informações realmente novas vindas do representante não é grande. Vemos que isso acontece com frequência, mas quando você faz um genograma apropriado, por exemplo, geralmente descobre a informação nele. Mesmo assim, às vezes você pode dizer que um representante traz informações que ninguém até aquele momento conhecia.

GORDON: Como um pai diferente ou algo assim?

DEBORAH: Ou um filho que morreu.

STEPHAN: Mas, sobretudo no que diz respeito a essas revelações, para mim a pergunta que sempre se deve fazer é: “Isso está ajudando?”. Pois minha dúvida é: o que o cliente *faz* com a informação de que “talvez minha avó tenha perdido um filho", já que ele não tem a menor chance de saber com certeza? Ninguém nesta vida pode esclarecer isso. Lidar com informações novas como essa e com coisas que não podem ser verificadas requer certa segurança e estabilidade por parte do cliente. Nem todos são capazes de fazer isso. Para mim, a atitude do facilitador aqui é importante. Sempre há uma solução com ou sem informações. A solução não pode depender apenas da informação, do processo de constelação nem das expressões dos representantes. Portanto, meu foco é apenas o leque de possibilidades do cliente. O que ele ou ela pode fazer? Sabendo que nossas possibilidades são limitadas, quando trabalho com constelações, foco apenas na questão do que o cliente pode fazer. Não estou interessado em criar paz e sistemas bem organizados...

GORDON: ... Para o bem deles.

STEPHAN: Sim, para o bem deles.

JUDITH: Talvez a palavra *resolução* ou *solução* não seja necessariamente a mais útil. Isso porque essa ideia sugere um arco que vai desde o que é errado até o que é certo, e entendo que, se você pensa em termos de sair do estado de imobilidade para o de movimento, pode tornar as coisas mais difíceis. E me lembrei da última constelação que fiz hoje de manhã, quando olhei para o cliente e tive um quadro muito claro dele e de sua família. Eu o vi nitidamente no sistema organizacional de seu local de trabalho e observei como ambos se encaixavam, deixando aberta apenas uma pequena janela de oportunidade. Então, se eu pensasse em termos de solução ou resolução, certamente o perderia de imediato. Perguntei a mim mesma: onde haveria uma brecha por onde pudesse entrar algo como um corpo estranho de mais amor, capaz de tocá-lo e de levá-lo consigo, acompanhando-o em sua viagem, em vez de ser uma solução em si? Agora lhe pergunto se você faz o mesmo ou acha mais difícil por estar lidando com sintomas mais sérios. Às vezes, há movimentos muito pequenos, que provêm dessas imagens e não exigem muito: por exemplo, eu não queria que esse cliente tivesse de fazer muitas coisas ao mesmo tempo, dadas as restrições que ele ainda sofre. Eu também gostaria de saber se você tem essa ideia de passo a passo em vez de termos completos.

STEPHAN: Com certeza. Entendo que "solução" significa poder dar *o próximo passo*. Nada mais e nada menos do que isso. Às vezes, na homeopatia você vê que o próximo passo é apenas reconhecer o que existe. Assim, a constelação traz algo à luz, e você deixa o cliente onde ele está.

JUDITH: Então poderíamos dizer que a metodologia e a filosofia do trabalho com a constelação consistem em deixar muito mais claro o que *existe*, e a estrutura disso cria mais espaço dentro do cliente. Depois disso, todo o restante é suplementar.

STEPHAN: Sim, com certeza. Do meu ponto de vista, o que vi até hoje é que poderia haver uma relação entre a criação de sintomas e as interpretações. Entendo que toda interpretação é errada porque, quando dizemos: "Minha mãe é...", só vemos um aspecto e excluímos muitos outros. E mesmo que digamos: "Minha mãe é uma boa pessoa", também excluímos muitos outros aspectos. Assim, um dos efeitos do trabalho com constelações é que ele "relativiza" nossas interpretações. Ele sempre expande o espaço; e isso, de certo modo, nos dá mais possibilidades.

JUDITH: Já vi você fazer interpretações. Sim, você faz interpretações.

STEPHAN: O que eu faço?

GORDON: Você faz interpretações. Claro. Você é um ser humano.

JUDITH: Ontem à noite, você disse que a cliente precisava recorrer ao pai porque a falta de habilidade da mãe para sentir o pai fazia com que a cliente não conseguisse ser "melhor que" a mãe. Ora, essa é uma interpretação e tanto. Há muita coisa por trás dela, não há?

STEPHAN: Sim.

JUDITH: Ajudou-a muito porque ela pôde ver na mãe tanto uma limitação genuína quanto um ato de amor genuíno para manter as duas coisas unidas. Achei essa interpretação maravilhosa. Mas poderia estar errada.

STEPHAN: E está!

Risos.

STEPHAN: Mas pode ser útil.

JUDITH: Sim, claro.

GORDON: Quando vocês dizem "errada", significa que é incompleta?

STEPHAN: Sim, é incompleta.

DEBORAH: Foi o que pensei, e nisso vejo uma grande ressonância entre os modos de trabalhar dos dois. Há muito da ideia de estar aberto à hipótese de trabalho, dando espaço a novas informações.

STEPHAN: Partindo da atitude básica, penso que um dos critérios para se fazer um bom trabalho é manter o coração aberto para todas as pessoas que pertencem ao sistema do cliente e que são importantes para ele. Assim, haverá mais pessoas abordadas ou envolvidas do que as realmente inseridas na constelação. O que você insere na constelação é apenas o mínimo do que precisa para demonstrar algo ao cliente e colocá-lo em contato com as relações relevantes. Mas enquanto todo esse processo de constelações está em andamento, tento me manter conectado, por exemplo, com os avós ou os irmãos que não foram incluídos, principalmente quando – como nesse caso – um dos irmãos morreu. E, algum tempo depois, talvez o processo indique que vale a pena trazer essa pessoa na forma de um representante. Mas, enfim, para responder à sua pergunta, a constelação é muito mais do que você vê. A partir da atitude dos facilitadores, todas as pessoas relevantes estão presentes. E o truque é perceber quais relações são importantes. Quando você traz o representante de um elemento estrutural – pode ser um sintoma, uma doença, mas também uma emoção –, detecta intrinsecamente com quem esse elemento está relacionado ou tem ressonância no sistema. A constelação visível é a ponta do iceberg.

GORDON: Estou pensando em compartilhar essa imagem, pois você descreveu algo muito semelhante. Certa vez, conheci uma excelente contadora de histórias, uma grande artista da narração. E ela contava histórias para crianças. Eu estava assistindo à sua apresentação um dia e ouvi alguém lhe perguntar como ela conseguia envolver tanto as crianças. A resposta foi: “Bem, você precisa entender que estou vendo a história inteira, mas só posso contar a elas algumas coisas, poucas partes. As crianças ouvem as palavras, *mas veem o que eu vejo*”.

STEPHAN: Exatamente. É uma boa imagem.

GORDON: Ela se via como uma espécie de canal. O que você disse me fez lembrar essa pessoa.

STEPHAN: Acho que uma das perguntas é, sem dúvida: “O que fazemos quando executamos esse trabalho?”. A outra pergunta é: “Como podemos ensinar esse trabalho?”. Essas são as questões básicas. E, então, a partir do método ou da filosofia por trás da ideia, fazemos as perguntas de conteúdo. O que é importante saber?

GORDON: No nível de “Como fazemos o que fazemos?”, pode haver não apenas uma pergunta metodológica, mas também outros questionamentos do tipo: "Como isso *funciona*? O que o torna tão eficaz para as pessoas algumas vezes? O que está acontecendo?". E, obviamente, sempre há um elemento de mistério. Ainda há os elementos sobre os quais podemos falar.

STEPHAN: Para mim, uma das grandes vantagens de fazer uma constelação é que se trata não apenas do cliente ou do terapeuta: há no processo algo que ambos podem olhar.

GORDON: Por isso, digo que tanto você quanto seu trabalho põem o lado direito do cérebro para funcionar. É um jeito grosseiro de falar, mas você aciona o hemisfério direito do seu cérebro, que é holístico e imagético, em vez de se ater a uma habilidade verbal linear. Está obtendo uma dimensão visual repentina, que para os seres humanos tem um poder inegável. Uma dimensão apenas verbal/narrativa não vem com esse poder; só pode evocá-lo ou referir-se a ele, ou então colocá-lo em um meio mais utilizável para a comunicação com as outras pessoas.

JUDITH: Acho que Stephan se refere à "atitude apropriada" que se pode ter quando se está ao lado de uma pessoa em dificuldade, e os dois juntos examinam o que pode ser útil. Agindo desse modo, a conexão entre você e a pessoa que precisa de ajuda não é eclipsada por todas as projeções, esperanças e experiências anteriores nem pela raiva, que continuam a existir e realmente se manifestam como distúrbios de relacionamento *na constelação*. Quase de imediato, a constelação tira de cena essas projeções entre você e o cliente. Desse modo, juntos, os dois têm a chance de fazer algo que, na psicoterapia individual, é muito difícil. Mesmo que você constele o relacionamento terapêutico individual, a clareza logo se perde, pois você está exigindo demais de si próprio para parecer um membro da família ou outro indivíduo. Muitas vezes, penso que a constelação não seria necessária e que eu poderia fazer boa parte do trabalho sem ela. Entretanto, acho que a constelação deixa bem claro meu relacionamento com o cliente. Essa é uma de suas excelentes funções.

GORDON: Tenho uma imagem de você, Judith, porque já a vi trabalhar muito. Em algumas ocasiões, o cliente pode estar ali sentado, e você está metaforicamente ao lado dele, mas tenho uma imagem de você de braço dado com alguém, passeando pelo cenário da constelação; os dois apenas fazendo comentários sobre ela, como turistas.

STEPHAN: Isso é maravilhoso. Tenho uma imagem semelhante do que o facilitador faz, mas seu comentário, Judith, me leva a outra questão. Quando percebo na entrevista que o relacionamento com um cliente não está claro, a constelação pode ser feita com os dois: cliente e terapeuta.

JUDITH: Vi você fazer isso e achei magnífico.

STEPHAN: Às vezes, isso é muito útil para criar um bom relacionamento terapêutico. Já ouvi vários facilitadores dizerem: "Não posso trabalhar com você". E o cliente não sabe por quê. Quando você pede para ele constelar o relacionamento terapêutico em si, *tanto* o cliente *quanto* o terapeuta logo podem concluir: "Assim não vai funcionar". Ao perceber o que está acontecendo, o cliente não se sente dispensado com uma frase ou uma explicação sobre a razão pela qual não está dando certo. O cliente e o terapeuta podem experimentar/ver a situação e até descobrir o que inibe um bom processo de trabalho. Portanto, você pode usar a representação como uma espécie de supervisão.

JUDITH: É isso mesmo. Acho que a constelação é, de modo geral, uma supervisão.

STEPHAN: Concordo totalmente. Mas isso também significa que o movimento importante está dentro do cliente. Por isso, para mim, a constelação em si se torna menos importante; afinal, para ser sincero, não sabemos o que acontece no íntimo dele. Por essa razão, meu foco tem sido cada vez mais o cliente e como ele lida com sua experiência, seja ela qual for. Na verdade, meu foco principal é o corpo do cliente, e me pergunto como ele lida com o que vê: consegue integrá-lo, ou o corpo reage com estresse diante de certos movimentos ou frases dos representantes? O estresse no corpo me leva aos temas ou aspectos excluídos, pois a reação de estresse é apenas um sinal de que a pessoa se sente sobrecarregada ou precisa de um tempo e de recursos para integrar as partes excluídas ou desviadas. Assim, vejo a mim mesmo participando da terapia.

GORDON: Mas, nesse caso, tenho a impressão de que existe uma compreensão diferente do que é conhecimento ou saber. Ou seja, naquilo que chamaríamos de "atitude mais antiquada", o facilitador poderia pressupor que há uma *verdade* acerca desse sistema; essa verdade pode ser revelada mais ou menos bem e, em certo sentido, é pré-existente.

Esse é o campo do saber. "O *campo* sabe disso." Ou, pensando mais em termos de mecânica quântica, sim, tudo está no campo. O campo é tudo, mas esse conhecimento em si não ajuda. O campo "sabe tudo", por assim dizer, potencialmente, mas o conhecimento não é o que entendemos como tal: algo organizado de maneira útil. Isto é conhecimento quando usamos essa palavra: algo que serve para fazer alguma coisa. E nesse aspecto estão a pergunta, a intenção, o interesse, talvez criados em conjunto pelo cliente e pelo terapeuta, que, por sua vez, organizarão determinado *tipo de conhecimento* que se tornará mais relevante e do qual os representantes participarão. Tudo será organizado de acordo com os interesses desse cliente naquele momento, e é por isso que você pode dizer que essa não é uma verdade definitiva nem total. Pelo contrário, é uma verdade que será diferente quando a pergunta for outra. Diferentes aspectos do sistema teriam uma dinâmica bastante distinta, ainda que nesse sistema estivessem as mesmas pessoas, mas com aspectos que diferissem das pessoas evocadas em torno de outro interesse. Estou apenas dizendo o óbvio. A questão é: as pessoas realmente são capazes de lidar com a pergunta: "Mas como eu sei que essa *realmente é a verdade*?".

STEPHAN: Sim, e isso me leva a outra resposta à sua primeira pergunta sobre o que é constelação. Em certo sentido, a constelação feita por um cliente é uma realidade, uma imagem que ele tem; *e* o processo das constelações, o movimento dos representantes, indica que é apenas uma realidade criada pelo cliente ou uma realidade à qual ele está preso. Mas agora o cliente precisa reconhecer que há mais realidades, e os representantes mostram que a imagem que ele tem não é a única e geralmente não é a que faz avançar. Enfim, hoje, depois de todos esses anos trabalhando com constelações, o que mais me interessa é saber em que tipo de imagens internas vivemos e por que elas nos levam à imobilidade. Como podemos mudar essas imagens para ter mais liberdade, mais espaço e mais possibilidades?

GORDON: Para mim, um paciente na terapia é um indivíduo com uma história que não está funcionando. Todos nós temos uma história. A do cliente é de uma pessoa fixa, quando deveria ser fluida. E a história não tem uma abertura óbvia. Como terapeuta, você dá apoio e começa a desconstruí-la, mostrando que há novas possibilidades.

STEPHAN: Exatamente. Em vez de "realidades", você poderia falar em "histórias".

NANCY: Sim, mas a primeira pergunta que eu gostaria de fazer ainda é: o que são "constelações sistêmicas"? É a primeira pergunta que ouço quando digo a alguém que estou fazendo um *workshop* ou dando uma aula. E não se trata de descrever uma constelação. Como você responderia a essa pergunta de modo que uma pessoa leiga pudesse ter uma ideia?

GORDON: Sim, para a BBC, por exemplo, o que vocês diriam? Pois terão pouco tempo para responder.

JUDITH: Sou péssima para resumir. O que às vezes posso explicar às pessoas, em primeiro lugar, como diz Stephan, é que a constelação sistêmica é um modo de localizar problemas e soluções incorporados a algo muito maior e mais conectado. É um campo dinâmico, relacional, que nos ajuda a lidar com problemas específicos, causados por sistemas grandes ou pequenos. Queremos tornar essas dinâmicas visíveis e ver como uma mudança em uma parte específica do sistema tem um efeito sobre todas as outras partes. Estamos falando da complexidade de como a mudança entra em ação, e fazemos isso em um nível simbólico, que parece ajudar no problema original. É algo que interessa muito às pessoas. Como fazer algo que afete o mundo fora da sala onde você se encontra? Portanto, isso tem a ver com nossa compreensão atual da interconectividade, que gera e alimenta as constelações sistêmicas, capazes de nos estimular.

Também cito o fato de que, ao contrário de muitas outras metodologias de intervenção, essa se baseia na legalidade de sistemas; desse modo, não estamos tão imersos no nevoeiro pós-moderno da escolha final e infinita: voltamos a um mundo onde tudo tem consequências. Temos uma forma um pouco mais visível, diretiva e animada de examinar problemas complexos. Ai, meu Deus, eu disse tudo isso?

STEPHAN: Excelente.

JUDITH: BBC!

Risos.

NANCY: Bem, tentei explicar como pode ser uma constelação familiar, e a resposta foi: "Então parece uma escultura familiar". Em que ela se difere da escultura familiar?

GORDON: Quando me perguntam isso, costumo dizer: "É uma das fontes nas obras de Virgina Satir[4]". Mas uma diferença importante em relação ao modo como a escultura familiar costuma ser usada é que, na constelação familiar, em vez de as pessoas conhecerem a *história* e agirem de maneira mais psicodramática, encenando-a, elas *saem* da história que acham que conhecem e que, como sabemos, não está ajudando. Para tanto, são feitas muitas entrevistas com os representantes, e muita informação é incorporada. Com essas informações, não chegamos, necessariamente, a uma "verdade final" e pura. Trata-se de uma história *relativamente* mais livre em relação à preexistente, seja porque inicialmente o representante não foi informado a respeito dela, seja porque ninguém pediu ao cliente que a comentasse. Pergunta-se apenas o que ele sentiu quando se expressou, quando a pessoa em questão foi trazida ou outra saiu da constelação. Ficou melhor ou pior? Coisas simples, não interpretativas. Você vê seu corpo como a expressão de um senso de solidez? Pede-se que o representante transmita as informações corporificadas. E isso nos permite um olhar renovado, com novas possibilidades que foram excluídas pela história estabelecida.

NANCY: Muito bem. Tudo isso ajuda porque estou tentando entender do que necessita uma pessoa que não foi exposta a isso. Que perguntas ela faria antes de começar a ler sobre as constelações em si?

GORDON: Deparo com isso várias vezes por semana, e vocês também. O que é esse trabalho? Pois muito se fala dele hoje em dia. E dou esse tipo de resposta.

STEPHAN: Bem, geralmente explico aos pacientes que a vantagem é o fato de os representantes não terem as mesmas lealdades. Assim, apenas explico que é possível ter um discernimento sobre uma dinâmica oculta no relacionamento, por exemplo, entre os pais, pois o pai (que perdeu a mãe dele) jamais diria que sente falta dela. Ele não se permitiria dizer isso porque quer estar presente na família. Mas a dinâmica existe, e esse aspecto também. Na constelação, o representante provavelmente o expressaria. Portanto, você obtém uma imagem diferente ou mais completa, sobretudo acerca de todas as coisas não ditas, mas presentes e relevantes.

4. Virginia Satir (1916-1988): psicoterapeuta norte-americana, conhecida por seu trabalho com a terapia familiar e as constelações sistêmicas. (N. do T.)

JUDITH: É muito difícil transmitir isso às pessoas que nos procuram e perguntam o que está acontecendo. Ainda mais se elas não tiverem a menor noção do campo, se não compreenderem ativamente quão extraordinário é um campo. Pois, do contrário, como você entenderia a diferença entre um representante e um *role-player* ao estilo Satir? Como abriria espaço para a ideia de alguém cujo corpo está sendo guiado? É um processo muito misterioso, e simplesmente o deixamos de lado. Depois da sua primeira constelação na quarta-feira à noite, Stephan, algumas pessoas vieram perguntar: "Mas dá para confiar nisso?". Estavam assistindo a algo extraordinário! De certa forma, aquela pessoa (o representante) foi dominada. Como explicar isso?

STEPHAN: Bem, quanto à pergunta "dá para confiar nisso?", geralmente respondo que ela não é importante porque o cliente pode decidir o que é relevante para ele ou não. Assim, acho que a orientação do cliente é muito importante, e muitos problemas nesse trabalho são causados por atitudes do tipo: "Essa é a verdade, e agora você tem de lidar com ela". Portanto, é responsabilidade do facilitador transformar as expressões dos representantes para o cliente. Desse modo, as coisas que vêm à tona poderão se desenvolver de forma útil no íntimo do cliente. Isso me remete ao que eu queria dizer antes: todas as pessoas que desejarem usar esse método precisam tomar decisões sobre o que realmente querem fazer.

GORDON: Como o quê, por exemplo?

STEPHAN: Algo do tipo: vou usar esse método na terapia? Nesse caso, você precisa estar ciente de que ele é a ferramenta, e não a terapia. Ou você prefere ter informações, por exemplo, a respeito de certas questões filosóficas? Se estiver mais interessado em questões filosóficas, não precisará de um cliente!

Risos.

GORDON: Mas algumas pessoas precisam de plateia.

STEPHAN: Penso que este é um dos problemas nesse trabalho: os clientes pedem ajuda para uma questão específica, ouvem um discurso filosófico e acabam se sentindo sobrecarregados com todas essas conexões, também porque a constelação e a estrutura não estão claras. Pessoalmente, decidi usar a constelação como ferramenta no campo da terapia, da psicoterapia ou na área médica; por isso, a orientação do cliente e do problema é um dos...

DEBORAH: ... pilares básicos.

STEPHAN: Como eu disse, alguns clientes pedem terapia e recebem filosofia.

GORDON: Talvez de forma mais cínica, eu diria que eles pedem algo sobre eles, mas acabam recebendo algo sobre o terapeuta.

Risos.

DEBORAH: Não sei se aqui cabe uma pergunta – que suponho seja filosófica –, mas como me interesso pela teoria do campo e por esse modo diferente de perceber nossa experiência como algo contextual, aqui vai ela: até que ponto você acha que as pessoas se sentem confusas pelo fato de isso implicar uma percepção diferente que elas têm de si próprias no mundo?

STEPHAN: Entendo a confusão delas, mas não me interesso muito por isso.

DEBORAH: Está bem, é uma boa resposta.

Risos.

GORDON: De certo modo, o que Judith acabou de dizer significa que você não pode compreender a questão se não tiver uma ideia do que é um campo e de como é participar dele. Não é isso?

STEPHAN: Uma questão que me interessa muito é a seguinte: se houve bons resultados depois de uma constelação, *por que* isso aconteceu? Quais são as condições para os bons resultados? Essas são perguntas que eu gostaria de discutir um pouco.

JUDITH: Já escreveu sobre isso?

STEPHAN: Sobre isso? Não, ainda não.

JUDITH: Esse é um assunto muito importante. Tenho uma porção de cartas e e-mails de pessoas descrevendo bons resultados, mas não tenho certeza se respondem a essas perguntas.

STEPHAN: Mencionei essa questão no livro e tentei descrevê-la no processo do trabalho. Por isso, incluí alguns testemunhos com o intuito de verificar *quando* dava certo. Mas não escrevi um capítulo especial sobre as condições para o bom resultado. Para mim, uma das condições importantes é a relação entre o cliente e o terapeuta. A estrutura onde ela ocorre. E a estrutura é criada pela atitude.

JUDITH: Notei que você assentiu várias vezes com a cabeça durante todo o trabalho. Tanto ontem quanto na quarta-feira à noite. Queria saber a função desse gesto de concordância.

STEPHAN: Interessante.

JUDITH: E senti que havia uma condição hipnótica imbuída nesse gesto. Sei que as pessoas falam da minha voz como algo que as acalma de um modo muito estranho. Eu poderia ler a lista telefônica em voz alta para elas, e provavelmente o efeito também seria bom. Hunter estudou os princípios ericksonianos por trás da obra de Hellinger, em especial no que se refere à ideia de estabelecer uma qualidade de disposição inconsciente para obter alguma melhora. Ouvi você falar sobre ser provocador, contrariar a estrutura e ir a lugares onde há surpresas. Eu adoraria saber mais sobre o que acontece quando você estabelece as condições que tornam mais provável que as pessoas não consigam escapar dos bons efeitos.

STEPHAN: Bem, a estrutura é um tema amplo, assim como o processo de incorporar. Quando você mencionou meu gesto de assentir com a cabeça, percebi que faço isso sem perceber, mas o efeito que espero produzir é o de segurança. Todas estas coisas se inter-relacionam: a estrutura, a segurança, a atitude do terapeuta e o efeito sobre o cliente para integrar a experiência ou, pelo menos, dar uma chance para a nova história. Em primeiro lugar, vejo em meio a tudo isso uma lealdade entre os representantes na constelação e o cliente. De certa forma, quando estão em contato, os representantes só trazem o que o cliente permite.

Criar condições para que o cliente possa se abrir ao máximo é dar-lhe segurança e desenvolver uma estrutura na qual ele saiba que não será julgado, verbalmente ou de qualquer outra maneira, por aquilo que exprimir. Portanto, a posição, a atitude do terapeuta é muito importante. Sua presença é muito importante. A primeira coisa que o terapeuta precisa ter é uma compreensão do problema do cliente e levar a sério sua experiência. Por um lado, tem de levar o problema a sério e considerá-lo a melhor solução de que o cliente dispõe. Assim, o cliente poderá se sentir respeitado com suas necessidades e, sem dúvida, irá colaborar. Nas experiências que tive ao trabalhar com doenças, o comportamento de aproximação é muito importante. Mesmo que seja só por uma hora ou no ambiente de três dias para um grupo, a atitude orientada para o apego também importa. Significa que o cliente pode se sentir seguro. E, nesse sentido, uma das condições é definida pela palavra alemã *Feinfühlichkeit*.

GORDON: Sensibilidade, receptividade.

STEPHAN: Sensibilidade, empatia.

DEBORAH: Entendo como gentileza.

STEPHAN: O médico Karl Heinz Brisch administra em Munique uma clínica para transtornos psicossomáticos e psicóticos em crianças, vinculada à universidade. Ele criou um programa de aconselhamento, no qual treina os pais para serem empáticos com os filhos...

GORDON: É o que chamaríamos de "sintonização".

STEPHAN: Esse programa começa por volta do quinto ou sexto mês de gestação. Grupos de dez a doze pais se encontram uma vez por mês, e aos poucos os bebês vão nascendo no grupo. São feitos vídeos com os pais e as mães para lhes mostrar como eles podem melhorar o relacionamento com os bebês, lembrando-lhes quando e como estão conectados de maneira adequada. Vocês conhecem algum programa semelhante? Chama-se SAFE (*Sichere Anbindung Für Eltern*) [Vínculo seguro para os pais].

JUDITH: Allen Shaw é muito conhecido na Inglaterra, e obviamente há inúmeros modos de ajudar pais que perderam o contato ou essa sintonização. Eles podem ficar sentados com os bebês e receber ajuda para perceber como essa sintonização poderia ser restabelecida, e boa parte disso se faz com gravações em vídeo. Esse método também é muito útil. Eu diria que, no trabalho de constelação, restauramos o apego à vida por meio do apego aos pais. Enfim, essa é a essência do trabalho.

STEPHAN: Maravilhoso. Concordo totalmente.

JUDITH: No trabalho com casais, é essencial. É muito difícil estabelecer o vínculo entre adultos sem restaurar os primeiros vínculos.

Por isso, acho que uma das diferenças entre você e eu – e posso estar enganada porque não vi o suficiente do seu trabalho – é que, nas constelações, treino as pessoas para que fortaleçam seu vínculo.

STEPHAN: Você usa a constelação como exercício de apego.

JUDITH: Sim, muitas vezes. E com casais, mais ainda.

HAUSNER: Bem, para mim, esse é um aspecto básico desse trabalho, principalmente no sentido de uma religação com a fonte de vida em nossos ancestrais.

DEBORAH: Há outra pessoa neste país desenvolvendo um programa em escolas, chamado *Roots of Empathy* [Raízes de Empatia]. Nele, as mães trazem seus bebês, que aprendem a sintonizar-se com elas. Mais uma vez, trata-se de um treinamento de sintonização.

GORDON: Elas sabem como fazer isso se tiverem aprendido com os pais.
STEPHAN: Vocês só me viram trabalhar com situações de doença, que é um dos temas principais por causa da minha bagagem em medicina alternativa. Mas, seja qual for o campo de trabalho – terapia de casais, bem como contexto pedagógico ou organizacional –, eu diria que o trabalho inteiro tem a ver com conexões rompidas que podem ser restauradas e com lealdades inconscientemente ocultas ou vínculos que não são úteis para a liberdade e o crescimento pessoais.
GORDON: Com certeza. Você mencionou a pergunta: "Quais são as condições para os bons resultados?". Vamos falar um pouco mais sobre isso nestes quinze minutos finais. Sendo as constelações um meio tão visual, penso no modo como concebo a terapia. Dediquei minhas "dez mil horas" à terapia relacional. Para mim, o que define a interação humana e a interação de cura é a ideia: "Vejo que você me vê". A simples concepção "eu vejo você" ainda não é uma interação humana. Já a percepção "vejo que você me vê" tem uma dimensão intersubjetiva. Pode ser um olhar perturbador. Se vejo que você me vê, posso sentir uma vergonha insuportável ou algo parecido. Ou medo. Ou anseio. O trabalho inteiro está presente.
JUDITH: Rupert (Sheldrake) demonstra grande interesse pelos neurônios-espelho. Ele os vê como absolutamente essenciais porque levam essa ideia ainda mais adiante. Vejo que você me vê e, nesse ato, sei alguma coisa sobre você.
GORDON: Sim, é isso mesmo.
JUDITH: Essa última parte é realmente importante e duradoura, pois há várias maneiras de eu ver que você me vê, mas então algo sobre o passo seguinte começa a nos confundir.
GORDON: Bem, eu poderia usar esse espelhamento para saber mais sobre a interação perturbada, potencialmente para nós dois. Poderia ver que você me vê e saber, ou imaginar, que você me quer mal, e talvez esse tipo de interação definisse um padrão.
JUDITH: Vimos isso hoje de manhã com o pai (em uma constelação específica), não é verdade?
GORDON: Foi tão perfeita que você me escolheu "de propósito", porque estava dizendo que não poderia induzi-lo a fazer coisa alguma. Na verdade, do ponto de vista estrutural, já fazia algum tempo que eu estava

tentando induzir aquele homem da constelação a fazer certas coisas. Afinal, trabalhamos na mesma organização, e ele trabalhava para mim.

NANCY: Quando esse cliente teve de escolher alguém para ser o pai dele e ele próprio, achei que apontaria para você, Gordon, mas você estava escrevendo. Fiquei com vontade de dizer: "Olhe para ele!". Você estava escrevendo e não ergueu a cabeça quando ele olhou para você, então ele passou adiante.

GORDON: Era por isso que eu estava escrevendo!

Risos.

JUDITH: Você pode imaginar como esses eventos de constelação são complicados, com todas essas relações cruzadas.

GORDON: Eu queria que ele chamasse alguém em quem pudesse confiar. Nosso relacionamento fora do *workshop* é muito tenso.

DEBORAH: Acho que podemos encerrar. Já estamos aqui há duas horas. Há mais alguma coisa que vocês queiram gravar agora?

JUDITH: Quero dizer o seguinte: o que a GestalPress está tentando fazer com este livro é muito importante, ou seja, tirar essas obras do pequeno mundo dos facilitadores e lançá-las para o grande público. Há muitos livros que alcançam o mesmo público limitado. Aventurar-se pelo mundo afora é maravilhoso.

STEPHAN: Concordo totalmente. Espero que tenhamos respondido a algumas de suas perguntas.

GORDON: Ah, com certeza responderam. Essa é a razão pela qual tenho insistido nesse tipo de pergunta. Estamos tentando construir essa ponte para novos estudantes e novos leitores. Seu livro e todas as profundas perguntas e respostas que vocês trouxeram para esta rica conversa servirão a esse propósito maior.

Bibliografia

As referências bibliográficas listadas pelo autor abrangem uma centena de publicações em língua alemã. Dessa lista citamos aqui as obras que já foram traduzidas e publicadas no Brasil, bem como as demais obras citadas no corpo do livro que ainda não foram publicadas.

A) Obras traduzidas e publicadas no Brasil

FRANKE, Ursula: *Quando fecho os olhos vejo você. As constelações familiares no atendimento individual*. Patos de Minas: Atman, 2006.

HELLINGER, Bert: *Ordens do amor. Um guia para o trabalho com constelações familiares*. São Paulo: Cultrix, 2003.

———: *Desatando os laços do destino. Constelações familiares com doentes de câncer*. São Paulo: Cultrix, 2006.

———: *No centro sentimos leveza. Conferências e histórias*. São Paulo: Cultrix, 2004.

———: *Ordens da ajuda*. Patos de Minas: Atman, 2005.

———: *O essencial é simples. Terapias breves*. Patos de Minas: Atman, 2006.

———: *A fonte não precisa perguntar pelo caminho. Um livro de consulta*. Patos de Minas: Atman, 2005.

———: *A paz começa na alma*. Patos de Minas: Atman, 2006.

———: *Conflito e paz. Uma Resposta*. São Paulo: Cultrix, 2007.

———:: *Um lugar para os excluídos. Conversas sobre os caminhos de uma vida*. Patos de Minas: Atman, 2006.

HELLINGER, Bert e WEBER, Gunthard: *A simetria oculta do amor. Por que o amor faz os relacionamentos darem certo*. São Paulo: Cultrix, 1999.

HELLINGER, Bert e ten HÖVEL, Gabrielle: *Constelações familiares. Conversas sobre emaranhamentos e solução.* São Paulo: Cultrix, 2001.

LEVINE, Peter A.: *O despertar do tigre: Curando o trauma.* São Paulo: Summus Editorial, 1999.

SCHNEIDER, Jakob R.: *A prática das constelações familiares. Bases e procedimentos.* Patos de Minas: Atman, 2007.

B) Publicações não traduzidas citadas no corpo do livro

DePHILIPP, W. (org.) *Systemaufstellungen im Einzelsetting* (Constelações sistêmicas na consulta individual). Heidelberg: Carl-Auer, 2ª ed. 2008.

HAMER, R. G.: *Das ontogenetische System der Tumoren mit Krebs, Leukämie, Psychosen, Epilepsie* (O sistema ontogenético dos tumores com câncer, leucemia, psicoses, epilepsia). Colônia: Amici-di-Dirt, 1987.

HELLINGER, Bert.: *Der Austausch. Fortbildung für Familiensteller* (A Troca. Curso de aperfeiçoamento para consteladores). Heidelberg: Carl-Auer, 2002.

KISS, A. & *alii*: Transplantation und Explantation aus psychosomatischer Sicht (Transplante e explante na perspectiva psicossomática). in: *Therapeutische Rundschau*, 2005 (62).

KUTSCHERA, Ilse e SCHÄFFER, Christine: *Was ist nur los mit mir? Krankheitssymptome und Familienstellen* (O que aconteceu comigo? Sintomas de doenças e constelação de famílias). Munique: Kösel, 2002.

PREKOP, Jirina: *Ich halte dich fest, damit du frei wirst. Die Festhaltetherapie: Grundlagen, Anwendungen und Weiterentwicklungen* (Eu abraço você para que você se liberte. A terapia do abraço: fundamentos, aplicações e desenvolvimentos). Munique: Kösel, 2008.

RUPPERT, F. : *Depressionen – Symptome, Ursachen und Verläufe aus der Sicht einer systemischen Psychotraumatologie* (Depressões: sintomas, causas e evolução na perspectiva de uma psicotraumatologia sistêmica). Munique: Katholische Stiftungsfachhochschule, 2003.

ST.-JUST, A.: *Soziales Trauma* (Trauma social). Munique: Kösel, 2005.